上海市构建更高水平全民健身公共服务体系的回顾与展望

SHANGHAISHI GOUJIAN GENGGAO SHUIPING
QUANMIN JIANSHEN GONGGONG FUWU TIXI DE
HUIGU YU ZHANWANG

上海市体育局　编

上海大学出版社
·上海·

图书在版编目(CIP)数据

上海市构建更高水平全民健身公共服务体系的回顾与展望/上海市体育局编. —上海:上海大学出版社,2022.1
ISBN 978-7-5671-4413-2

Ⅰ.①上… Ⅱ.①上… Ⅲ.①全民健身—公共服务—研究—上海 Ⅳ.①G812.751

中国版本图书馆 CIP 数据核字(2021)第 275447 号

责任编辑 傅玉芳
封面设计 柯国富
技术编辑 金　鑫　钱宇坤

**上海市构建更高水平全民健身
公共服务体系的回顾与展望**
上海市体育局　编
上海大学出版社出版发行
(上海市上大路 99 号　邮政编码 200444)
(http://www.shupress.cn 发行热线 021-66135112)
出版人　戴骏豪

*

南京展望文化发展有限公司排版
上海华业装潢印刷厂有限公司印刷　各地新华书店经销
开本 710mm×1000mm　1/16　印张 22　字数 372
2022 年 1 月第 1 版　2022 年 1 月第 1 次印刷
ISBN 978-7-5671-4413-2/G·3423　定价 78.00 元

版权所有　侵权必究
如发现本书有印装质量问题请与印刷厂质量科联系
联系电话: 021-56475919

编委会名单

主　　　编　徐　彬

副　主　编　赵光圣

执行副主编　曹可强　桂劲松

编　　　委　（括号中人名以姓氏笔画排序）

群体处成员（王一雄、张彦之、张磊、胡俊玮、黄海松）

社体（竞赛）中心（辛世海、季锋）、场馆中心（王勤、赵立中、梁立刚）、宣教中心（马恺明、季艺）、体科所（王晨、王道、洪金涛）、体总秘书处（周炳华、徐婴之）

各区分管副局长、群体科长

浦东（江文宗、张永官）、黄浦（潘敏虹、薛飙）、静安（张祺、陈信武）、徐汇（王继威、金怡）、长宁（王伟琴、钱文彬）、普陀区（姜潇斐、章莉）、虹口区（许庆军、陈处旸）、杨浦区（胡元晖、俞华）、宝山（卢伟华、陈泰丰）、闵行（苏新华、赵清剑）、嘉定（张青泉、徐葵）、金山（王宏、刘倪）、松江（赵权、浦立磊）、青浦（许新忠、杜敏）、奉贤（黄禕琼、韩璐霞）、崇明（李立健、沈东）

上海体育学院专家团队（卢诗卉、冯维胜、李凌、俞琳、曹可强、薛未）

坚持以人民为中心的发展思想，构建更高水平的全民健身公共服务体系

（代序）

上海市体育局党组书记、局长　徐　彬

习近平总书记指出，全民健身是全体人民增强体魄、健康生活的基础和保障。党中央、国务院高度重视全民健身事业，发挥全民健身在建设健康中国、体育强国和实现中华民族伟大复兴中的作用。近年来，上海市体育局按照市委、市政府关于建设健康上海和全球著名体育城市工作部署，大力实施健康中国和全民健身国家战略，通过构建更高水平的全民健身公共服务体系，积极助力健康上海建设，不断满足广大市民对于运动促进健康的美好生活需要。

上海全民健身事业持续发展，整体水平位居全国前列。国家体育总局等部委先后于 2005 年、2010 年、2014 年组织开展的全国国民体质监测结果显示，上海市民的国民体质综合指数和体质达标率连续三次蝉联全国第一。目前，上海已经基本建成与城市经济社会发展水平相适应的全民健身公共服务体系，全民健身与全民健康融合发展取得积极成效。2020 年上海全民健身发展报告显示，上海经常参加体育锻炼的人数比例为 45.7%，比 2015 年提高 4.9 个百分点；上海人均体育场地面积为 2.35 平方米，比 2015 年增加 0.59 平方米；上海市民（成年人）的体质达标率为 98.9%，保持全国领先水平。

上海市委、市政府高度重视体育民生，将市民健身步道、市民多功能运动场、市民益智健身苑点等市民身边的社区体育设施纳入每年的政府实事项目。在黄浦江、苏州河两岸贯通开放的过程中，同步建设漫步道、跑步道、骑行道等体育设施，拓展滨水空间的足球、篮球、羽毛球、滑板、攀岩等运动场所，打造世界级健身休闲"生活秀带"，增加了中心城区的体育场地，受到市民普遍好评。徐家汇体育公园、上海市民体育公园、浦东足球场等重大体育项目顺利推进，

陆续成为市民运动健身的新地标。支持建设都市运动中心新型体育服务综合体,通过"体绿结合",在公园、绿地中建设嵌入式体育设施。利用废旧厂房、仓库、商场、楼宇、城市路桥附属用地等空间,因地制宜建设各类体育设施,满足市民就近健身需求。

上海市民的"15分钟社区体育生活圈"内容不断丰富,服务日益完善。截至2020年底,累计建成各类市民健身步道(绿道)、骑行道总长度1 954公里,建成市民益智健身苑点17 556个、市民球场2 714片、市民健身步道(绿道)1 669条、社区市民健身中心101个、市民健身房186个,体育健身设施实现城乡社区全覆盖。推进体育服务数字化转型,建成社区体育设施信息化管理平台,提高设施利用效率和服务质量。开展"你运动,我补贴"上海体育消费券配送,支持600多家体育场馆向市民公益性开放。市卫生健康委、市体育局建成智慧健康驿站219家,基本实现街镇全覆盖。市民政局、市体育局创新推出长者运动健康之家项目,为社区老年人提供"一站式"运动康养服务。市总工会、市体育局共同推进建设市民健身驿站(职工健身驿站),满足社区居民和职工等人群的多样化健身需求。

完善亲民利民的全民健身赛事活动体系,办好上海市民运动会、上海城市业余联赛、上海社区健康运动会、长三角体育节等品牌赛事活动,为市民提供多样的体育参与机会。2020年上海市第三届市民运动会以"健康上海,人人来赛"为主题,共举办线上线下赛事活动约7 100场,共有1 093万人次参与,青少年、职工、老年人、妇女、农民、军人、残疾人、少数民族等各类人群的体育活动广泛开展,掀起全民健身热潮。

立足当前,展望未来。"十四五"时期,上海将努力营造"处处可健身、天天想健身、人人会健身"的全民健身城市环境,加快建设与全球著名体育城市和健康上海相适应的更高水平全民健身公共服务体系,打造全民健身活力城市,建立健全多部门协同、全社会共同参与的运动促进健康新模式,实现全民健身与全民健康深度融合,让广大市民有更多获得感、幸福感和安全感。

目　录
Contents

●●● 第一篇　总体成效

上海市全民健身"十三五"发展报告 …………………………………… *3*

●●● 第二篇　主要工作

上海市全民健身场地设施"十三五"发展报告 ………………………… *33*
上海市全民健身组织建设"十三五"发展报告 ………………………… *50*
上海市全民健身赛事活动"十三五"发展报告 ………………………… *61*
上海市全民健身科学指导"十三五"发展报告 ………………………… *73*
上海市全民健身智慧服务"十三五"发展报告 ………………………… *88*
上海市全民健身冰雪运动"十三五"发展报告 ………………………… *99*

●●● 第三篇　区域特色

浦东新区全民健身"十三五"发展报告 ………………………………… *115*
黄浦区全民健身"十三五"发展报告 …………………………………… *124*
静安区全民健身"十三五"发展报告 …………………………………… *132*
徐汇区全民健身"十三五"发展报告 …………………………………… *143*
长宁区全民健身"十三五"发展报告 …………………………………… *152*

普陀区全民健身"十三五"发展报告 ·········· 159
虹口区全民健身"十三五"发展报告 ·········· 171
杨浦区全民健身"十三五"发展报告 ·········· 182
宝山区全民健身"十三五"发展报告 ·········· 191
闵行区全民健身"十三五"发展报告 ·········· 199
嘉定区全民健身"十三五"发展报告 ·········· 207
金山区全民健身"十三五"发展报告 ·········· 217
松江区全民健身"十三五"发展报告 ·········· 224
青浦区全民健身"十三五"发展报告 ·········· 234
奉贤区全民健身"十三五"发展报告 ·········· 241
崇明区全民健身"十三五"发展报告 ·········· 250

第四篇 文件选编

上海市人民政府关于印发《上海市全民健身实施计划（2016—2020 年）》的通知 ·········· 261
上海市人民政府关于印发《上海市全民健身实施计划（2021—2025 年）》的通知 ·········· 271
上海市人民政府办公厅印发《关于本市推进全民健身工程加强体育场地设施建设的意见》的通知 ·········· 282
上海市体育局、上海市卫生和计划生育委员会关于印发《关于促进全民健身和全民健康融合发展的意见》的通知 ·········· 287
关于印发《上海市第三届市民运动会竞赛规程总则》的通知 ·········· 292
关于印发《上海市居民住宅区室外公共体育设施建设与管理的指导意见（试行）》的通知 ·········· 299
上海市体育局、上海市绿化和市容管理局关于印发《上海市公园绿地市民健身体育设施管理办法》的通知 ·········· 302
上海市体育局关于进一步推进本市农村体育健身设施建设的指导意见 ·········· 306
上海市体育局关于推进都市运动中心新型体育服务综合体建设的意见 ·········· 309

上海市体育局、上海市民政局关于印发《长者运动健康之家建设导则》的
　　通知……………………………………………………………………… 319
上海市体育局、上海市总工会关于印发《市民健身驿站建设导则》的
　　通知……………………………………………………………………… 326
上海市体育局、上海市卫生健康委员会、上海市民政局、上海市总工会
　　关于印发《上海市运动促进健康三年行动计划(2021—2023 年)》
　　的通知…………………………………………………………………… 331

●●● 编后语

第一篇

总体成效

上海市全民健身"十三五"发展报告

"十三五"期间,在上海市委、市政府的正确领导下,在国家体育总局的指导下,上海市全民健身工作全面贯彻习近平总书记关于体育工作的重要论述,落实健康中国和全民健身国家战略,贯彻国务院《全民健身条例》《全民健身计划(2016—2020年)》和国务院办公厅《体育强国建设纲要》,大力实施《上海市市民体育健身条例》和《上海市全民健身实施计划(2016—2020年)》,围绕建设健康上海和全球著名体育城市的总目标,基本建成与上海经济社会发展水平、人口状况、市民体育需求相匹配的全民健身公共服务体系,上海全民健身整体水平位居全国前列,市民参加体育健身的获得感和幸福感不断提升。

一、全民健身工作总体情况

根据国家体育总局办公厅《关于开展〈全民健身计划(2016—2020年)〉实施效果评估的通知》,对照《上海市全民健身实施计划(2016—2020年)》确定的目标和指标,整体进展符合预期。反映全民健身工作实际效果的核心指标(包括9项一级指标和14项二级指标)总体完成情况较好,基本实现国家或本市设定的2020年目标(见下表)。

"十三五"时期上海市全民健身有关指标完成情况

一级指标	二级指标(单位)	目标值	实际值
体育健身参与	经常参加体育锻炼的人数比例(%)	45左右	45.7
体质健康水平	《国民体质测定标准》总体合格达标率(不含学生)(%)	96	98.9

续 表

一级指标	二级指标(单位)	目标值	实际值
体育健身设施	人均体育场地面积（m²）	2.4	2.35
	15分钟健身圈在城市社区覆盖率（%）	100	100
	公共体育设施免费或低收费开放率（%）	100	100
	学校体育场地设施开放率（%）	86	96
	每万人足球场地数（块）	0.5（国家）	0.74
体育健身组织	每万人体育健身组织（包括体育社会组织、健身团队）数（个）	20	23.8
体育健身指导	每千人公益社会体育指导员数（人）	2.0	2.5
体育健身活动	每年举办县级及以上全民健身赛事和活动次数（次）	—	约6 000场次（市级）
体育信息化	以提供健身服务为主要功能的互联网平台（个）	—	216个（市级26个、区级190个）
政策保障	出台促进全民健身运动实施的相关政策（个）	—	103个（市级41个、区级62个）
经费保障	彩票公益金投入全民健身经费的比例（%）	70（国家）	约70
	财政资金（包括彩票公益金）人均全民健身经费投入（元）	—	约67元

注："目标值"中："国家"表示国家目标,其余为上海市目标;"—"表示没有明确目标。

二、全民健身工作主要成就

"十三五"期间,上海市全民健身工作成效显著。体育健身场地设施更加完善,体育健身组织活力持续增强,体育赛事活动蓬勃开展,健身指导惠及更多市民,全民健身公共服务体系实现城乡全覆盖,全民健身发展水平持续提升。《上海市全民健身发展报告》(其中的全民健身发展指数,简称"300指数")显示:总分从2016年的226.8分上升到2020年的254.4分,"健身环境""运动参与"和"体质健康"三方面综合情况良好(具体见附件)。上海市民的体质达标率和人均期望寿命处于全国领先水平,全民健身与全民健康融合发展,助力实现更高水平的全面小康,为建设健康上海和全球著名体育城市作出了积极贡献。

(一)体育健身场地设施更加完善

坚持需求导向,突出民生为本,将市民健身步道、市民球场、市民益智健身苑点等社区体育设施纳入年度政府实事项目,并且在"政府实事项目市民满意度测评"中多次名列前茅。黄浦江、苏州河两岸贯通开放过程中同步建设漫步道、跑步道、骑行道等健身设施,方便市民健身休闲。徐家汇体育公园、浦东足球场、上海市民体育公园等一批重大体育项目相继开工,有序推进。市体育局、市绿化市容局共同出台《上海市公园绿地市民健身体育设施设置导则(试行)》《上海市公园绿地市民健身体育设施管理办法》等文件,通过"体绿结合"推进嵌入式体育设施建设。支持利用废旧厂房、仓库、闲置用地、商场、楼宇等空间建设体育场地设施。截至2020年底,累计建成各类市民健身步道(绿道)1 669条、健身步道(绿道)和骑行道总长度1 954公里,建成市民益智健身苑点17 556个、市民球场2 714片、社区市民健身中心101个、市民游泳池37个、市民健身房186个,体育健身场地设施实现城乡社区全覆盖,人均体育场地面积增加到2.35平方米(含人均可利用体育场地面积0.15平方米)。大力推进冰雪运动场地设施建设,积极扶持社会力量办冰雪。积极做好公共体育场馆设施向市民免费或低收费开放工作。在市属体育场馆先行试点的基础上,推动市、区两级公共体育设施附属空间开放。市教委、市体育局等多部门联合印发《关于进一步加强本市学校体育场馆向社会开放工作的实施意见》,2019年符合条件的学校体育场馆向社会开放率达到96%左右。鼓励各区因地制宜探索共享运动场等"互联网+体育设施"管理模式,提高社区体育设施的利用效率和服务质量。初步建成社区体育设施信息化管理平台,实现近2万处社区体育设施"二维码"全覆盖,市民只需用手机扫码就可获取健身指导和报修服务。

(二)体育健身组织健康发展

促进体育健身组织健康有序发展,为上海全民健身事业发展提供支持和保障。坚持管办分离原则,深入推进体育社会组织与行政机关脱钩,推动体育社会组织改革发展。召开上海市体育总会第九届会员大会,吸纳更多社会人士和专业人士参与,新一届会员的社会化程度明显增强。按照国家和本市足球改革工作部署,完成上海市足球协会新一轮换届工作,促进上海足球加快发展。上海已经形成以市、区体育总会为统领,以单项体育协会和各类人群体育协会等为骨干,以社区体育健身俱乐部和体育健身团队为基础的比较完善的全民健身组织网络。设立体育社会组织专项资金,每年评选一定数量的优秀体育社会组织给予资金扶持,促进体育社会组织朝着规范化、社会化、实体化、专业化、国际化方向发展。加强市级体育社会组织治理,开展体育社会组织财务审计、法定代表人述职工作,培养年轻化、专职化的体育社会组织工作者。截至2020年底,全市共有体育社会组织1 282个、体育健身团队57 931个,每万人拥有体育健身组织数量23.8个。各级各类体育健身组织参与承办上海市民运动会、城市业余联赛,成功打造上海城市定向挑战赛、上海国际大众体育节、上海市老年人运动会等品牌赛事活动。成立了上海校园足球、篮球、排球和田径联盟,青少年体育俱乐部在各区蓬勃发展。

(三)体育赛事活动丰富多彩

坚持政府引导、市场主导,以开放办赛理念鼓励社会力量参与,创新全民健身赛事活动组织方式,打造上海市民运动会、城市业余联赛等品牌赛事活动,建立上海特色的全民健身赛事活动体系,每年举办市级赛事活动6 000场次左右,为市民提供参与机会,营造良好的体育健身氛围。2016年上海市第二届市民运动会,以"上海动起来"为主题,突出"全民参与、全民运动、全民健康、全民欢乐"的办会宗旨,共设置12大主题活动、65个竞赛项目,举办各级各类赛事9 778场、活动8 058场,参与市民超过千万人次。2020年上海市第三届市民运动会,以"健康上海,人人来赛"为主题,共举办赛事活动约7 100场,有1 093万人次参与。其中包括线上赛事活动约800场,有643万人次参与;线下赛事活动6 300场,有450万人次参与,线上线下"双线"办赛掀起全民健身热潮。两届上海市民运动会之间的三年中,每年还举办上海城市业余联赛。2019年上海城市业余联赛共举办赛事活动近6 000场,参赛市民330万余人次。组织上海市民参加第十三届全国运动会群众比赛项目,获得11枚金牌、11枚银牌和9枚铜牌。此外,以球类、操舞、游泳、水上运动、路跑、城市定向等为代表的上海全民健身赛事活动各具特色,青少年、职工、老年人、妇女、农民、军人、残疾人、少数民族等各类人群的体育健身活动广泛开展。2020年,本市经常参加体育锻炼的人数占常住人口比例达到45.7%。实现《国家体育锻炼标准》达标测验活动16个区全覆盖,2020年有17 420人参与达标测验。上海市还承办了第五届全国大众冰雪季启动仪式,助力实施冰雪运动"南展西扩东进"战略,将冰雪运动纳入上海市民运动会、上海城市业余联赛等年度全民健身重点赛事总体方案,积极推广群众性冰雪运动。

"十三五"以来,上海非奥运动项目不断取得新的突破。上海棋牌运动成绩优异,参加2019年第四届全国智力运动会,夺得12枚金牌、9枚银牌、6枚铜牌共27枚奖牌,实现了金牌数与奖牌数双料第一,连续四届蝉联金牌榜第一。上海科技体育迅速发展,在航海模型、航空模型、定向运动等世界锦标赛上共获得29枚金牌、15枚银牌、9枚铜牌,多人打破世界纪录。上海武术运动快速发展,在雅加达亚运会、第十五届世界武术锦标赛等重大比赛中夺得金牌,为国家和上海争得了荣誉。

(四)体育健身指导惠及市民

上海市政府出台《"健康上海2030"规划纲要》和《上海全球著名体育城市建设纲要》等系列文件,将全民健身纳入健康上海建设的重要部分。市体育局、市卫生健康委共同探索深化"体医融合",促进全民健身与全民健康深度融合。举办以"慢性病综合防控""运动伤害防治"为主要内容的全民健身日主题活动。将智慧健康驿站纳入政府实事项目,到2020年底建成219家智慧健康驿站,基本实现街镇全覆盖,为市民提供自助健康监测服务,普及健康知识,促进慢性病早期发现,养成健康自我管理意识。创新开展"体医交叉培训",培养了一批会开运动处方的社区医生和一批能指导慢病患者体育锻炼的社会体育指导员,通过跨领域的知识和技能培训,发挥体育锻炼在慢性病防治中的作用。在静安、杨浦、徐汇等区试点推进长者运动健康之家建设,提供健身、康复、养老一体化服务,促进健康老龄化。上海体育学院、杨浦区共同试点探索社区健康师项目。支持嘉定等区探索推广"1+1+2"的慢性病运动干预社区工作团队模式。完善市民益智健身苑点服务功能,集力量训练、益智休闲、康复保健、身体素质测试于一体,兼顾老中青各类人群健身需求。截至2020年底,全市共有社会体育指导员62 086名,占常住人口比例达2.5‰,并探索社会体育指导员进家庭提供科学健身指导服务。广泛开展"你点我送"——社区体育服务配送,为社区居民提供健身技能培训、科学健身讲座等服务,基本实现全市各街镇全覆盖。2016年完成配送3 124场,惠及市民9.2万人次;2017年完成配送4 117场,惠及市民10.9万人次;2018年完成配送5 719场,惠及市民16.6万人次;2019年完成配送6 992场,惠及市民19.2万人次;2020年完成配送5 547场,惠及市民13.6万人次。

(五)体育健身环境不断优化

加强党对全民健身工作的全面领导,健全市、区两级全民健身工作联席会议制度并积极发挥各级人民政府的作用,推动完善政府主导、社会协同、公众参与、法治保障的全民健身工作机制,加强全民健身公共服务,优化市民健身环境,积极营造全民健身城市氛围,广泛传播"每天锻炼一小时、健康生活一辈子"的体育健身理念,引导市民爱健身、会健身、乐健身,养成终身体育锻炼的良好习惯。

运用传统媒体、新媒体以及"上海体育"官网、微信、微博、抖音号等渠道传播体育健身文化。结合纪念改革开放40周年,拍摄《沸腾时代》上海体育纪录片在东方卫视等频道播出。结合庆祝中华人民共和国成立70周年活动,拍摄《我和我的祖国》体育明星MV,制作专题节目《上海体育追梦七十年》,刊发《新民周刊》专刊《上海体育70年迈向全球著名体育城市之路》,创办《体荟魔都》等体育文化品牌。建成上海体育公共服务信息化服务平台,为市民提供体育场馆查询和预订、健身指导、体育资讯等服务。围绕上海市民运动会、城市业余联赛以及元旦、春节、全民健身日等时段加强全民健身宣传报道,创新开展"最美健身步道""最美益智健身苑点"等评选活动。支持第三方机构评估市、区两级全民健身工作情况,每年向社会发布全民健身发展报告。全市先后有90家单位68人、91家单位66人荣获2013—2016年度、2017—2020年度全国群众体育先进单位和先进个人称号。

(六)政策经费保障坚实有力

2018年,上海市人大常委会首次启动《上海市市民体育健身条例》执法检查,采取委托检查、专题汇报、实地检查、座谈研讨等方式,指导和监督政府及有关部门依法履行全民健身工作职责,促进全民健身事业发展。市、区两级政府不断加大全民健身政策和经费保障力度,确保全民健身的"四纳入"即纳入国民经济和社会发展规划、纳入政府财政预算、纳入政府工作报告、纳入基本公共服务体系。制定出台《上海市体育设施管理办法》《上海市体教结合促进计划(2016—2020年)》《进一步推进社区市民健身中心建设和管理的指导意见》《关于促进全民健身和全民健康融合发展的意见》《上海市公园绿地市民健身体育设施管理办法》《关于进一步加强本市学校体育场馆向社会开放工作的实施意见》等政府规章和政策文件。

2018年12月,上海市政府与国家体育总局就冰雪运动项目合作签订协议,在国家体育总局的指导帮助下,积极发挥经济中心城市优势,加快推动冰雪运动发展,为推广群众性冰雪运动提供良好环境。上海市委办公厅、市政府办公厅还先后印发了《关于加快发展冰雪运动的实施意见》《冰雪运动奥全运项目发展规划(2019—2025年)》等重要文件,将加快发展冰雪运动作为编制《上海市体育发展"十四五"规划》的重要内容,提出到2025年,全市冰雪运动俱乐部达到30家,年参加冰雪运动人数达到200万人次,冰雪运动特色学校达到100所,校园内常年参与冰雪运动的队伍和兴趣小组达到1 000支,每年参加冰雪运动和普及培训的青少年学生超过100万人次。

此外,各级政府加强对全民健身事业的经费保障,持续加大全民健身工作经费投入,统筹安排财政资金及体育彩票公益金支持全民健身事业发展,全民健身经费投入基本保持与国民经济同步增长。市、区两级政府及有关部门将全民健身经费列入年度预算,保障全民健身公共服务体系建设和运行。

三、全民健身工作特色做法

(一)坚持开放办赛,鼓励社会参与

上海市民运动会、城市业余联赛是上海重点打造的两项全民健身品牌赛事活动。在组织筹办过程中,充分发挥市场在配置体育赛事资源方面的积极作用,坚持政府引导、市场主导、社会参与,推进政府、市场、社会"三轮驱动",鼓励企业、社会组织积极参与办赛,构建适合普通市民参与的赛事活动体系,满足不同人群的健身需求。

上海市民运动会属于全国首创,每四年举办一届,被上海市民称之为"我们的奥运会"。2012年6—11月,上海市第一届市民运动会顺利举办。2016年上海市第二届市民运动会以"上海动起来"为主题,历时218天,开展65个竞赛项目和12大主题活动,参与市民突破千万人次。2020年上海市第三届市民运动会以"健康上海,人人来赛"为主题,通过线上线下办赛,落实疫情防控措施,掀起新一轮的全民健身热潮,参赛市民1 093万人次。以小投入撬动社会大资本,通过支持社会力量办赛,实际吸引社会办赛资金近1.5亿元,产生了显著的赛事溢出效应。

上海城市业余联赛在两届市民运动会期间每年举办,建立类型丰富的项

目联赛、项目系列赛、品牌特色赛事活动体系。2018年上海城市业余联赛撬动社会办赛资金约1.3亿元。2019年上海城市业余联赛进一步创新,吸引160家企业和社会组织参与办赛,同比增长31%,共开展赛事活动近6 000场,参赛市民330万余人次。

(二)深化"体医融合",服务市民健康

上海市卫生健康委、市体育局将智慧健康驿站纳入上海市政府实事项目,2019年首批建成85家智慧健康驿站,2020年再新建134家智慧健康驿站,累计建成智慧健康驿站219家,基本实现全市各街镇全覆盖。居民可以在家门口进行健康状况、身体素质、运动机能等项目的自检自测,享受多种健康服务。智慧健康驿站为上海市民提供自助健康监测服务,普及健康知识,促进慢性病早期发现,是引导市民养成健康自我管理意识的场所。智慧健康驿站以街镇为单位设置,充分整合社区卫生服务、社区体质监测等资源,促进市民健康自检自评与健康自我管理。在智慧健康驿站内,市民可自主选择获得11项自助健康检测、11项自助体质检测和15项健康量表自评服务。智慧健康驿站与"上海健康云"平台紧密联系,驿站检测所得的健康数据通过"上海健康云"汇集至居民健康账户,保证居民可随时查看,在线获取健康指导。

上海市体育局和上海市卫健委积极合作,开展上海特色的"体医交叉培训",试点培养一批会开运动处方的社区医生和一批能指导慢病患者体育锻炼的社会体育指导员,通过跨领域的知识、技能培训,推动体育和医疗的深度融合,发挥体育锻炼在高血压、糖尿病及其他相关慢性病防治中的干预作用,提高本市"体医融合"慢性病运动干预的工作水平。

上海积极试点推进建设长者运动健康之家,发挥全民健身在健康老龄化方面的作用,整合体育、医疗及养老等资源,提供健身、康复、养老一体化服务。截至2020年底,在静安、杨浦、虹口、徐汇、普陀、长宁等区建成长者运动健康之家16家,不仅可以测血压、心率,还有器械训练区和专门的工作人员,不定期举办健康知识讲座,为老人提供安全、温馨的健身场所和科学的健身指导。

(三)推进体育信息化,助力智慧健身

上海体育公共信息服务平台,在完成场地服务、群众赛事服务、体育配送服务、体育主题数据服务、数据开放和资金清算管理等应用系统开发和功能建设后投入试运行。到2020年底,该平台项目系统已入库并发布市属和区属体

育场馆、公共体育设施、体质监测站、群众体育赛事和体育配送服务等信息,总体运行稳定。

初步建成上海社区体育设施管理服务平台,推进社区体育设施"二维码"全覆盖。为全市近2万处社区体育设施建立"身份证"信息库,市民用手机扫一扫"二维码",即可享受社区体育设施位置查询、健身器材使用视频教学、实时保修等便民服务,运用大数据手段提高了社区体育设施管理服务的质量。

探索推广共享公共运动场,依托"互联网+体育"的创新服务模式,通过建立入口智能闸机、远程实时监控、语音广播、自助租球机、自动贩售机等设施,实现智能化线上远程管理。共享公共运动场安装多个摄像头,通过远程移动端,可以随时了解运动场内的情况,方便人员管理。

2020年6月,上海体育学院、杨浦区共同启动"社区健康师"项目试点,积极回应后疫情时期市民健康服务需求,为社区居民提供运动营养、科学健身、伤病防护、心理调适等线上线下服务,实现杨浦区12个街道全覆盖,累计服务市民上千人次。2020年,上海在"社区健康师"基础上升级推出了"运动健康师"项目。

(四)配送体育消费券,促进全民健身

2020年在新冠肺炎疫情给体育健身行业经营带来较大困难的同时,也引发市民产生了更强烈的体育健身的需求。为了促进全民健身、助力体育消费,上海市体育局在"静安体育公益配送"试点基础上总结经验,于2020年首次启动"你运动,我补贴"上海体育消费券配送。制定了《上海体育消费券配送管理暂行办法》等文件,完成500多家定点场馆招募、培训和签约,建立依托区块链技术的消费券配送平台,为市民提供"一部手机,公益健身"服务,形成大数据统计分析和监测评估机制,通过消费券促进全民健身和体育消费。2020年度,累计向市民配送2 400万元体育消费券,共有120万人次领取体育消费券,拉动定点场馆直接消费6 300万元左右,在支持体育场馆抗击新冠肺炎疫情和复工复产方面取得了积极的成效。

四、全民健身工作基本经验

"十三五"期间,上海全民健身工作取得了显著成效,归纳起来,主要有以下几点经验。

（一）坚持大体育观，完善全民健身协同机制

落实全民健身国家战略，着眼于提高上海市民体质健康水平，把全民健身和体育事业发展融入经济社会发展大局，发挥全民健身在建设健康上海和全球著名体育城市中的基础性作用。不断加强全民健身组织领导和服务保障，密切市区联动、部门协同，完善全民健身工作联席会议机制，加强联席会议成员单位、企事业单位、体育社会组织等之间的沟通协调，重点加强"体教""体医""体养""体绿""体文""体旅"和"体农"等结合，调动政府、企业、社会等各方面支持和参与全民健身的积极性，营造热烈的全民健身城市氛围。

（二）坚持体育民生，满足市民体育健身需求

上海市全民健身工作始终坚持以人民为中心的发展思想，办人民群众满意的体育。贯彻落实国务院《全民健身条例》和《上海市市民体育健身条例》等法规政策，保障市民体育健身权益，顺应上海市民对于体育健身的美好期盼，将全民健身有关工作纳入各级政府民生和实事项目，以青少年、职工、老年人等为重点服务人群，有计划、有重点地开展市民体质健康干预，加强"体医融合"和非医疗健康干预，健全全民健身科技创新平台和科学健身指导服务机制，引导市民养成良好的体育锻炼习惯。

丰富市民身边的体育健身场地设施，建设都市运动中心新型体育服务综合体，"一站式"满足市民健身、休闲、娱乐需求。组织开展市民喜闻乐见的全民健身赛事活动，并通过"互联网＋体育"和体育公益配送服务，切实惠民利民，实现体育资源的共享。

（三）坚持创新引领，推动全民健身加快发展

对标国际国内最高标准、最好水平，不断更新全民健身工作理念，创新全民健身工作方式方法，积极探索中国特色、时代特征、上海特点的全民健身发展模式。坚持以创新为驱动力，丰富全民健身赛事，加强"体医融合"健康服务，积极探索全民健身信息化管理和智慧化服务。

在推进全民健身工作中，敢于突破制约全民健身事业发展的关键瓶颈，大力推进各类体育场地设施建设，千方百计拓展城市体育活动空间，打造充满时尚活力的运动之城,以全民健身助力全球著名体育城市建设。

五、"十四五"时期全民健身主要工作

"十四五"时期,上海将以贯彻实施《上海市全民健身实施计划(2021—2025年)》为着力点,积极营造"处处可健身、天天想健身、人人会健身"的全民健身城市环境。到2025年,基本建成与"健康上海"和全球著名体育城市相适应的更高水平全民健身公共服务体系。全市人均体育场地面积达到2.6平方米左右,经常参加体育锻炼的人数比例达到46%以上,市民体质达标率保持全国前列,成为国际知名、全国领先、上海特色的全民健身活力城市。

推进全民健身公共服务均等化、标准化、融合化和数字化。一是促进全民健身公共服务均等化。为市民提供优质、均衡的全民健身公共服务,推进"15分钟社区体育生活圈"高质量全覆盖,基本实现市民人人享有高品质全民健身公共服务的目标。二是推动全民健身公共服务标准化。发挥标准对于全民健身工作的引领和规范作用,完善全民健身场地设施、赛事活动、健身指导、社区体育等标准。三是推进全民健身公共服务融合化。加强体育与教育、养老、卫生健康、文化旅游、农业农村、绿化、科技等领域融合,推动长三角全民健身一体化融合发展。四是引领全民健身公共服务数字化。融入城市数字化转型,推进全民健身管理方式和公共服务数字化,为市民提供便捷高效的健身服务。

落实全民健身相关重点任务措施。一是增加举步可就的体育健身设施。制订并实施健身设施补短板五年行动计划,完善"五个新城""一江一河"以及环城生态公园带等区域的健身设施,拓展市民体育健身活动空间,到2025年,基本实现社区市民健身中心街镇全覆盖,实现都市运动中心各区全覆盖。提高健身设施利用率,推动公共体育场馆、学校体育场馆等便民开放。通过配送体育消费券等方式,支持经营性体育场馆公益性开放。二是提供专业高效的科学健身指导。坚持质量和数量并重,到2025年,全市社会体育指导员占常住人口比例不低于2.5‰。开展线下线上相结合的科学健身指导,全市每年开展社区体育服务配送不少于8 000场次。完善市民体质监测制度,不断提高市民特别是青少年的体质测试合格达标率和优良率。三是发展充满活力的体育健身组织。构建覆盖城乡、富有活力的全民健身组织网络,到2025年,每万人

拥有体育健身组织数量不少于24个。加强体育健身组织治理,培育青少年体育俱乐部、社区体育健身俱乐部等基层体育健身组织。四是开展丰富多元的体育赛事活动。办好上海市第四届市民运动会、上海城市业余联赛等赛事活动,开展"一区一品""一街(镇)一品""一居(村)一品"赛事活动,创办上海社区健康运动会、长三角体育节,推广线上赛事活动新模式,鼓励青少年、职工、老年人等重点人群参加体育活动。五是促进全民健身融合发展。全面深化"体教融合",鼓励青少年每天参加一小时的中高强度身体活动,掌握2~3项体育运动技能。推进"体医养融合"发展,推动健康关口前移,实现体育健身与卫生健康、养老等融合发展。到2025年,建设长者运动健康之家100家左右。加强全民健身与文化旅游、生态建设、乡村振兴、科技创新等领域融合。六是创新全民健身智慧服务。加强全民健身智慧管理,建立全民健身大数据,推进全民健身信息、数据资源开发和利用。推进全民健身领域政务服务"一网通办",加强"智慧助老"服务。推进智慧体育场馆建设,提升体育场馆运营效率。七是提高全民健身治理水平。推进全民健身管办分离,深化"放管服"改革。促进全民健身多元共治,构建多主体共同参与全民健身的工作格局。加强全民健身法治建设,完善多部门联动的执法机制,保障全民健身赛事活动安全、文明、有序开展。

附件:

上海市全民健身发展报告历年分析

根据上海市体育局每年发布的《上海市全民健身发展报告》(其中的全民健身发展指数,简称"300指数"),对2016—2020年五年(以下简称"十三五"期间)的上海全民健身发展状况进行分析,探索构建更高水平的全民健身公共服务体系,助力健康上海和全球著名体育城市建设。

"十三五"期间的"300指数",由"健身环境""运动参与""体质健康"三个单项指数构成,每项100分。上海全民健身发展指数令人满意:从全市总体情况来看,健身环境不断改善,市民参与体育锻炼的意识和行为均有所提升,经常参加体育锻炼的人口比例有较大提高,市民体质健康水平总体良好。

一、健身环境

上海市各级政府积极贯彻落实《"健康上海2030"规划纲要》《上海市全民

健身实施计划(2016—2020年)》,在"十三五"期间持续优化和提升全民健身环境,市民对全民健身环境总体满意。

(一)政府保障

"十三五"期间,上海市全民健身事业总投入由2016年的7.7亿元增长到2020年的45.3亿元(图1)。

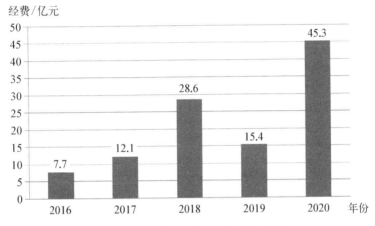

图1 "十三五"期间全民健身事业总投入

"十三五"期间,上海市全民健身人均日常工作经费基本保持平稳,2020年全民健身人均日常工作经费为17.7元(图2)。

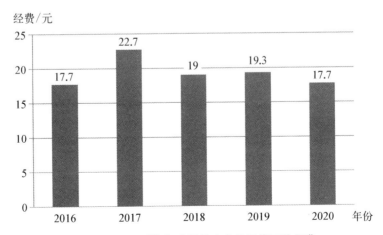

图2 "十三五"期间全民健身人均日常工作经费

(二) 场地设施

1. 人均体育场地面积

"十三五"期间,上海市各年度人均体育场地面积分别为1.83平方米、1.96平方米、2.23平方米、2.38平方米和2.35平方米(图3)。

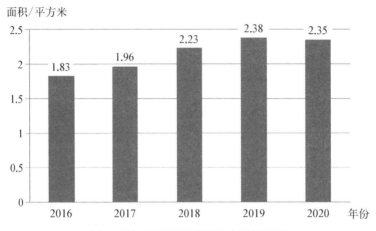

图3 "十三五"期间人均体育场地面积

2. 社区健身苑点

"十三五"期间,上海市各年度社区健身苑点数量分别为10 040个、13 103个、16 307个、17 235个和17 556个(图4)。

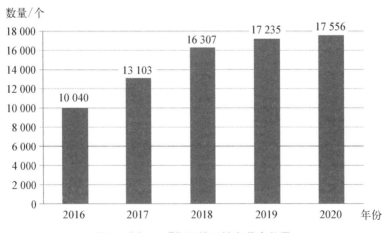

图4 "十三五"期间社区健身苑点数量

3. 社区球场

"十三五"期间,上海市各年度社区球场数量分别为446个、473个、2 208个、2 694个和2 714个(图5)。

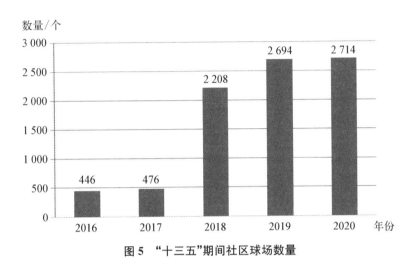

图5 "十三五"期间社区球场数量

4. 健身步道

"十三五"期间,上海市各年度社区健身步道数量分别为572条、639条、1 326条、1 565条和1 669条(图6)。

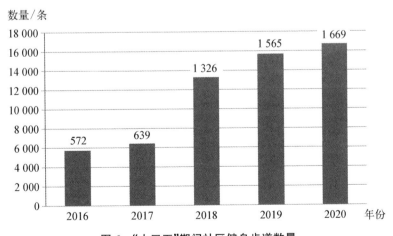

图6 "十三五"期间社区健身步道数量

5. 社区健身房

"十三五"期间,上海市各年度社区健身房数量分别为143个、167个、181个、186个和186个(图7)。

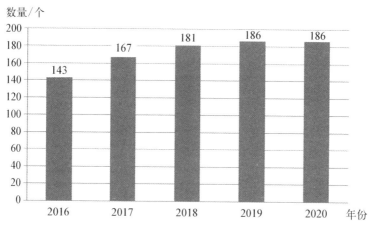

图7 "十三五"期间社区健身房数量

(三)满意度

"十三五"期间,市民对社区体育场地设施各年度满意度指数分别为76.2分、82.0分、82.5分、83.4分和86.6分(图8)。

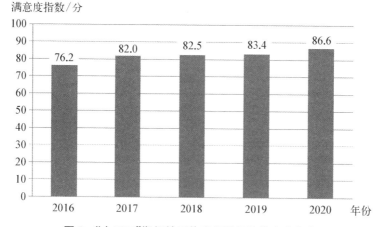

图8 "十三五"期间社区体育场地设施满意度指数

"十三五"期间,市民对上海市经营性体育场地设施各年度满意度指数分别为77.5分、81.6分、80.4分、82.7分和84.5分(图9)。

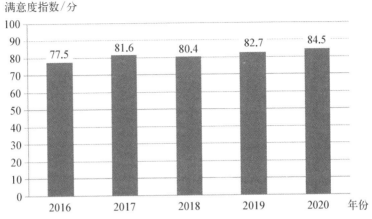

图9 "十三五"期间经营性体育场地设施满意度指数

二、运动参与

"十三五"期间,上海市运动参与总体发展状况令人满意,市民体育参与意识不断强化,积极主动参与运动的热情不断高涨。运动参与包括健身组织、赛事活动和体育参与三个指标,其中健身组织指数得分从2016年的81.3分上升到2020年的98.0分,赛事活动指数得分从2016年的76.5分增长到2020年的87.5分,体育参与指数得分由2016年的64.3分增长到2020年的74.3分。

(一)健身组织

健身组织包括全市体育社会组织、体育类社团、体育基金会、体育类民非组织、社区健身团队以及学生体育社团等。从表1可以看出,"十三五"期间上海市体育健身组织数量总体上呈现增长的趋势,其中体育社会组织(包括体育类民非组织、体育类社团和体育基金会),都有不同程度的增长。健身团队包括社区健身团队、学生体育社团等,也都有不同程度的增长。

表1 "十三五"期间上海市体育健身组织统计　　　　(单位:个)

年份 类别	2016	2017	2018	2019	2020
体育社会组织	828	1 144	1 185	1 246	1 282
体育类社团	354	410	429	408	409

续 表

类别\年份	2016	2017	2018	2019	2020
体育基金会	2	3	4	4	4
体育类民非组织	472	731	752	834	869
平均每千人拥有的健身团队	1.87	2.05	2.12	2.22	2.33
在册体育健身团队	45 813	49 708	51 181	53 888	57 931
社区健身团队	34 767	37 260	38 482	41 184	44 913
学生体育社团	11 046	12 448	12 699	12 704	13 018

1. 体育社会组织

"十三五"期间,体育社会组织数量总体上呈现增长的趋势。2016年共有体育社会组织828个,2017年增长到1 144个,2018年达到1 185个,2019年共有1 246个,到2020年共有1 282个(图10)。

图10 "十三五"期间体育社会组织数量

2. 体育类社团

"十三五"期间,体育类社团数量总体上呈现增长的趋势。2016年底共有体育类社团354个,2017年底增长到410个,2018年底达到429个,2019年底共有408个,到2020年底有409个(图11)。

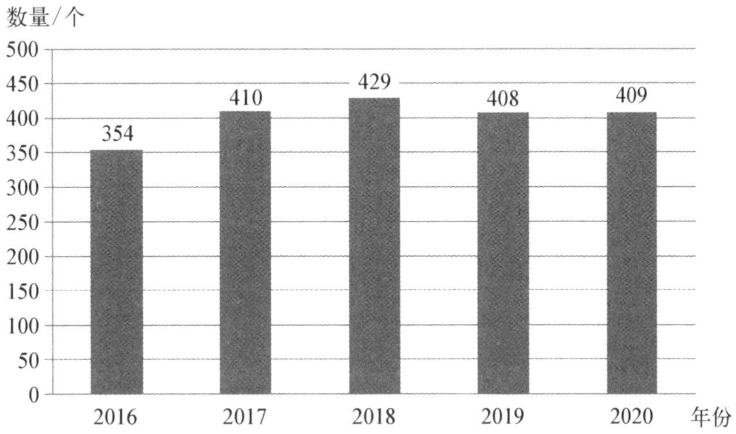

图 11 "十三五"期间体育类社团数量

3. 体育基金会

"十三五"期间,体育基金会数量有所增加。2016年底共有体育基金会2个,2017年底增长到3个,2018、2019、2020年底均有体育基金会4个(图12)。

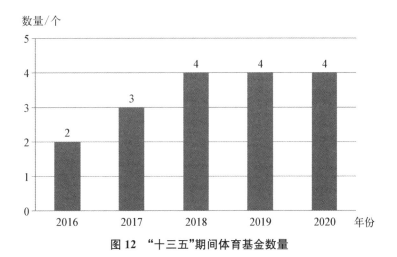

图 12 "十三五"期间体育基金数量

4. 体育类民非组织

"十三五"期间,体育类民非组织数量保持逐年增加。2016年底有472个,

2017年底增长到731个,2018年底达到752个,2019年底共有834个,到2020年底有869个(图13)。

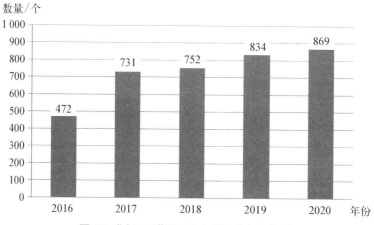

图13 "十三五"期间体育类民非组织数量

5. 健身团队

"十三五"期间,平均每千人拥有的健身团队数量逐年增加。2016年底每千人拥有的健身团队为1.87个,2017年底增长到2.05个,2018年底达到2.12个,2019年底为2.22个,2020年底达到2.33个(图14)。

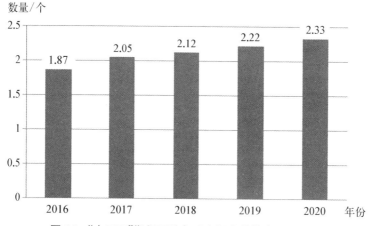

图14 "十三五"期间平均每千人拥有的健身团队数量

6. 学生体育社团

"十三五"期间,学生体育社团数量呈现逐年增长的趋势。2016年底全市共有学生体育社团11 046个,2017年底增长到12 448个,2018年底为12 699个,2019年底共有12 704个,到2020年底共有13 018个(图15)。

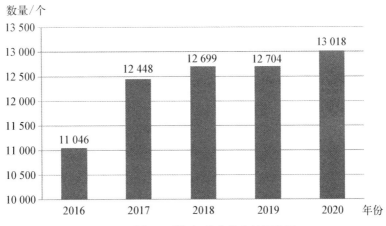

图15 "十三五"期间学生体育社团数量

(二)赛事活动

"十三五"期间,以上海市民运动会、上海城市业余联赛为代表的全民健身赛事活动蓬勃开展,各年度举办的各级各类赛事场次和参与社会公开招标的企业数量如表2所示。

表2 "十三五"期间上海市举办赛事活动场次和参与招标企业数量

年份 类别	2016	2017	2018	2019	2020
各级各类赛事场次(次)	9 703	1 528	6 186	6 000	7 100
参与社会公开招标的企业数量(家)	416	198	154	160	187

1. 赛事活动场次

2016年上海市第二届市民运动会共举办各级各类赛事9 703场;2017年开始举办上海城市业余联赛,当年共举办各级各类赛事活动1 528场;2018年上海城市业余联赛共举办各级各类赛事6 186场;2019年上海城市业余联赛共举办赛事活动近6 000场;2020年上海市第三届市民运动会共举办赛事活动7 100场左右(图16)。

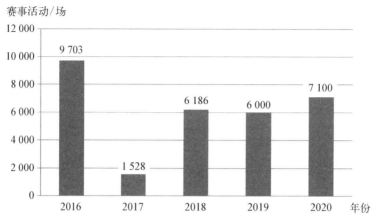

图16 "十三五"期间举办各级各类赛事数量

2. 参与社会公开招标的企业数量

2016年上海市第二届市民运动会有416家企业参与公开招标,2017年上海城市业余联赛有198家企业参与社会公开招标,2018年上海城市业余联赛有154家企业参与社会公开招标,2019年上海城市业余联赛有160家企业参与社会公开招标,2020年上海市第三届市民运动会共有187家企业参与社会公开招标(图17)。

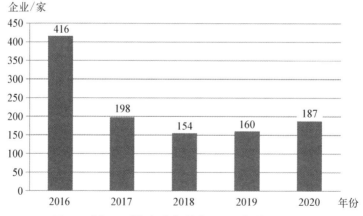

图17 "十三五"期间参与社会公开招标的企业数量

(三)体育参与

"十三五"期间,上海市民体育参与比例不断扩大,从表3中可以看出,上海市经常参加体育锻炼的人数占常住人口比例总体上呈现增长趋势,锻炼项目较为稳定。市民参加体育锻炼的主要目的是为改善体质、增进健康;影响市民参与锻炼的主要因素是工作忙没时间、缺乏场地设施和锻炼指导、没有人组织、怕受伤等,而2020年,疫情及活动场地是制约其参加体育锻炼的主要因素;市民开展体育锻炼的方式多种多样,有跑步、快走(健步走)、骑自行车、游泳等。

表3 "十三五"期间市民体育参与情况 （单位：%）

类别＼年份	2016	2017	2018	2019	2020
经常参加体育锻炼的人数占常住人口比例	42.2	42.7	42.8	43.7	45.7
参加体育锻炼的主要目的	改善体质、增进健康				
参加体育锻炼的制约因素	工作忙没时间	缺乏场地设施和锻炼指导、工作忙没时间、没有人组织、怕受伤			疫情、场地缺乏
经常参加的体育项目	跑步、快走(健步走)、骑自行车、游泳				

三、体质健康

"十三五"期间,上海市民体质健康状况良好,总体情况令人满意。从体质健康指数的得分来看,由2016年的71.8分提升到2020年的84.4分,保持在较高的水平。其中,健身指导由2016年的78.8分增长到2019年的88分;社会体育指导员数量、活跃领域、街镇覆盖率以及惠及市民的比例都呈现逐年增长态势。健身素养不断提高,在体质健康的三项指标中增长尤为显著,得分由2016年的69.0分提高到了2020年的99.0分。

（一）健身指导

"十三五"期间,上海市在册社会体育指导员人数由2016年的55 211人,持续增加到2018年的63 474人,此后的2019年和2020年,在改革梳理社会体育指导员队伍的前提下,整体数量有所下降,到2020年共有社会体育指导员62 086人(图18)。

2016—2020年,上海市社会体育指导员占常住人口比例分别是2.29‰、2.34‰、2.62‰、2.5‰和2.5‰(图19)。

2016年和2017年,上海市社会体育指导员活跃领域主要有健身苑点巡查、赛事活动组织、健身培训指导等三类。2018年新增了社区体育设施管理,而健身苑点巡查则淡出活跃领域。2019年、2020年与2018年相比,健身培训指导转变成健身团队的日常科学指导(表4)。

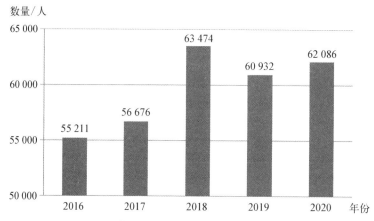

图18 "十三五"期间社会体育指导员数量

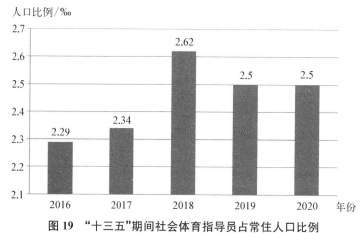

图19 "十三五"期间社会体育指导员占常住人口比例

表4 "十三五"期间社会体育指导员活跃领域

年 份	活 跃 领 域
2016	健身苑点巡查、赛事活动组织、健身培训指导
2017	健身苑点巡查、赛事活动组织、健身培训指导
2018	社区体育设施管理、赛事活动组织、健身培训指导
2019	健身团队的日常科学指导、社区体育设施的管理、赛事活动组织以及健身培训指导
2020	健身团队的日常科学指导、社区体育设施的管理、赛事活动组织以及健身培训指导

2016年,共在143个街道举办健身技能培训、科学健身讲座等活动3 124场次,惠及市民92 419人次;2017年完成体育服务配送4 117场次,惠及市民10.9万人次;2018年完成体育服务配送5 719场次,惠及市民16.6万人次。2019年完成体育服务配送6 992场次,惠及市民19.2万人次,而且服务了211个街镇社区,覆盖率达到98.1%;2020年虽然受新冠肺炎疫情影响,但依然完成体育服务配送5 547场次,惠及市民13.6万人次(表5)。

表5 "十三五"期间社区体育服务配送

年份	服务项目/场次	街镇社区(个)	惠及市民(人次)	街镇覆盖率(%)
2016	健身技能培训、科学健身讲座/3 124	143	92 419	—
2017	健身技能培训、科学健身讲座、青少年体育培训、体育赛事活动/4 117	165	109 000	—
2018	健身技能培训、科学健身讲座、体育赛事活动/5 791	209	166 298	—
2019	健身技能培训、科学健身讲座、体育赛事活动/6 992	211	191 990	98.1
2020	健身技能培训、科学健身讲座、体育赛事活动/5 547	199	136 418	92.6

(二)体质监测

2016—2020年,对成年人、老年人进行体质测定的人口数量基本稳定(表6)。

表6 "十三五"期间成年人、老年人体质测定情况

年　份	数量(人次)
2016	153 656
2017	170 905
2018	186 028
2019	187 799
2020	162 921

其中,老年人体质达标率和优良率逐年上升,如2016年老年人体质达标率为98%、优良率为53.4%;2017年体质达标率为97.6%;2018年体质达标

率为97.8%、优良率为55.70%;2019年体质达标率为98.7%、优良率为63.6%;2020年体质达标率为99.5%、优良率为72.9%(图20)。

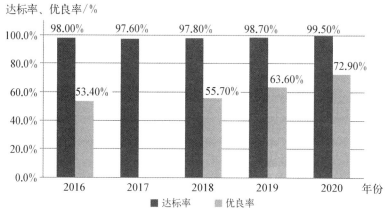

图20 "十三五"期间老年人体质达标率与优良率

(三)健身素养

"十三五"期间,市民科学健身素养得分虽然不断提升,但依然需要加强。2016年为50.8分,2017年为53分,2018年为56.7分,2019年与2020年分别为58.4分、59.4分(图21)。

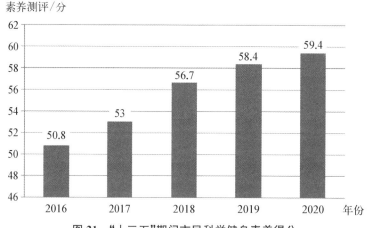

图21 "十三五"期间市民科学健身素养得分

2016—2020年,市民在科学健身素养测评中的运动伤害防护知识得分分别为57.7分、56.3分、65.1分、50.4分、60.4分(图22)。

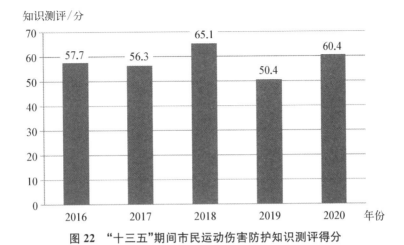

图 22 "十三五"期间市民运动伤害防护知识测评得分

四、结语

"十三五"期间,上海全民健身事业始终坚持以人民为中心,全面贯彻习近平总书记关于体育工作的重要论述和考察上海时的重要讲话精神,围绕健康上海和全球著名体育城市建设的目标,贯彻实施《上海市市民体育健身条例》和《上海市全民健身实施计划(2016—2020 年)》,促进全民健身和全民健康深度融合,调动社会各方力量积极参与,优化全民健身场地设施,办好全民健身赛事活动,加强科学健身指导,为市民提供高品质的全民健身公共服务,增强了市民的获得感、幸福感和安全感。

第二篇

主要工作

上海市全民健身场地设施"十三五"发展报告

全民健身场地设施主要指由政府投资建设或引导社会主体兴建、向社会公众开放、满足公众从事体育锻炼需求的公益性体育活动场所和设施。合理设置和科学布局全民健身场地设施,不仅是满足市民体育健身需求和发展群众体育的需要,而且对丰富城市功能、增强城市服务水平、提高城市品质具有重要意义。为了与上海市城市总体规划以及国民经济和社会发展规划相衔接,上海市体育局和上海市规土局联合编制了《上海市公共体育设施布局规划(2012—2020年)》,明确了体育场地设施建设的目标。除了大力新建体育场地设施外,还通过推动大型体育场馆免费或低收费开放、学校体育场地社会开放、做好政府实事项目、向市民配送体育消费券等形式,营造良好的全民健身环境。

一、体育场地设施总体状况

近年来,上海市体育场地设施,无论是数量和面积,还是社会开放等都有了较高程度的发展,各类体育场馆设施运营管理水平也有了明显提升。根据《全国体育场地调查制度》《上海市可利用体育场地调查制度》的相关要求,以 2020 年 12 月 31 日为标准时点,对全市体育场地进行了普查和数据统计汇总。

(一)体育场地规模

上海市共有体育场地 54 558 个,全市汇总体育场地面积 5 850.51 万平方米。其中,符合国家统计标准(国家标准)的体育场地共 49 954 个,场地面积共

5 477.30万平方米;可利用体育场地4 604个,场地面积共373.21万平方米。全市累计投入体育场地建设的资金达到565.59亿元,2020年单年度投入体育场地建设的资金为7.72亿元。其中,符合国家统计标准的体育场地总投入为548.81亿元,2020年单年度体育场地投入为7.36亿元;可利用体育场地总投入为16.78亿元,2020年单年度体育场地投入为0.36亿元。

（二）场地类型

上海市共有全民健身路径、篮球场(馆)、足球场、滑雪场等98类体育场地。其中,数量最多的是全民健身路径,有17 887条,占全市场地数量的35.81%。98种体育场地类型中,面积最大的是高尔夫球场,达到1 925.52万平方米,占全市场地面积的35.15%。全市体育场地数量排名前十位的分别是全民健身路径、健身房、篮球场、步行道、乒乓球馆、棋牌室、"三人制"篮球场、小运动场、网球场、篮球馆,体育场地面积排名前十位的依次是高尔夫球场、足球场、水上运动场、小运动场、篮球场、步行道、汽车赛车场、田径场、健身房、自行车骑行道。

黄浦江、苏州河两岸贯通开放,同步建设漫步道、跑步道、骑行道等全民健身设施,以徐家汇体育公园、浦东足球场、上海市民体育公园等一批重大体育项目为标志的全民健身场地设施相继推进,通过"体绿结合"推进嵌入式全民健身设施建设,在公园、绿地、园区、沿江、沿河、沿湖等区域建设全民健身设施,在商场、楼宇、工业厂房等区域配套全民健身设施,有效提高了市民体育健身的便捷度。

（三）人均场地

以2020年年末上海市常住人口2 487.09万人(第七次全国人口普查公报)计算,上海市人均体育场地面积2.35平方米。其中,符合国家标准体育场地人均面积为2.20平方米,人均可利用体育场地面积为0.15平方米。每万人拥有体育场地21.94个,其中,每万人拥有国家标准的体育场地20.09个,拥有可利用体育场地1.85个。

二、体育场地设施建设成就

在上海市委、市政府的正确领导下,在市体育局和相关部门的共同努力下,"十三五"期间,上海体育场地设施获得了较快发展,取得了多方面的显著成就。

(一) 基本实现了"十三五"总体目标

《上海市全民健身实施计划(2016—2020年)》提出,到2020年,上海市体育场地面积达到6 100万平方米,人均体育场地面积达到2.4平方米(按照2 500万人口计算)。从2020年度体育场地普查数据来看,截至调查标准时点,上海市共有体育场地面积5 850.51万平方米,人均体育场地面积达到2.35平方米。虽距离预定目标略有差距,但考虑到受2020年新冠肺炎疫情影响,体育场地建设增速放缓和2020年人口普查数据增长的原因,基本实现了《上海市全民健身实施计划(2016—2020年)》提出的目标。

(二) 体育场地设施规模快速增长

从总体发展情况来看,"十三五"期间,上海体育场地的数量、面积和人均体育场地面积均有较大幅度的增长,人均体育场地面积除2020年由于受新冠疫情影响导致增量放缓外,其余各年份均不断增长(表1)。

表1 2018—2020年上海市体育场地总体发展情况表

年份	总数量 (个)	总面积 (平方米)	人口数 (人)	人均体育场地 面积(平方米)
2018	44 661	50 988 104	24 183 300	2.11
2019	48 536	54 079 537	24 281 400	2.23
2020	49 954	54 772 974	24 870 895	2.20

注:仅包括国家标准的体育场地面积,不包括上海可利用体育场地面积。

(三) 体育场地建设投入持续增长

在体育场地建设投入方面,符合国家标准的体育场地建设投入保持增长态势。总体来看,2020年度符合国家标准的体育场地建设资金投入较2019年度增长了7.8亿元,增长率为1.44%;财政投入维持稳定增长,投入金额增长4.3亿元,增长率为1.36%;社会力量在体育场地建设中的作用进一步凸显,无论是投入金额增长量(3.49亿元)还是资金投入增长率(1.56%)均超过了财政投入。

（四）体育设施遍布社区

近年来，上海市社区体育设施建设呈现出良好的发展格局。市民健身步道、市民多功能运动场、市民益智健身苑点等被列入市政府实事工程，深受广大市民的欢迎。围绕城市社区"15 分钟体育生活圈"建设，体育设施点位增长总量为 8 024 个，增长率高达 57.6%。截至 2020 年底，全市共建成各类市民健身步道（绿道）1 669 条，加上骑行道，总长度共计 1 954 公里；建成市民益智健身苑点 17 556 个、市民球场 2 714 片、社区市民健身中心 101 个、市民游泳池 37 个、市民健身房 186 个、智慧健康驿站 219 家。同时，社区体育设施更新换代步伐加快，建成了一批智能化市民球场，提档升级了一批市民益智健身苑点功能，并积极推进多部门联动，在公园、绿地、园区等大力推动嵌入式体育设施建设。丰富多样的体育健身设施为市民体育健身提供了便利，有效地促进了体育人口的增加，全市经常参加体育锻炼的人数占常住人口比例达到 45.7%。

为了满足市民开展多样化体育健身活动的需求，助力健康上海和全球著名体育城市建设，"十三五"期间，上海在提高既有体育场馆设施运营效率的同时，不断加强体育场馆和设施建设，优化公共体育场馆和设施的结构布局，提高体育场馆和设施的使用效率与服务质量。

三、增加体育场地设施供给的主要做法

（一）做好市政府体育实事项目

1986 年以来，上海市政府以实事项目为载体，每年完成一批与群众生活密切相关的实事，已成为一项重要的制度安排。"十三五"期间，市政府在广泛征求市民意见的基础上，全面推进社区体育设施项目的标准化建设：一是根据国家体育总局要求，全面履行本市市民益智健身苑点室外健身器材新国标 GB 19272—2011 及国体认证；二是严格把关市民健身步道绿色环保要求；三是进一步推进农民体育健身工程改造，加大了市民多功能球场的建设力度。

根据市政府实事工程项目建设有关工作的总体要求，上海市体育局会同市住建委、市房管局出台了《关于上海市居民住宅区室外公共体育设施建设与管理的指导意见（试行）》，细化居民住宅区公共体育设施建设、维护、更新等措施。上海市体育局明确了实事项目建设的事前选址、事中监管、事后评估的内

容;制定了督察的工作方案,建立了月报制度,按时间节点有序推进了各年度市政府体育实事工程建设;指导各区科学配置市民益智健身苑点器材,推动市民球场智能化升级,落实市民健身步道建设标准,并规范标识标牌设置。

"十三五"期间,上海市体育实事项目完成情况如下:

2016年,全年新建改建市民健身步道65条、市民球场56片。根据"十三五"上海全民健身的新形势和新任务,印发新修订的《上海市社区公共体育健身设施建设与管理办法》《各类社区公共体育健身设施建设标准与经费扶持办法》,进一步明确了社区公共体育设施建设和管理的责任主体、操作办法和工作流程,加大资金投入和引导扶持力度,力推"市民系列"社区公共体育设施,新增市民多功能球场、市民足球场等健身设施,完善建设和管理的规范、标准及要求,促进社区公共体育设施规范建设、规范管理。

2017年,全年新建、改建市民益智健身苑点210个、市民健身步道75条、市民球场65个。推行室外健身器材新国标及国体认证,落实市民健身步道绿色环保要求。推进农民体育健身工程改造,加大市民多功能球场建设力度。建成市民健身步道总长度达65公里(平均每条长度877.9米),新增体育场地总面积15万平方米(平均每条步道2 004.1平方米)。建成市民球场的种类更加丰富,一定程度上缓解了各区超期使用的公共运动场和农民体育健身工程(简易篮球场)陈旧老化的难题,新增体育场地总面积8.22万平方米(平均每个项目1 265.2平方米)。从2017年开始,市民益智健身苑点被列入市政府实事项目,提出了益智健身苑点"提档升级"的要求:一是从健身器材的配置上突出益智等各类棋及智能语音和数字显示等功能;二是增加腹背锻炼器等力量器材的配置比例,使市民益智健身苑点的器材也能适合中青年人的健身需求,增加受众面;三是积极加大新颖的双立柱和多方位健身器材的配置力度,加强科学健身功能牌的推广,为设置"二维码"提供网络健身指导和保修管理服务做准备;四是根据实际需求改善健身设施的地面材质,在各类棋台上方增加顶棚,达到遮阳挡雨和美化环境的效果。

2018年,全年新建、改建市民健身步道89条、市民球场72片、市民益智健身苑点342个。根据社区体育设施建设标准出台建设导则。根据导则与社区体育设施日常开放管理要求,结合实际情况,设计了全新的标识标牌,增加了新的公示内容,增设了投诉电话、管理平台二维码、"上海体育"微信公众号二维码,设计了科学健身宣传内容,提高了体育健身的便民性和科学性。

2019年,全年新建、改建市民健身步道112条、市民球场76个、市民益智健身苑点345个。评选出21条"最美健身步道"。市体育局与市教委等单位共同发布《上海市学校体育场馆向社会开放导则》,积极推动学校体育场馆开放;会同市卫生健康委建成85个智慧健康驿站;会同市绿化市容局,加大公园绿地体育健身设施配置力度,丰富市民身边的健身空间;会同市农业农村委,积极研究制定郊区乡村健身设施建设的指导意见,加强农村体育设施建设和服务供给。建成上海市体育公共信息服务平台,为市民提供优质体育资源。探索完善社区体育设施管理服务信息平台,为全市近2万余处社区体育设施建立信息库,优化体育设施使用。研发共享运动场管理系统,实现运动场智能化无人管理,优化器材、设施、人员、场地等资源配置。按照体育总局部署,在祝桥镇、殷行街道、康健街道试点开展智慧社区健身中心建设,为健身人群提供更加精准的科学健身指导。

2020年,全年新建、改建市民健身步道112条、市民多功能运动场96片、市民益智健身苑点585个。市体育局印发《关于做好2020年市政府实事工程项目建设有关工作的通知》,明确建设导则与管理要求,对项目选址、建设、器材安装、维护与保养以及标识标牌等进行规范。完善市民益智健身苑点器材配置,增加部分适合青少年儿童进行锻炼的器材。会同市卫生健康委新增智慧健康驿站134家,两年累计建成智慧健康驿站219家,基本实现全市街镇全覆盖。

2020年12月7日,上海市委书记李强调研本市体育健身设施布局和建设,视察了徐汇区康健街道市民健身中心,对全民健身工作作出重要指示。市体育局会同市绿化市容局制定《上海市公园绿地市民健身体育设施管理办法》,深入推进"体绿结合";会同市农业农村委推进农村地区体育设施建设,加强"体农结合";会同市住建委、市房管局出台《上海市居民住宅区室外公共体育设施建设与管理的指导意见(试行)》。结合大调研工作,开展都市运动中心建设调研,支持打造新型体育服务综合体,评选出30个"最美市民益智健身苑点"。

(二)推进大型体育场馆开放

随着经济社会的快速发展,上海承办了一系列国际国内综合性大赛,相继提出建设"亚洲一流体育中心城市""全球著名体育城市"等目标,建成了多个大中型体育场馆。这些大型体育场馆坚持"开放性、公益性、便利性"的发展定位,履行公共服务职能,始终把社会效益放在首位。

1. 大型体育场馆社会开放常态化

上海大型体育场馆具有一流的设施和优美的环境,且周围交通便利。大型体育场馆对社会开放,既能够提供丰富的健身内容和多样的活动形式、为广大市民提供高质量的体育健身体验,又能够提高大型场馆利用率,进而实现公共体育场馆资源的社会服务功能。

"十三五"期间,上海大型场馆取得了长足发展,新建或改建了一批大型体育场馆。为提高大型场馆的开放效果,场馆单位根据全民健身的需要,对场馆的空间布局和硬件设施进行了调整改善,提高了场馆的开放质量。更多新建场馆加入了开放队伍,免费或低收费开放的场馆数量显著增加。已经开放的大型场馆不断扩大场地开放范围,逐步延长开放时间,为更好地服务全民健身奠定了坚实的基础。

截至2020年底,上海市共有大型公共体育场馆36个、体育场地面积273万平方米。在"十三五"期间,上海所有大型体育场馆均实现了对外开放,基本每天开放8小时以上。其中,大部分大型体育场馆实现了全天开放,部分大型体育场馆采取分时段开放。就全年开放天数而言,在12种不同类型的大型场馆中,游泳馆对外开放天数最多,除部分法定节假日和内部维护外,基本是全年对外开放。

2. 大型体育场馆运营模式多样化

大型场馆的运营管理是一项系统工程,需要政府、社会和市场的协同参与。在大型体育场馆运营方面,上海充分发挥地方政府职能,广泛学习先进的场馆管理理念,整合全市大型场馆资源,制定科学的场馆发展规划,支持大型场馆不断改革运营方式,增强市场意识和服务理念。

由于上海大型体育场馆的投资类型不一、股权结构不同,因此采用了不同的经营模式。上海大型体育场馆运营管理方式,主要有委托运营、合作运营和事业单位独立运营三种模式。委托运营的场馆多为政府独立建设,政府通过招标,将场馆的经营管理权在一段时间内交由某一法人进行管理,由后者自负盈亏。合作运营的场馆多为股份制场馆,按照现代企业制度进行运作,政府和企业根据各自的股份行使决策权,共同承担经营风险。事业单位独立运营模式普遍存在于大型体育场馆中,这类场馆的投资主体为政府,场馆管理方代表政府对国有资产履行经营管理职责。总之,推动上海大型体育场馆社会化运营,并不意味着政府不投入或者少投入,上海市仍然配套了专项资金,但逐渐从直接的资金拨付,转向奖励、补贴、贷款等间接性引导政策,倒逼场馆单位改善经营、提高服务水平,鼓励场馆单位通过企业赞助、社会捐助、增加运营收入等拓宽资金渠道。

3. 大型体育场馆服务供给多元化

大型体育场馆具有很强的公共产品属性,公共体育场馆的主要职能在于服务大众。大型体育场馆的先天因素决定了它不可能像其他小型体育场馆一样灵活自如地对外开放,这一难题至今仍旧困扰着很多大型场馆的开放运行。而仅依靠大型活动,根本无法满足其规模化运营的需求,造成公共资源的浪费。为了满足广大市民日益增长的体育健身需求,上海大型体育场馆不断深化公共服务改革,广泛组织和开展丰富多彩的体育健身项目,提供多种类型的体育培训,既有传统运动项目,也有时尚健身休闲内容,服务项目类型达到25类137个,平均每个大型体育场馆提供约5个健身服务项目。有2个大型体育场馆开展健身服务的类型多达12种。大型体育场馆提供服务项目类型排名前十的依次为羽毛球、乒乓球、篮球、健身健美、足球、体育舞蹈、游泳、网球、武术、台球等。根据国家体育总局与财政部于2014年发布的《关于推进大型体育场馆免费低收费开放的通知》的要求,上海大型体育场馆除了承办大型赛事、开展全民健身外,也组织开展了广泛的体育培训活动,培训项目主要集中在羽毛球、篮球、体育舞蹈、健美操、乒乓球、游泳等。

在开展全民健身公共服务的基础上,部分大型体育场馆还承担体育赛事和运动训练,并积极组织开展文化演艺活动、会展活动、公益活动及其他各类文化娱乐活动,丰富市民的文化生活。由于上海大型体育场馆的类型较多,每个场馆的具体情况各不相同,在扩大对外开放的前提下,各场馆都在探索因地制宜供给公共体育服务,初步形成了"一馆一策"的服务模式。同时,在大型体育场馆对外开放的过程中,复合化趋势越来越明显,许多新建的体育场馆融合了体育、商业、住宅、办公等一系列内容,朝着体育综合体方向发展。

4. 大型体育场馆投资结构多元化

大型体育场馆具有投资规模大、投资回收期长、运营开放成本高等经济特征,它的建设还受到政策门槛的限制。不论是从大型体育场馆的总体出发,还是立足单个场馆的个体分析,公共财政都是大型体育场馆投资建设的主体,这是过去很长一段时期以来的主流模式,如东方体育中心就是完全依靠财政拨款建设的典型。

为了适应社会主义市场经济条件下公共体育场馆投资建设多元化的要求,上海大型体育场馆在公共财政保障之外,积极探索多种融资方式,广泛组织社会力量和民间资本参与,形成了多元化的投资模式。例如,政府和企业合建模式,即政府以财政拨款或以土地入股为主,企业则采取资助、冠名等形式进行投资建设,F1赛车场就是由上海市国资委、上海久事集团和嘉定投资发展有限公司联合投资建设。再一种就是政府和企业投资、企业运作模式,即场馆建设由双方出资,企业通过获得场馆的后期运营权收回初始投资。上海大型体育场馆投资结构改革,为培育大型体育场馆的现代企业法人、推动大型体育场馆市场化运作奠定了产权基础。产权结构改革作为前期过渡,政府依旧给予较大的投入,之后逐渐减少,不断引导社会资本投入,逐步培育体育场馆建设与运营走向市场。

(三)推进学校体育场馆开放

为贯彻落实《"健康中国2030"规划纲要》《全民健身条例》《教育部国家体育总局关于推进学校体育场馆向社会开放的实施意见》《上海市体育设施管理办法》等文件要求,"坚持应开尽开、有序推进"和"坚持服务公众、体现公益"的原则,进一步推进本市学校体育场馆向社会开放,有效缓解广大市民日益增长的体育健身需求与体育场馆资源供给相对不足之间的矛盾,促进全民健身事业繁荣发展。

1. 学校体育场地基本情况

2020年上海体育场地普查结果显示,在上海现有符合国家统计标准的49 954个体育场地中,教育系统有5 796个,占上海体育场地总数的11.60%,场地面积为1 408.47万平方米,占总面积的24.38%。学校体育场馆在地理位置等方面具有实用、方便等优势,自然成为大众健身的重要供给方式。"十三五"期间,上海又在各级各类学校投资兴建了一批高标准的体育场馆,学校室内场馆在数量和质量上都有提升。

2. 学校体育场馆开放情况

"十三五"期间,上海明确了学校体育场馆开放的范围、时段、时长、体育设施类型,实施锻炼人群准入制度和信息公开等基本要求。还通过加强学校体育场馆设施建设、加快管理人才队伍建设、完善体育场馆设施向社会开放工作制度、加大经费投入、推进信息化建设等举措强化学校体育场馆开放保障。

上海市教委、市体育局、市发展改革委员会、市财政局、市文明办等相关部门联合出台《关于进一步加强本市学校体育场馆向社会开放工作的实施意见》,并同步出台《上海市学校体育场馆向社会开放工作导则》,建立管理规范、监督有力、评价科学的学校体育场馆开放制度体系,基本形成了政府部门、学校和社会力量相互衔接的开放工作推进机制,努力实现"全覆盖、全人群、全天候"开放。至2019年底,上海市学校体育场地设施开放率达到96%,提前完成2020年86%的目标。已经形成了一批具有示范作用的学校体育场馆开放典型,通过典型示范引领,带动具备开放条件的学校积极开放,使开放水平及开放绩效得到进一步提升。

(1) 开放的范围。上海市公办中小学校(以下简称"学校"),除特殊教育、寄宿制等不宜开放的学校类型外,均积极创造条件向社会开放体育场馆设施,主要面向学校周边社区居民。学校体育场馆有健全的安全管理规范,明确的责任区分办法和完善的安全风险防控条件、机制及应对突发情况的处置措施和能力。学校体育场馆区域相对独立或与学校教学区域隔离,且体育场馆开放不影响学校正常教育教学等工作。学校体育场馆、设施和器材等安全可靠,符合国家或本市安全、卫生和质量标准及相关要求。学校有相对稳定的体育场馆人员管理、设施更新、维护和运转的经费,能定期对场馆、设施、器材进行检查和维护。学校体育场馆开放主要面向学校周边社区居民。在开放的体育场馆中,分有偿开放和无偿开放两种,有偿开放场馆的服务对象没有明显区别,无偿开放场馆的服务对象一般优先次序为本校学生、教职工和社会个人。本校学生和教职工是最主要人群,是体育场馆开放最直接的受益群体。学校体育场馆对外开放建立在为市民提供更多锻炼场所、设施的基础上,有偿开放的社会效益和经济效益的提升,需要广泛接纳社会人士。

(2) 开放的内容。学校的室外场地设施,如田径场、篮球场、排球场、室外乒乓球台、健身器械等实现无偿对外开放。学校的室内体育场馆一般可采取公益开放,以具有群众基础、大众喜闻乐见的健身项目为主,如篮球馆、乒乓球馆、羽毛球馆、游泳馆和体操房等。各校根据体育场馆面积、使用范围和开放服务承受能力,确定开放时间段和人数。

(3) 开放的时间。上海学校体育场馆多数能在非教学活动时段并在保证校园安全的前提下向社会开放,实行定时定段与预约相结合。学校体育场馆向社会开放的时间与区域居民的工作时间、学习时间适当错开。开放时间主要为工作日晚上每天开放3小时左右,双休日、节假日一般从下午至晚上每天开放6小时左右。每周开放总时长在27小时及以上的学校占81.7%。国家法定节假日和寒暑假期间,学校体育场馆能够适当延长开放时间。

3. 学校体育场馆开放的经验

"十三五"期间,上海学校体育场馆社会开放工作取得了显著成效,市民满意度明显上升。归纳起来,主要有以下几点可推广的经验:

(1) 坚持市民中心,加强领导。上海学校体育场馆开放主要由各区负责,建立健全由区政府主导、教育或体育等相关部门牵头、多部门和社会力量共同参与的场馆开放工作联动机制。各区高度重视学校体育场馆开放工作,把学校体育场馆开放工作纳入政府工作考核范畴,研究制定本区学校体育场馆开放工作规划或实施方案,并督促落实。

(2) 坚持政府统筹,多方参与。明确各区政府和所在街道是学校体育场馆设施向社会开放的责任主体,承担领导、组织、管理、经费、保险、保障和意外伤害处理等责任。以政府为主导,加强部门协作,引导社会力量积极参与,即通过引入社会管理、社会服务、社会资金,有效推进学校体育场馆向社会开放工作。

(3) 坚持服务公众,体现公益。建立健全学校体育场馆开放规范,立足公益,积极探索学校体育场馆社会开放的成本补偿机制。各区政府都加大了对学校体育场馆社会开放的经费投入,多途径筹措经费,不断改善学校体育场馆设施条件,支持学校体育场馆对外开放。

(4) 坚持应开尽开,有序推进。根据各区、各学校实际情况,加强分类指导、稳步推进,形成健康有序的学校体育场馆开放格局。鼓励各区积极探索学校体育场馆开放的新政策、新机制和新模式,并从管理机制、经费保障、安全措施及工作绩效等方面加强督导评估,不断完善学校体育场馆开放方式,提高体育场馆服务能力。

(四) 开展体育消费券配送

2020年9月,上海市体育局印发《上海体育消费券配送管理暂行办法》,初步建立体育消费券制度。体育消费券配送是上海体育主管部门贯彻"以人民为中心"发展思想、践行"人民城市人民建,人民城市为人民"重要理念的具体实践。通过"你运动,我补贴"的形式,促进全民健身进而带动体育消费,提高公共体育场馆和经营性体育场馆的使用效率。通过配送体育消费券,实现以补贴促消费,进一步促进公共体育场馆和经营性体育场馆对社会开放,更好地满足市民体育健身需求。

1. 体育消费券配送办法

2019年,静安区体育局通过"互联网+公共体育服务"平台,开展"静安体育公益配送",推广"居家健身"服务。上海体育消费券配送,以"静安体育公益配送"的经验和模式为基础,结合全市的总体情况,将体育消费券配送纳入上海市体育局重点工作,通过对静安区先行试点情况进行总结和完善后,在全市推广实施。

体育消费券坚持政府引导、市场主导、场馆和市民共同参与的配送原则,旨在实现政府、场馆、市民三方共赢的目标,配送对象为在本市工作、学习和生活的市民。体育消费券以政府购买服务的方式,通过提供公益性的体育健身服务,进而引导、鼓励和支持上海市民广泛参与体育健身,提高身体素质,增进健康水平。纳入体育消费券使用范围的场馆,为市民提供内容丰富的体育健身项目,包括篮球、排球、足球、乒乓球、羽毛球、网球、台球、保龄球、壁球、游泳、水上运动、射箭、击剑、滑冰、蹦床、攀岩、健身、瑜伽等18个项目以及其他新兴、时尚的特色体育健身项目。

(1)搭建工作班子。成立上海市体育消费券配送领导小组,由市体育局相关领导担任组长,明确有关处室、单位的职责分工,同时指导各区体育部门建立联络员队伍,加强市、区两级消费券配送的统筹。

(2)形成制度文件。制定《上海体育消费券配送管理暂行办法》《上海体育消费券配送工作机构及职责》《上海体育消费券定点场馆合作协议》《上海体育消费券配送用户协议》《2020年上海体育消费券定点场馆招募公告》等文件,明确制度安排和操作指南。

(3)建立配送平台。为了方便市民领取和使用体育消费券,上海市体育局建立了体育消费券配送平台,市民用智能手机下载或关注微信公众号,在特定的时间,通过"上海体育"公众号、"上海体育消费券配送"微信小程序以及上海公共体育信息服务平台等渠道领取。持有体育消费券的市民可到定点场馆使用,享受价格优惠。配送平台嵌入上海体育公共信息服务平台整体运营体系,引入智能化和信息化技术,通过配送平台完成上海体育消费券的管理运营、场馆接入、数据分析、技术支持和便民服务等工作。配送平台采用计算机网络技术,对接用户管理,完成信息共享,满足线上线下多样化的服务需求。配送平台还建立了体育消费券数据实时监测、定期统计和分析评估机制,以加强运营能力和专业运营队伍建设,做好配送服务保障,完善智慧服务,确保体育消费券配送的平稳有序。此外,通过配送体育消费券,支持和完善"上海健身地图""健申码"等信息系统建设,在满足数据和信息安全的前提下,实现信息共享,促进全民健身场地设施的智能化管理。为了有序推进消费券配送工作,规范体育消费券的发放和使用,市体育局完成了定点场馆签约、运营管理培训、便民志愿者招募以及宣传推广,不断加强对体育消费券配送过程的信息收集、数据分析和监督管理工作。

(4) 落实配送方案。体育消费券分为市、区两级。市级通用体育消费券由上海市体育局发放,在全市定点场馆均可使用。定点场馆由上海市体育局在综合考虑人口密度、体育场馆分布和类型等因素的基础上,在全市的经营性场馆和公共体育场馆中招募。2020年全市招募了定点场馆500个左右,覆盖全市16个区。区级体育消费券由各区体育局在本区范围内开展发放工作,可在各区的定点场馆使用。上海体育消费券不同于预付消费卡、会员卡、年卡、月卡等,属于一次性使用的电子消费券。根据市域场馆分布,兼顾场馆定价情况,目前发放的体育消费券包括5元、10元、20元、30元、50元、80元等面值,全市定点场馆均可使用。市体育局根据每个定点场馆每月的体育消费券使用情况,于次月底前拨付相应的资金补贴,支持定点场馆以优惠价格向市民提供体育健身服务。

(5) 完善工作机制。上海市体育局为体育消费券发放和使用建立了监督管理机制,制定并逐步完善体育消费券管理办法,指导定点场馆建立体育消费券实时监管机制,加强对定点场馆的指导服务、日常监管,加强对后台数据分析研判。并与第三方机构签约,借助专业机构的力量确保消费券使用过程的数据信息安全,完成对账等,采取线上线下结合的监管手段,完善过程监督。组织各区体育消费券工作人员进行业务培训,落实区级体育消费券的管理责任,确保体育消费券配送有序开展。

2. 体育消费券配送特点

(1) 体现公益惠民原则。通过政府补贴,支持符合条件的体育场馆向市民提供价格优惠的体育健身服务,鼓励经营性体育场馆参与全民健身公共服务,拓展市民身边的体育活动空间,有助于破解"健身去哪儿"难题,让企业和市民都得到实惠,做到"把好事办好,把实事办实"。

(2) 注重配送规范管理。制定实施《上海体育消费券配送管理暂行办法》,实现从定点场馆招募到资金补贴,以及消费券"发放—使用—评估—优化"全过程闭环式管理。市、区两级体育主管部门对定点场馆有关健身环境、教练、项目、价格、服务、防疫等进行不定期监督检查。建立定点场馆退出机制。

(3) 深化"互联网+体育"。上海体育消费券配送,为市民提供了丰富的

"互联网+体育"应用场景。通过区块链底层技术,依托信息化配送平台提供全民健身公共服务,确保政府补贴资金透明使用、精准投放,随时对配送全过程进行数据跟踪与评估,保障公共信息数据存储安全可靠,增强政府、企业、消费者互信。

(4)注重提升用户体验。建立上海体育消费券配送信息化平台,发放电子消费券,最大程度方便市民领券和使用,同时也便于定点体育场馆参与提供服务。在上海体育消费券配送微信小程序专门设置便民服务热线,方便市民和企业咨询,提供及时、高效、人性化的服务。

3. 体育消费券配送效果

上海体育消费券坚持统一标准、统一规则、统一管理、统一服务的原则,创新运用新技术、新模式,成为全国首个依托区块链技术的省级体育消费券配送信息化平台,保障体育消费券配送过程安全、规范和透明。

(1)促进了全民健身和体育消费。上海体育消费券首次发放和使用时间为2020年9月9日至2021年3月31日,其间累计向全市配送消费券近2400万元,共有120多万人次领取体育消费券,拉动定点场馆的直接消费约6300万元。仅2020年9月9日第一天配送的22800张总额72.6万元消费券,10分钟内就被市民领取一空,显示了较高的社会关注度。有关数据显示,平均每1元体育消费券可拉动定点体育场馆直接消费2.6元,不仅支持了体育场馆复工复产,也促进了全民健身和体育消费。中央电视台、中国政府网、《解放日报》等主流媒体纷纷对上海体育消费券配送情况进行了报道。

(2)扩大了体育消费券影响力。为了宣传和推广上海体育消费券,上海体育局邀请世界冠军、体育"达人"以及体育局领导拍摄宣传小视频,采用多渠道向社会宣传消费券。为延续"我运动,我快乐"的全民健身理念,上海体育局通过"上海体育"微信公众号,开展"我为消费券代言"主题视频征集活动。广大市民可以将自身使用消费券的感受、个人的兴趣特长拍摄视频,上传到"上海体育"微信公众号以及"抖音"平台参赛,优秀作品将通过东方明珠移动电视播放,有机会在上海的地铁、公交和楼宇等宣传屏幕上展示。优胜者将获得观赏上海体育博物馆以及与奥运冠军面对面交流的机会。

(3)实现了市民与场馆互利共赢。在配送体育消费券之前,很多存量公共体育场馆处于闲置或利用率不高的状况,经营性体育场馆由于需要付费也是顾客稀少。通过体育消费券的配送,市民能够以优惠价格获得经营性场馆的优质体育健身服务,能够有机会体验上海大型体育场馆中的一流体育设施,进一步提升市民的获得感。既让市民得到了体育消费的实惠,也提高了公共体育场馆和经营性体育场馆的使用率,提升了体育场馆的人气与氛围。

在总结2020年上海体育消费券配送经验的基础上,综合考虑场馆区域分布、前期效果以及市民健身需求等因素,将继续遴选定点场馆,优化体育健身内容,完善场馆空间布局。为了更好地满足市民多样化健身需求,还将通过对市民需求的调查,增加针对热门项目和特定人群的体育消费券,如新增夏季项目、冬季项目、老人健身、足球等特定体育健身项目,不断扩大体育消费券的受益面,进一步促进体育消费,助力健康上海建设。

(五)推进公共体育场馆改革

1. 组建上海市体育场馆设施管理中心

根据中共中央《深化党和国家机构改革方案》中"深化地方机构改革"的总体部署,结合上海事业单位改革和上海体育改革工作中精简机构、优化职能的目标,按照上海市机构编制委员会、人力资源和社会保障局相关批复文件精神,于2018年11月28日成立了上海市体育场馆设施管理中心。

2. 推进体育场馆运营管理机制改革

上海市体育场馆设施管理中心努力发挥行业排头兵作用,积极推动体育场馆运营管理机制改革。2018年,在市体育局与上海久事集团公司签署的《东方体育中心委托运营管理框架协议》基础上,场馆中心与久事体育产业集团签订《东方体育中心(东体三馆)委托运营管理协议》,将东方体育中心实施委托运营。2019年,通过上海联合产权交易所体育资源交易平台公开招标,又与久事体育产业集团签订了《仙霞网球中心委托运营管理协议》,将仙霞网球中心实施委托运营。2020年底,对东方体育中心委托运营情况实施了2019年、2020年两个年度的检查考评,进一步探索公共体育场馆市场化、专业化运营管理的模式,逐步规范委托运营过程管理。2020年,完成《上海市公共体育场馆运营管理服务规范》(地方标准)初稿,通过了市标准委员会的审核答辩,并经市市场监督管理局正式批准立项。为做好新冠肺炎疫情防控工作,场馆中心会同市体育场馆协会、市健身健美协会,牵头制定了《上海市传染病疫情防控期间体育场所安全开放指引》(团体标准),协助市体育局制定了《新型冠状病毒肺炎期间本市体育场所复工工作指引》和《上海市培训机构恢复线下培训服务工作指引》。

3. 建设智慧体育场馆

对标《上海体育信息化建设"十四五"发展规划》,以公共体育场馆及设施智能物联系统为核心,制定了《上海市体育场馆设施管理中心信息化三年发展计划》。2020年7月,上线场馆中心微信小程序预定系统,将田林俱乐部、康东网球馆、体育宫3家场馆的运营票务系统纳入统一管理,与中原体育场预订小程序和委托运营场馆的预订小程序做好数据转接,实现线上发布公告、售票预订、查询场地等功能,推进场馆智慧运营。

(六)加强社区体育设施管理

2018年11月上海市体育场馆设施管理中心成立后,被列入市政府实事工程的市民健身步道、市民多功能运动场、市民益智健身苑点等社区体育设施维护管理工作由市社体中心转至市体育场馆设施管理中心。市体育局在出台社区体育设施建设标准的基础上,进一步提出了开放管理的要求。根据社区体育设施日常开放管理的现实情况,设计了全新的标识标牌,更新了公示内容,增加了市业务主管部门的投诉电话。市体育场馆设施管理中心积极探索多种管理模式,通过信息化手段提升管理水平,开展社区体育设施"二维码"采集服务,完成全市16个区共16758个点位的"二维码"贴码和设施点位信息采集。重点打造"上海市社区体育设施信息化管理服务平台",于2020年7月上线投入使用。借助大数据技术,对全市各区公共体育设施(健身苑点、健身步道、球场、健身房)管理数据进行多源整合,实现各类社区体育设施电子地图、巡查维修、投诉处理的可视化实时数据管理,形成市、区、街镇三级管理网络体系。与各区进行数据对接,加强本市公共体育设施管理数据的共享交互。通过自主管理、购买服务、委托第三方专业组织,以多元化运维模式提高设施利用率。

四、"十四五"时期体育场地设施工作基本思路

(一)优化体育健身设施布局

制订实施体育健身设施建设补短板五年行动计划,推进本市体育设施专项规划,完善公共体育设施建设布局。优化布局漫步道、跑步道、骑行道以及各类体育场馆、多功能球场、体育公园、船艇俱乐部、户外运动场等健身设施,合理设置体育公园、环城生态公园带、郊野公园等绿色空间的体育健身设施。优化布局各类社区体育设施,支持临港新片区、长三角生态绿色一体化示范区建设高品质体育场地设施,提升水上运动、户外运动等设施功能。

（二）拓展市民体育活动空间

完善高品质的"15分钟社区体育生活圈"，形成类型丰富、功能完善的服务网络，基本实现社区市民健身中心街镇全覆盖。推动建设各类嵌入式体育设施，支持配套体育健身设施，因地制宜布局各类小型多样的体育健身设施。推进美丽乡村体育设施建设，促进社区养老设施与体育设施的资源共享、功能衔接。加强社区青少年体育设施建设。鼓励社会力量建设经营性体育场地设施。

（三）建设都市运动中心

利用城市空间和场地设施资源，建设全民健身和相关产业融合发展的都市运动中心新型体育服务综合体。支持采取公建公营、公建民营、民建民营等建设运营方式，探索"体育＋文化＋教育＋商业＋旅游"等多元化运营方式，拓展市民身边的健身休闲空间。

（四）提高体育健身设施利用率

推进公共体育场馆"所有权"和"经营权"分离改革，增强公共体育场馆发展活力。加强体育设施更新、维护与日常管理，确保符合应急、疏散和消防安全标准，保障使用安全。鼓励企事业单位体育场地向社会开放。通过配送体育消费券等方式，支持经营性体育场馆公益性开放。

上海市全民健身组织建设"十三五"发展报告

体育健身组织包括体育社会组织和体育健身团队,是全民健身公共服务体系的重要组成部分。体育社会组织作为从事各种体育运动、健身活动的主体,是在民政部门登记注册的正式组织,是政府职能转移的重要承接者,也是体育多元治理的重要组成部分。体育健身团队是以地缘关系,自发、自愿集结而成的具有相对固定的人群、健身时间、地点和健身项目的群众性健身群体,是在街道(乡镇)备案的非正式体育组织。体育健身组织在促进全民健身事业发展、弘扬体育文化以及人民城市建设中发挥着重要作用。"十三五"期间,在市体育局、市民政局的领导下,在各有关部门、单位的协同推进下,上海市体育健身组织蓬勃发展,持续创新,各项工作围绕"社会化、实体化、规范化、专业化、国际化"发展,取得了显著的成效。

一、体育健身组织建设总体情况

到 2020 年底,上海基本形成了以市、区体育总会为统领,以单项体育协会和各类人群体育协会为骨干,以社区体育健身俱乐部和体育健身团队为基础的比较完善的体育健身组织体系。市体育总会坚持"管办分离"原则,深入推进体育社会组织与行政机关脱钩,推动体育社会组织改革发展。召开了上海市体育总会第九届会员大会,吸纳更多社会人士和专业人士参与,新一届会员的社会化程度明显增强。按照国家和本市足球改革工作部署,完成上海市足球协会新一轮换届工作,促进上海足球加快发展。设立体育社会组织专项资金,每年评选一定数量的优秀社会组织给予资金扶持,促进体育社会组织朝着规范化、社会化、实体化、专业化、国际化方向发展。加强市级体育社会组织治理,开展体育社会组织财务审计、法定代表人述职工作,培养年轻化、专职化的体育社会组织工作者。截至2020年底,全市共有在民政部门注册、具有法人资格的体育社会组织1282个,其中包括体育类民非组织869个、体育类社团409个、基金会4个,群众身边的体育社会组织不断丰富。全市215个街镇已成立171家社区体育健身俱乐部,覆盖率约为80%。全市共建有体育健身团队57931个,每万人拥有体育健身组织(体育社会组织、社区体育俱乐部和体育健身团队)数量23.8个,超额完成"十三五"目标。各级各类体育健身组织参与承办上海市民运动会、城市业余联赛,成功打造上海城市定向挑战赛、上海国际大众体育节、上海市老年人运动会等品牌赛事活动。成立了校园足球、篮球、排球和田径联盟,青少年体育俱乐部也不断增加,为上海全民健身事业发展提供了有力的组织支持和保障。

二、体育健身组织建设主要成就

(一)体育健身组织管理不断规范

市体育总会以"三项制度"的出台为抓手,建立"引和逼"的体育类社会组织管理制度框架。"引"的方面,首次在市财政专项资金中设立体育类社会组织专项资金,发布《2017上海市级体育社会团体专项资金奖励意见》(简称《奖励意见》),经第三方机构初审、专家委员会评审、专项资金管理委员会审核、公示、局党委审定等环节,评选出16家在公共体育服务、体育赛事活动、体育人才培养、对外交流合作等方面有突出表现的市级体育类社会团体,给予资金奖励。"逼"的方面,发布《上海市体育总会团体会员管理办法》及十项工作指引,印发《上海市体育类社会团体党建工作实施办法》,划定治理底线:一是市体育总会对社会团体服务管理的范围与职责;二是社会团体成立登记、变更和注销的流程;三是社会团体换届工作的流程、负责人任职的条件、党建、财务、印章、档案、信息公开、重大事项报告、裁判员管理等相关要求与规定。对十项工作指引进行逐项细化梳理,特别是在《换届工作指引》《负责人任职工作指引》上,凸显协会规范管理的优势。

(二)体育社会组织力量不断壮大

上海体育社会组织始终坚持以人民为中心的发展思想,以人民日益增长的体育需求和建设健康上海为目标任务,让体育发展的成果更多、更公平地惠及市民。在不断丰富市民身边传统的体育健身组织前提下,大力支持新兴运动项目社会团体建设,如冰雪运动(滑冰协会更名成立)、橄榄球、铁人三项、旱地冰球等一批新兴运动项目社会团体不断涌现。名人效应逐步显现,李秋平、孙海平、诸韵颖等一批知名体育人士相继发起成立俱乐部。文化及产业研究方面新增了棋牌文化、上体运动与健康两家研究中心。此外,市体育总会还积极探索,将部分具备一定管理职能的市体育社会组织发展为管理体系中的各个枢纽节点,逐步构建起分类、分级、分层、自主、自律、自给的管理新格局。

(三)体育社会组织治理能力不断提高

"十三五"期间,市体育总会提出重点扶持一批、改革调整一批、整改注销一批的"三个一批"改革实施路径,有效开发、配置和利用资源,激活体育社会组织力量,依托改革成果一手抓培育扶持、一手抓规范管理,推进体育社会组织治理能力不断提升。

在培育扶持方面,一是2017—2020年连续三年实施《上海市体育社会组织专项资金奖励意见》,"以奖促建"调动体育社会组织建设与发展的积极性,累计奖励总额2 485万元,覆盖了22%的体育社会组织;二是推行人才"沃土计划",举办专场招聘会,完善薪酬体系,探索人才轮岗和晋升机制;三是全面梳理市级体育社会组织人员基础信息;四是在每年"1+X"综合业务培训的基础上,开展专职人才党性修养培训,充分发挥党组织战斗堡垒和党员先锋模范作用。

在规范管理方面,根据上海市体育社会组织相关管理办法,围绕"人、财、物、组织、活动"等核心要素制定了涉及社团管理、换届工作、负责人任职、会费缴纳与使用、体总名称和标志使用、议事规则、涉外事项等方面的十多项管理办法,在全国率先开展市级体育社会组织财务审计和法定代表人述职,并将综合评价结果与年度检查、购买服务、专项奖励等工作挂钩,完成市级体育社会团体赛事活动标准化体系(试点)。规范体育社会组织无形资产保护,成功注册上海国际马拉松图标及字样、上海国际大众体育节图标、上海城市业余联赛图标等5个项目商标,保障赛事品牌权益。

(四)体育社会组织影响力不断扩大

1. 打造精品赛事,传播体育文化

"十三五"期间,市体育总会及所属市级体育社会组织,共参与和承办了市级以上赛事活动1 358次,其中全国性以上赛事活动665次,包括国际赛事280次、全国赛事385次。初步建成区级特色赛事体系,其中黄浦区已建立"一区一品""一街一品""一社一品"赛事布局。尤其是上海国际自由式轮滑公开赛,经过15年的举办,累计参与人数达10万人以上,不仅成为重要的国际自由式轮滑单项赛事之一,也是上海轮滑运动发展的窗口。市体育社会组织在打造为国争光、开拓创新、中外交融、独具魅力的海派体育文化中的作用不断彰显,各种品牌赛事逐渐成为展示上海城市形象的亮丽"名片"。

2. 开展公益活动,推动体育文化交流

市体育总会会同市体育基金会,整合体育类社会组织资源,以师资培训和器材捐赠为重点,向贵州遵义一所小学捐赠。响应国家"一带一路"倡议,联合NBA(中国)有限公司,以"点燃激情,播撒爱心"为主题,共同向陕西省渭南市实验初级中学、延安市宜川县初级中学捐建两片室外篮球场。联合中国商飞公司,在由公司组建的"大飞机支教团"赴宁夏西吉开展扶贫支教服务的同时,向宁夏回族自治区固原市西吉县兴平中学捐赠一批乒乓球体育器材。市跳绳协会通过专业固定培训,帮助上海市盲童学校跳绳队,在我国第十届残疾人运动会暨第七届特殊奥林匹克运动会预选赛中收获两枚团体金牌、两枚团体银牌。

在市体育总会的引领下,大多数体育社会组织的影响力逐步凸显,并在促进全民健身运动开展方面发挥着社会组织应有的责任和作用。在推进体育社会组织自身发展的同时,通过融合全民健身发展理念,积极拓展业务,不断提升体育社会组织在全民健身工作中的地位。体育社会组织秉持为市民服务、从公益出发的理念,积极支持上海全民健身公共服务体系的建设与完善。

(五)体育社会组织布局不断优化

1. 推进市级体育社会组织专项治理工作

按照市体育局"重点扶持一批、改革调整一批、整改注销一批"的要求,全面梳理161家市级体育社会组织发展现状。以年度检查结果、证书有效期限、财务管理状况、内部组织架构情况、净资产数量、业务和日常工作开展情况为基本原则,本着认真负责、实事求是、公平公正的态度,经过全面摸排、逐一分析、多次与市社团局沟通、约谈体育社会组织负责人等环节,最终形成市级体育社会组织"三个一批"名单,其中重点扶持47家、改革调整77家、整改或注销37家,并制定了整改或注销体育社会组织的"四步走"方案。

2. 发起成立一批体育社会组织

以市民需求为导向,成立了上海市橄榄球协会、上海市铁人三项运动协会、上海狮搏体育俱乐部、上海诸韵颖体育俱乐部等社会组织,最大限度地满足市民参与各类体育社会组织的实际需求。在国家大力发展冰雪运动的大背景下,响应国家"北冰南展西扩东进"战略,指导市滑冰协会更名为上海市冰雪运动协会,重新确定业务范围,推动协会全面参与上海市冰雪运动项目相关工作的协调和统筹,以期提升上海冰雪运动项目综合实力,从而优化上海体育运动项目的整体布局。

(六)社区体育协会独特作用逐渐显现

上海市社区体育协会作为全市社区体育健身俱乐部的联合体,是集活动组织、健身指导、信息服务和体育设施管理为一体的社区体育服务组织,在16个区设联络处,工作范围覆盖全市各街镇。"十三五"期间,协会坚持党建引领,立足社区基层,贯彻全民健身国家战略,建立有效工作机制,探索多元路径,积极推进社区公共体育设施、健身组织、健身活动和健身服务等为内容的全民健身公共服务体系建设,服务社区居民多元化健身需求和对幸福生活的向往,提高社区群众获得感和幸福感。

1. 做实社区体育组织建设

随着全民健身事业的不断发展,社区体育已成为全民健身事业的重要组成部分。社区体育健身俱乐部是上海社区体育主要的社会组织形式,协会受市体育局委托对社区体育俱乐部履行指导、服务和协调职能。每年深入各区开展调研,与社区体育俱乐部成员沟通,了解市民需求,提高市民参与社区体育治理的水平;每年度开展体育俱乐部负责人培训,增强专业服务能力;以抓创建和评估为导向,开展年度工作总结、交流和表彰,促进社区体育俱乐部自身建设。

2. 做优社区体育服务配送项目

上海市社区体育协会承接上海市体育局社区体育服务配送项目,运用"你点我送"网络平台,实现社区居民足不出社区就能享受到体育健身讲座和技能指导服务。"十三五"期间,社区体育服务配送被纳入上海市基本公共服务项目和"一网通办"政务服务事项。为了做优配送工作,协会集中力量,调整优化配送方案,做到精准服务:一是做好"一周一览"宣传;二是拓展楼宇、园区配送服务;三是运用"小程序"开设配送公开课;四是开展师资培训;五是加强课程督导。例如，在 2020 年新冠肺炎疫情防控期间，实现公共体育服务配送 5 547 场次，健身技能培训 5 125 场次、科普健身讲座 422 场次，企业、楼宇配送 54 场次，服务市民 138 418 人次，覆盖全市 206 个街镇，市民体育科学大讲堂线上直播累计观看 347 万人次。

3. 做多社区体育赛事活动

上海市社区体育协会积极构建社区体育赛事活动体系，支持社区开展市民喜闻乐见、时尚休闲的运动项目，推广普及传统体育项目，推进体现历史文化和地域特色的民间民俗体育活动。广场舞是广大市民喜爱的健身项目，协会每年都举办广场舞系列比赛，还举办社区广场舞教练培训班。协会以做强社区体育联盟赛为抓手，积极推动社区体育跨街镇发展，不仅派专业人员到社区比赛现场进行支持和指导，还不断培育社区健身俱乐部办赛能力。每年协会要组织举办 40～50 场社区联盟赛，涉及 30 多个运动项目，每场比赛至少有 20 个街镇组队参加，并在多个网络平台直播赛事，累计观看达到 130 多万人次。

三、体育健身组织典型案例

（一）上海市健身健美协会

"十三五"期间，上海市健身健美协会在市体育局指导下，在市体育总会"服务、引领、创新"和"敢为人先"工作理念引领下，在各位理事和会员单位的大力支持下，完成了一系列卓有成效的工作，协会有了长足的发展，为促进全民健身广泛开展和健身健美行业有序发展发挥了积极的作用。

1. 完善协会组织机构和职责

（1）会员（代表）大会、理事会。上海市健身健美协会每年召开一次会员代表大会（须有三分之二以上的会员代表出席方能召开），其决议须经到会会员代表半数以上表决通过方能生效。会员代表大会具有制定、修改章程，制定、修改会费标准，制定、修改负责人、理事、监事选举办法，选举或者罢免理事会理事、监事等相应职权。理事会是协会的执行机构，由会员代表大会选举产生，负责开展协会的日常工作，对会员代表大会负责。理事会任期四年，到期应当召开会员代表大会进行换届选举。如因特殊情况需要延期换届的，应经协会理事会通过，报登记管理机关批准同意。延期换届最长不超过一年。

（2）监督机构。上海市健身健美协会的监事由相关人员担任，监事每次都须出席会员大会及理事会议，并积极主动做好监事工作，积极履行监事职责。

（3）内设机构。上海市健身健美协会下设秘书处办公室、业务部和财务部三个部门。其中，秘书处办公室的主要职责是协助秘书长，制定合同、协议等公文，文件归档收纳，接收处理体育局、上级领导单位下达的工作和要求，维持办公室日常运作；业务部的主要工作包括健身健美运动赛事活动和培训，健身行业协调和管理以及会员招募；财务部则主要负责协会一切工作项目的进出账目、员工的薪资、协助完成每年的年检审计工作等。

2. 加强协会内部管理

上海健身健美协会依照《社会团体登记管理条例》相关规定，由上海市从事健身健美行业的相关企业、个人自愿组成的公益慈善类、专业性的非营利性社会组织。在遵循协会章程和宗旨的前提下，健全内部各职能部门的职责，依据相关法律法规，并结合协会实际情况，制定了《上海市健身健美协会内部管理制度》，就协会重大事项议事规则、资金管理、财务收支管理、财政项目资金管理、资产管理、合同管理、档案管理、印章管理、人事管理等相关事宜进行明确规定，为协会健康发展奠定了制度基础。

3. 创新协会工作内容

（1）设立"党建联络员"。多年来，上海市健身健美协会为进一步加强党组织建设，以设立"党建联络员"的方式积极向党组织靠拢，主动学习党的历史与理论，筑牢协会红色精神。秘书处办公室负责人作为"党建联络员"，贯彻落实党的路线方针政策和上级党组织的决议决定，抓好思想政治工作，加强道德品质修养，使协会人员思想政治素质不断提高，管理工作不断进步。

（2）积极开展各健身健美俱乐部（企业）负责人培训。认真学习中国健美协会关于赛事组织和管理、裁判员培养和管理、健身教练培训等成功经验。与此同时，长期致力于推动全民健身及健身健美事业，积极举办高校赛、技能赛、传统赛等多元化赛事，不断丰富赛事项目，扩大健身健美受众群体，为健身健美协会各项工作的顺利开展及协会长远发展打下坚实基础。

（3）积极与相关企业、社会组织展开交流合作。组织多场行业沙龙会议和调研，走访多家具有代表性的企业并听取相关意见，进一步增强行业之间的交流，充分发挥协会自身肩负的政府与行业、企业间的沟通桥梁作用。增强跨界交流，为健身行业、健身市场进行课程设计、产品研发、人才培养等提供强有力的支撑,不断提升协会的社会影响力和公信力。

(4) 搭建并维护"上海健身行业监督服务直通车"系统。充分发挥互联网作用,利用相关微信公众号、抖音等,借助不同平台赋能协会发展,吸引广大市民关注协会的活动、参与协会举办的相关系列活动。

(5) 开展系列公益活动。上海市健身健美协会联手上百个健身企业品牌、上千家健身俱乐部,推出"百家千店健身公益大派送"活动,在全市范围内派送30万张月卡、30万节私教课程、30万张健身消费券,市民通过协会公众号领取。协会还携手上海市体育发展基金会和申城健身企业,启动"以天使之名,启致敬之旅"——2020致敬最美逆行者天使健身卡赠送仪式。第一站在华山医院哈佛楼进行,为华山医院273名和沪上1 649名援鄂医护人员送上了天使健身卡,表达上海体育系统、健身健美行业对上海援鄂医护人员的崇高敬意。

(6) 推动产业融合。在2021健身产业互联网赋能峰会上,上海市健身健美协会和SIEFC上海国际时尚教育中心签订"赋能未来中国健身行业有潜力及价值教练,共促健身从业者的素质教育"协议,上海市健身健美协会和抖音签订"短视频赋能健身新方式独家官方合作"协议。这些协议的签订,不仅有力推动了协会自身的发展,同时也极大地推动了不同产业间的融合发展。

(二) 上海东体青少年体育俱乐部

上海东体青少年体育俱乐部坚持"服务群众,公益先行"的理念,紧紧围绕上海青少年体育发展目标,立足俱乐部重点工作,积极拓展业务,各项工作均取得了一定的成绩。

1. 按照组织程序换届

上海东体青少年体育俱乐部坚持以习近平新时代中国特色社会主义思想为指导,在上海市体育总会的指导下,严格遵守法律法规和国家政策,定期召开理事会会议,对俱乐部的重要工作进行总体部署。2018年,根据民办非企业的管理规定,按期完成了第一次理事会换届,成立了第二届理事会。2020年因理事会人员变动,进行了第二次理事会换届,成立了第三届理事会。所有换届程序均按照登记管理机关相关规定进行备案审批。

2. 完善俱乐部内部治理

(1) 公开相关信息。根据《上海市级体育社会组织信息公开工作指引(试行)》的有关规定,上海东体青少年体育俱乐部通过"上海社会组织信息公开平台"网站,依法向社会公开单位的基本信息、登记事项、年检报告等情况。同时,通过上海东体青少年体育俱乐部微信公众号,向社会公开培训咨询收费、师资力量、培训项目与排课信息、赛事活动等情况,确保信息公开落实到位。

(2)完善规章制度。为保障俱乐部各项工作的顺利开展,在《上海东体青少年体育俱乐部章程》的基础上,2018—2020年共制定及修订19项俱乐部相关制度,其中包括重大事项决策规则、货币资金管理办法、财务收支管理办法、资产管理办法(试行)和合同管理办法(试行)等5项财务制度,"三重一大"制度、职工人事劳动制度、公章使用管理制度、文件收发管理制度、办公用品管理制度和安全管理制度等6项行政办公制度,以及办公室主任岗位职责、文秘岗位职责、人事主管岗位职责、档案资料管理员岗位职责、会计人员岗位职责、出纳人员岗位职责、业务部部长岗位职责和教练员岗位职责等8项岗位职责,使管理、财务、岗位职责等各个环节都有章可循,有据可依。

3. 创新俱乐部工作

(1)积极开展青少年体育培训,激发青少年运动兴趣。根据《上海东体青少年体育俱乐部章程》规定,俱乐部的业务范围包括各类青少年体育项目培训、健身项目开展及赛事活动组织等,东体青少年体育俱乐部开展了游泳、花样游泳、羽毛球等项目的青少年体育培训。2018年、2019年和2020年,培训人数分别超过1 300人次、1 500人次和1 700人次。

(2)打造"东体之星"青少年赛事平台。随着长三角一体化上升为国家战略,上海作为长三角地区的龙头,理所应当推动长三角一体化协同发展。上海东体青少年体育俱乐部积极响应国家号召,开发打造了"东体之星"青少年体育系列赛事,打造长三角地区体育资源交流平台,为推动长三角青少年体育事业发展发挥先行力量。2019年4月20日成功举办"青少年杯游泳冠军赛",来自17个游泳俱乐部的青年选手角逐88个单项项目,超过30万人次通过自媒体关注现场实时赛况。2019年10月,首届"东体之星"长三角青少年体育挑战赛顺利举办,来自江浙沪多家体育单位的上千名运动员参加了该次盛会。尽管2020年受疫情防控影响,"东体之星"暂停了长三角地区参赛的招募,但随着疫情的逐步缓解,未来东体青少年体育俱乐部将持续打造"东体之星"青少年赛事品牌,深化与长三角地区城市的交流合作,不断推动长三角体育高质量一体化发展。

(3)助力游泳后备人才培养。上海东体青少年体育俱乐部游泳项目,采用阶梯式培训模式,根据青少年不同需要开设游泳培训初级班、中级班、高级班和精英班,为学员提高游泳水平奠定了坚实的基础,充分调动了青少年学习游泳的积极性,有效培养了青少年对游泳项目的兴趣,续班率达到90%。同时,俱乐部还从优秀学员中挖掘苗子,输送给专业运动队,为上海体育发展提供后备人才。

四、"十四五"时期健身组织建设基本思路

"十四五"时期,上海市体育健身组织要把握"推广运动项目、服务会员群体、培养后备人才、传播体育文化、促进行业自律"的新职能定位,规范组织建设与管理,提高自我治理能力,积极发挥在推进健康上海和全球著名体育城市建设进程中的独特作用。

（一）完善体育健身组织体系

优化体育健身组织发展环境,构建覆盖城乡、富有活力、就近就便、线上线下相结合的全民健身组织体系,基本实现社区体育健身俱乐部街镇全覆盖。支持上海市体育总会发挥枢纽作用,引领各级体育总会、单项体育协会、各类人群体育协会和社会体育指导员协会等积极参与全民健身公共服务。到2025年,每万人拥有体育健身组织数量不少于24个。

（二）加强基层体育健身组织建设

大力培育青少年体育俱乐部、社区体育健身俱乐部、体育健身团队等市民身边的体育健身组织,广泛开展全民健身指导服务、全民健身志愿服务,树立健身骨干典型,增强体育健身组织黏性和活力。通过信息共享、资源互补、协商合作等方式,建立基层体育健身组织间的帮扶合作机制,引导、扶持和促进基层体育健身组织和健身团队规范化、专业化、品牌化发展,提升基层体育健身组织服务能力。引导和规范网络健身组织、草根健身组织等健康发展。鼓励基层体育健身组织承接符合社区居民健身需求的赛事活动、科学健身指导等全民健身公共服务。

（三）发挥基层体育健身组织作用

整合各类体育社会组织资源,发挥社区、社会组织和专业社工合力,满足居民个性化、专业化、多样化的体育健身需求。鼓励基层体育健身组织积极承

接符合社区居民健身需求的中小型体育赛事活动、科学健身指导、社会体育指导员培训等公共体育服务活动,切实发挥基层体育健身组织以及健身"达人"在开展全民健身活动中的作用。

(四)强化体育健身组织治理

履行对体育健身组织的监管职责,建立政府监管、行业自律和社会监督相结合的监督管理体制,依法维护广大市民参与全民健身的合法权益。按照体育社会组织改革发展的总体要求,推动各类体育健身组织成为权责明确、依法自治的现代社会组织。加强体育健身组织治理,完善内部组织机构,提高体育健身组织管理人员的服务能力,提供市民需要的全民健身公共服务,使体育健身组织成为宣传和开展全民健身的重要阵地。

上海市全民健身赛事活动"十三五"发展报告

"十三五"期间,上海不断创新全民健身赛事活动组织方式,充分发挥社会和市场主体的作用,倡导"天天运动,人人健康"的理念,将赛事活动送到市民的家门口、办到市民身边,提高广大市民参与全民健身赛事活动的积极性,营造热烈的全民健身城市氛围。

一、全民健身赛事活动总体情况

办好全民健身赛事活动是落实全民健身国家战略的重要内容之一。上海每年都举办规模不一、形式多样、内容丰富的全民健身赛事活动,一方面带动了全民健身普及发展,推动全民健身与全民健康深度融合,推进上海建设全球著名体育城市;另一方面,积累了全民健身赛事活动的举办经验,形成全民健身赛事活动亮点,完善全民健身赛事活动组织体系,提升全民健身治理能力和治理水平。

"十三五"期间,上海共举办了两届市民运动会和三届城市业余联赛。上海市民运动会从 2012 年创办,每四年一届,是上海规模最大、规格最高的全民健身综合性赛事,分别于 2016 年、2020 年举办。上海城市业余联赛在两届市民运动会期间每年举办,分别于 2017 年、2018 年和 2019 年举办。此外,还有各区、各街(镇)举办的各种赛事活动。据不完全统计,五年间,全市累计组织赛事活动 38 534 场,共有 2 773 万人次参加了各级各类全民健身赛事活动。

二、全民健身赛事活动主要工作

(一) 精心设计,构建体系

以市民运动会、城市业余联赛为龙头的上海市民健身赛事活动形成体系,赛事活动的覆盖面和影响力得到进一步的提升。在时间上,确定为每四年举办一届市民运动会和三届城市业余联赛的循环办赛模式。在体系上,构建以市民运动会和城市业余联赛为龙头、区级赛事和街道(乡镇)赛事为基础的市、区、街(镇)三级赛事活动体系,并且每个层级赛事活动又横向覆盖社区、机关、企事业单位、学校等。在内容上,市民运动会包括竞赛项目、主题活动等,其中竞赛项目又分为总决赛、选拔赛和基层赛事三个层级,城市业余联赛则分为联赛、品牌赛事、系列赛和"X项目"(非中标)四个层级。

2016年举办的第二届市民运动会,共设置了65个竞赛项目和12大主题活动,举办各级各类赛事9 703个、活动8 052个,参与人数超过千万人次。2020年举办的第三届市民运动会,设置了竞赛达标、品牌活动、展示服务等三个板块,有5个联赛项目、"68+X"个竞赛项目、2个达标项目,共举办线上线下赛事活动约7 100场,大约有1 093万人次参与。

在两届市民运动会期间举办城市业余联赛。2017年的城市业余联赛,在项目设置上共分为三大板块,包括10个项目联赛、11个品牌特色赛事活动和35个项目系列赛,共举办各级各类赛事活动1 528个,参与人数超过百万人次。2018年的城市业余联赛仍分为三大板块,包括10个项目联赛、12个品牌特色赛事活动和37个项目系列赛,并在品牌特色赛事活动和项目系列赛中增设"X项目",共举办各级各类赛事活动6 186个,有809 476位市民、近250万人次参与。2019年城市业余联赛保持三大板块不变,项目联赛数量增至12项,品牌特色赛增至"19+X"个,项目系列赛增至"46+X"个,共计开展赛事活动5 965场,约109万人、330万人次参与各项赛事活动。

各区、街(镇)还举办了以球类、操舞、游泳、水上运动、路跑、城市定向等为代表的各具特色的全民健身赛事活动。青少年、职工、老年人、妇女、农民、军人、残疾人、少数民族等各类人群的体育健身活动得到广泛开展。实现《国家体育锻炼标准》达标测验活动各区覆盖。还积极推广群众性冰雪运动,将冰雪运动纳入上海市市民运动会、上海城市业余联赛等年度全民健身重点赛事总体方案。2020年,经常参加体育锻炼的人数占常住人口比例达到45.7%。此外,"十三五"期间,上海非奥运项目也不断取得新成绩。上海棋牌运动成绩优异,在2019年第四届全国智力运动会中,实现了金牌数与奖牌数双料第一,连续四届蝉联金牌榜第一。上海武术运动加快提升,在雅加达亚运会、第十五届世界武术锦标赛等重大比赛中夺得金牌。上海科技体育迅速发展,在航海模型、航空模型、定向运动等世界锦标赛上获得29枚金牌、15枚银牌、9枚铜牌,多人打破世界纪录。

(二)完善机制,规范办赛

"十三五"期间,上海市民运动会和城市业余联赛通过公开招标—竞标—办赛—监督—评估—评奖等一系列环节,保证赛事活动的高质量和高水准。

公开招标、积极竞标是公开办赛的具体表现。第二届市民运动会举办前,分别召开了赛事推介会和总决赛、主题活动招标会,公开招募合作伙伴以及承办单位。组委会将65个竞赛项目的67项总决赛,通过竞争性谈判方式向社会公开招标。在城市业余联赛中,项目联赛和品牌特色赛事采用"竞争性磋商"的方式竞标,项目系列赛采用"赛事入围"的方式招标。例如2017年的城市业余联赛招标,许多办赛主体强强联手,有备而来,涌现出企业与企业合作、企业与协会携手、协会与协会结对的生动案例。

监督、评估、评奖是规范办赛的保障。第二届市民运动会组委会办公室牵头建立观察员制度,结合赛事活动评估标准,发动市体育局系统党员干部结合"两学一做"主题教育活动实践开展赛事活动观察。每月依据赛事和活动安排,组织党政领导干部做市民运动会监督检查的"啄木鸟"。还在各项目总决赛和市级竞赛中聘请评估公司,制定办赛评估标准,对办赛各环节实施跟踪评估。例如,2017年城市业余联赛开始建立的"三员一团"服务模式,为办赛单位提供常态化的指导、服务和监督。其中的"三员",即项目联络员、项目观察员、项目指导员;"一团",即体育明星志愿团。项目联络员每人对口一定数量的比赛项目,保持与办赛单位的日常联络,有针对性地开展指导服务;项目观察员深入赛场,对比赛进行观察和监督;项目指导员则由各项目体育协会选派,对该项目赛事提供专业技术指导服务;以体育明星为主要成员的志愿团则通过明星影响力来发动引领更多的爱好者人群参与比赛。这一模式在2018年和2019年城市业余联赛以及第三届市民运动会中不断提升完善。

(三) 搭建平台,完善功能

"十三五"期间,上海市民运动会和城市业余联赛的管理服务平台逐渐趋向成熟,功能不断完善,建立并开通赛事官网、微信公众号和小程序,赛事申报、审核、发布、交费、申请赞助和裁判等功能均可以在平台上实现。

第二届市民运动会信息化平台上线后,"赛圈"体育赛事服务平台建设完成了"三个一"体系,即"一套标准、一个门户、一个平台",实现了"全网络信息覆盖、全口径数据统计、全过程赛事管理、全方位赛事服务"目标。其中,"一套标准"即为各办赛单位及各级体育管理部门提供统一的数据采集标准、数据库设计标准、信息导出格式规范、信息传输协议、开放接口标准等;"一个门户"即建成了一个集信息发布、活动报名、交流互动为一体的"第二届市民运动会"官方网站,同时配套建设了相应的官方微信和移动APP;"一个平台"即打造了一个后台管理体系,为办赛主体(区、协会、企业等)和各级体育管理提供信息化管理服务。

在2019年城市业余联赛期间,进一步实现了城市业余联赛赛事管理系统升级改造,与"来沪动"实现数据互通。平台新增H5报名功能,优化用户体验。同时,与申慧城、拳(击)跆(拳道)空(手道)等14家办赛单位的报名系统完成接口对接,实现赛事及报名数据的实时传输。赛事期间的每月25日前,统计汇总下个月赛事计划后,通过"上海体育"微信公众号、上海城市业余联赛官网等宣传平台对外发布,方便市民查询、参与。

(四) 加强宣传,营造氛围

"十三五"期间,上海市民运动会和城市业余联赛综合利用多类媒体和平台的宣传资源,提高社会知晓度和关注度。其中,官方平台以官方网站、微信小程序为主体的新媒体平台,建立了集报名参赛、赛事服务、成绩查询、信息发布、活动参与、体育消费等各环节于一体的全互动模式。市体育局自主宣传平台,包括"上海体育"政务微信、"上海体育发布"政务微博、"上海体育"官方抖音号、"上海体育"喜马拉雅音频号,同时与电视、广播、平面媒体和中央驻沪及本市主流媒体合作,还借助户外宣传媒介开展地铁、公交移动电视、楼宇广告宣传等。

第二届市民运动会与《解放日报》《文汇报》《新民晚报》《东方体育日报》和五星体育频道、五星体育广播深度合作,以会刊、专刊、专栏、系列访谈、摄影大赛等多种形式,通过图片、文字、微信、广播、电视宣传片等方式,多维度立体化宣传"三类人群"享受多元化的运动项目,生动记录市民运动会赛事点滴,并最终以纪录片、照片集等形式,集中呈现市民运动会"全民参与、全民运动、全民健康、全民欢乐"的景象。

2019年城市业余联赛期间,结合赛事推介会、8月8日全民健身日、专题培训等主要时间节点,开展多平台、融媒体宣传,涉及2019年上海城市业余联赛的宣传报道达5500余篇(条)。新华社、人民网等中央媒体多次将城市业余联赛的办赛经验作为典范向全国推介,其中刊载在新华社客户端上的《上海的业余跆拳道联赛缘何能老少咸宜?》一文,收获超过70万次的阅读量。"上海体育"政务新媒体及时报道上海城市业余联赛相关信息,官微发布相关图文72篇次,获得25万次的阅读量;官方微信编发相关信息52条,微博话题"城市业余联赛"获得160万次的阅读量。

三、全民健身赛事活动特色做法

(一) 开放办赛,海纳百川

"十三五"期间,上海市民运动会和城市业余联赛坚持开放办赛,积极推进政府、社会、市场"三轮驱动"。赛前公开招投标,对所有市场主体敞开大门。在官方平台发布招募公告,凡是符合资质要求的办赛主体均可参与招投标。

2016年第二届市民运动会组委会采取赛事推介会的方式,向社会公开招募合作伙伴,有20家企业和47家体育类社会组织中标。为了调动办赛企业的积极性,丰富市民运动会的赛事项目和内容,组委会携手120余家企业和社会组织,举办了234项市级赛事。据市民运动会网络平台统计,第二届市民运动会的办赛单位达2743家,其中社会组织534家、企业416家,超过办赛单位总数的三分之一。

第三届市民运动会于2020年4月29日进行了5个联赛项目、22个品牌特色赛事活动、250个竞赛项目市级系列赛的公开招投标,10月13日举行了68个总决赛项目的公开招投标。四类项目共有465家单位申报,通过专家评审,最终有195家单位成为合作伙伴。

城市业余联赛办赛主体均为企业和社会组织。2017年城市业余联赛共有135家社会主体参与投标,最终确定27家协会和71家企业中标承办10个项目联赛、11个品牌特色赛事活动和35个项目(210个赛事)系列赛,圆满完成赛事招标,确定了办赛主体。2018年城市业余联赛共有169家社会主体参与投标,最终确定122家单位中标承办10个项目联赛、12个品牌特色赛事活动和37个项目系列赛(250个赛事)。2019年城市业余联赛,在原有三大板块不变的基础上,项目联赛数量增至12项,品牌特色赛增至"19+X"个,项目系列赛增至"46+X"个。共有283家社会组织和企业积极报名参与招投标,最终有160家单位获得三大板块赛事的承办权,同比增长31%。全年共计开展赛事活动5 965场,约109万人、330万人次参与各项赛事和活动。市体育局安排了政府引导资金3 400万元,共吸引社会办赛资金近1.5亿元。

(二) 创新项目,鼓励参与

"十三五"期间,上海市民运动会和城市业余联赛鼓励群众体育百花齐放,支持发展新兴、小众体育项目,创新设置"X"和"Y"项目。在市民运动会和城市业余联赛中设置"X"项目,办赛主体根据自身承办情况自由申报赛事项目;"Y"项目则是城市业余联赛中"X(非中标项目)"的别称,即在招标结束后,为部分未通过招投标但自愿主动纳入城市业余联赛体系的赛事提供展示平台,在办赛主体提交申请、经过组委会专家评审通过之后,可列入"Y"项目之中。与"X"项目不同的是,"Y"项目无经费支持,但仍有资格参与最终的评奖。

自2018年城市业余联赛开始,在品牌特色赛事活动和项目系列赛中增设"X"项目。项目系列赛由2017年城市业余联赛中的35项增加为"37+X"项。其中"X"主要针对其他未纳入37个项目的小众体育项目,均有机会纳入政府扶持序列,实现了项目更开放更包容。当年有飞盘、无人机、高智尔球、保龄球等18个"X"项目的24个赛事纳入。品牌特色赛事活动由原来的11个调整为"12+X"个。新增了市民网球节、自行车嘉年华和社区健康跑嘉年华,同时将区级品牌赛事活动和行业特色运动会作为"X"增量,充实了品牌特色赛事活动的内容。

2019年城市业余联赛期间,项目联赛数量由10项增加至12项,品牌特色赛事活动从"12+X"个增加至"19+X"个,同时将区级品牌赛事活动和行业特色运动会作为"X"增量。项目系列赛从"37+X"项增加至"46+X"项。此外,还创新性地实施"Y"项目,为部分未通过招投标但自愿主动纳入城市业余联赛体系的赛事公司提供展示平台。如在当年联赛期间,由旭辉集团股份有限公司承办的上海滨江公益徒步赛,由上海乐连商务咨询有限公司承办第四届日资企业运动嘉年华,都是"Y"项目的成功案例。

2020年,第三届市民运动会组委会专门制定《上海市第三届市民运动会X项目申报办法》,明确了"X"项目的准入条件,共收到申请20家,经专家评审后,有15项赛事列入市民运动会"X"项目。

(三)开展评估,加强监管

"十三五"期间,为保证赛事质量,上海市民运动会和城市业余联赛将监管和评估工作贯穿于整个赛事举办期间。由赛事组委会和第三方机构制定监管和评估方案,定时定量地对赛事进行检查记录,根据已有的评估方案,针对不断变化的赛事情况,进行动态监管和评估。赛事举办期间,每周生成评估计划和报告,直至赛事结束,汇集材料进行最终的评奖评估。赛事后期奖惩并举,针对优秀赛事和办赛主体进行年终表彰。

第二届市民运动会建立了局系统观察员制度,组织发动党员干部带头深入赛事、活动一线做好观察员。2016年6—11月,直属单位、机关处室领导干部职工60人次观察了总决赛、市级赛事、区级赛事及活动共计64次,通过现场观察、与参与市民交流、与承办方交流等形式,重点了解赛事活动的基本情况、特色亮点、不足之处等,对赛事活动开展评估并提出相应的建议,较好地贯彻履行了组委会服务、指导和监督的职责。

自2017年城市业余联赛开始实行的"三员一团"模式,负责赛事指导和服务工作,掌控赛事质量,监督各办赛单位按照组委会要求和办赛承诺举办赛事,提供专业技术指导,为办赛单位提供了常态化的指导、服务和监管。其中,项目观察员深入赛场,对比赛进行观察和监督。2017年城市业余联赛每月挑选15项赛事,各派一名体育系统干部担任观察员;2018年城市业余联赛每月挑选10项赛事,各派一名体育系统干部担任观察员;2020年第三届市民运动会总决赛举办期间,市社体(竞赛)中心全体员工均以项目观察员的身份,深入各项总决赛赛场,了解赛事举办情况,总结赛事举办特点,掌握了第一手赛事举办情况和相关信息。

(四)注重培训,加强指导

"十三五"期间,上海市民运动会和城市业余联赛组织赛事专题培训,指导办赛主体在规则框架内优化办赛流程、提高办赛水平。

第二届市民运动会自2016年3月赛事管理平台试运行起,即对各级管理部门及办赛单位开展培训,总计安排34场培训、培训办赛单位近500家、培训人数超过1 000人次。此外,通过电话、微信、现场服务等方式为各办赛单位提供服务,建立了畅通的服务渠道。

2017年城市业余联赛组织各办赛单位开展集中业务培训,对竞赛、安保、医务、宣传等各项工作以及信息数据报送等进行了专门的培训辅导。2018年城市业余联赛,除了组织各办赛单位开展集中业务培训外,专门组织举办了赛事负责人能力提高班,有130多个办赛单位的项目负责人参加。此外,还与上海市红十字备灾救灾中心合作,组织办赛单位参加应急救护培训,保障赛事活动安全。

2019年城市业余联赛,组委会共举办了两场针对办赛单位的专业办赛培训。参加当年4月第一次培训工作会议的有组委会各部室成员,各区体育局、各办赛单位及部分市级单项协会赛事负责人等共280人,培训讲解了办赛及评估工作的相关工作要求,还邀请了5位业内专家讲授全民健身赛事活动策划运营、品牌赛事培育等课程。当年7月第二次公益大培训有来自各区体育局及办赛单位共计180余人参加,邀请了在体育赛事市场开发方面经验丰富的两位业界资深人士前来授课。此外,为提高城市业余联赛赛事管理系统的使用效果和体验度,组委会相关部室分阶段为140多家办赛单位开展了专题培训,全面介绍系统中各类用户的使用功能和操作。

第三届市民运动会推介会,对市民运动会的竞赛体系、项目设置、参与方式等进行了推介。之后举行办赛单位培训工作会议,为各办赛单位在特殊时期办赛提供了办赛培训,推动了各项赛事活动的标准化和规范化运行。

四、全民健身赛事活动基本经验

(一)制定文件,有章可循

"十三五"期间,上海市民运动会和城市业余联赛通过制定竞赛总则、工作指南等文件,规范办赛方式,使办赛的每个步骤和流程都有章可循。

为了对竞赛工作实施全过程管理,第二届市民运动会组委会先后制定汇编了竞赛总则、工作手册、赛事活动指南、总决赛规程汇编、业余等级(段位)制评定办法、市民参赛手册、办赛指南以及市级赛事和总决赛评估办法等规章和文件,搭建起竞赛工作的完整架构,摸索出了一套赛事发布、办赛单位招募、办赛标准制定、办赛过程监控、第三方评估的规范流程,完善了全民健身赛事活动政府购买服务机制。

2017年的城市业余联赛，组委会制定了竞赛规程总则、承办办法、资金扶持办法、绩效评估办法、宣传规范要求、信息平台使用办法、名称标识使用要求、安全医务保障要求等工作要求并修订成册，发给办赛单位。2018年城市业余联赛，组委会制定了《2018年上海城市业余联赛工作指南》，从承办办法、宣传工作规范、信息平台使用、资金扶持、安全及医务工作要求等方面提出了具体的要求，指导办赛单位按要求办赛。2019年城市业余联赛，组委会进一步修订了工作指南，作为办赛标准，指南内容涵盖赛事总则、承办办法、资金扶持、宣传信息、绩效评估等内容，为办赛单位规范办赛提供了标准和依据。

在不断完善赛事活动举办规则的基础上，2020年的第三届市民运动会，组委会会同各部室及各市级体育社会团体共同编制了《上海市第三届市民运动会工作指南》《上海市第三届市民运动会竞赛规程汇编》《上海市第三届市民运动会总决赛竞赛规程汇编》《上海市第三届市民运动会绩效评估办法》《上海市第三届市民运动会评奖办法》等一系列指导性文件，为办赛单位规范办赛提供了标准和依据。

（二）安全办赛，规范有序

"十三五"期间，上海市民运动会和城市业余联赛践行"安全办赛"的指导要求，赛事审核时，着重查看赛事活动的组织方案和应急措施。在新冠肺炎疫情暴发之后以及疫情防控常态化期间，要求"一赛一案"，严格落实各项防疫标准，压实防疫责任。除疫情防控外，针对赛事安全问题，要求提供赛事安保方案和防疫方案，并严格执行赛事急救和设置定点医院等安全政策。

第二届市民运动会详细制定了安保工作总体方案，并由市公安局牵头协调治安、交警、特警、网安总队、消防、警卫局和属地公安分局等20余个部门组织实施各项安保工作，明确了交通保障、治安管理、消防管理、现场安检、应急处置等方面的工作措施和具体要求，各任务单位根据各项工作职责、管辖分工，针对性制定相关实施方案。

第三届市民运动会严格落实"一赛事一方案""一赛事一报备"的要求，按照"谁承办谁负责"的原则，制定切合实际的赛事防疫方案和应急预案。组委会根据全市疫情防控要求，专门制定了《上海市第三届市民运动会赛事活动公共安全防疫工作指南》等相关文件，要求所有赛事，切实落实各项防控措施，强化应急处置流程，对办赛主体和参赛人员进行严格的疫情防控。同时，根据疫情防控情况，通过拆分赛事、控制人数、削减规模、增加场次等方法，灵活改变办赛模式,保证赛事活动顺利开展。

2017—2019年的三届城市业余联赛均坚持将安全办赛作为严选办赛主体时的评估标准之一。项目联赛和品牌特色赛事采用"竞争性磋商"的方式竞标、项目系列赛采用"赛事入围"的方式开展招标,均在办赛资质、办赛经验、赛事设计、安全保障、经费保障等方面对办赛主体提出明确要求,在评标时对这些指标进行严格考量。

(三)展示形象,扩大影响

"十三五"期间,上海市民运动会和城市业余联赛建立传播渠道,指导办赛主体"说好赛事故事",鼓励赛事活动期间进行摄影摄像,撰写新闻稿,加强对办赛主体的宣传和报道,不断扩大社会影响力。

第二届市民运动会期间,赛事通过多种平台进行了全方位宣传。传统媒体平台上,联合《人民日报》、新华社、中央电视台等媒体刊发深度报道。社会宣传平台上,聘请体育名人或运动队担任形象大使,设计卡通形象,制作宣传海报和公益宣传片。还利用公交车车身广告、公益广告板、社区宣传栏以及入户宣传手册等社会宣传载体,同时通过微博、微信、APP"两微一端"的信息发布、网络视频直播、组织粉丝团队等方式,广泛宣传上海市民运动会对于全民健身的促进作用,创新赛事活动的社会化和市场化办赛方式,以推广社会力量参与申办全民健身赛事活动的新模式。

第三届市民运动会期间,赛事进行多平台、融媒体宣传。一是开展吉祥物公开征集。通过市民运动会推介会向社会发布吉祥物征集令,在"上海体育"微信平台进行线上投票活动,使得赛事知晓度进一步扩大。二是充分利用自有平台进行宣传。通过"上海体育"政务微信、"上海体育发布"政务微博发布相关推文;通过"上海体育"政务抖音号发布相关短视频;通过上海体育网发布相关新闻;通过市民运动会官网发布信息。三是建立多元化宣传渠道。中央电视台新闻频道在《新闻周刊》《新闻直播间》等栏目播出并在央视新闻客户端等新媒体平台刊发相关内容,上海媒体以特刊、专版、专栏、专题等形式跟踪报道;申城全网地铁、95%以上公交线路、部分楼宇大厦等大屏全年播出市民运动会及全民健身相关视频。四是推出居家健身主题内容。先后精心制作"冠军Jiao你做运动"系列和"民星Jiao你做运动"系列视频,邀请近20位奥运冠军、世界冠军,以及多位民间健身"达人"等,拍摄居家锻炼视频。针对居家人群打造"我爱我家健康屋"动作视频,在"人民日报"微信公众号、"上海发布"上的点击量超过 10 万次。

（四）加强培育，塑造品牌

"十三五"期间，上海市民运动会和城市业余联赛培育市、区两级赛事品牌体系，一方面鼓励各区发挥自身优势、形成自己的区级品牌赛事，另一方面也鼓励市、区两级进行赛事品牌联动，联合主办承办各种形式的赛事活动，吸引更多社会力量参与其中，激发市场活力，促进全民健身蓬勃发展。

2017 年城市业余联赛设置了武术节、篮球节、足球节、国际大众体育节、五星运动汇、开发区运动会等 11 个品牌特色赛事活动。2018 年城市业余联赛的品牌特色赛事活动扩容为"12＋X"个，新增了市民网球节、自行车嘉年华和社区健康跑嘉年华，同时将区级品牌赛事活动和行业特色运动会作为"X"增量，充实了品牌特色赛事活动的内容。2019 年城市业余联赛的品牌特色赛事活动进一步从"12＋X"个增加至"19＋X"个，同时将区级品牌赛事活动和行业特色运动会作为"X"增量。城市业余联赛带动培育区级品牌赛事。16 个区"一区一品"的区域化全民健身品牌赛事格局已初步形成。例如："黄浦我来赛"全民健身赛事活动运动会、国际静安城区精英挑战赛、"约战普陀"系列挑战赛、虹口"谁是联赛王"等区级品牌应运而生。2020 年第三届市民运动会，30 个市级品牌赛事和 16 个"一区一品"的区级品牌赛事，覆盖了青少年、老年人、残疾人、部队、企业、农民、少数民族等各类人群，特别是"黄浦我来赛""国际静安城区精英挑战赛""约战普陀""战 FUN 宝山"和"活力嘉定全嘉来赛"等区级品牌赛事，通过挖掘和深化区域项目文化内涵，强化赛事的聚焦效应，市民的参与度和获得感得到进一步提升。

五、"十四五"时期赛事活动工作基本思路

"十四五"时期，上海将深入践行"人民城市人民建，人民城市为人民"重要理念，完善政府、市场、社会共同参与的全民健身发展机制，构建更高水平的全民健身公共服务体系，丰富全民健身赛事活动供给，满足市民日益增长的多样化体育健身需求。

（一）完善赛事活动体系

有效扩大各运动项目的爱好者人群，进一步整合优质办赛资源，根据项目

发展基础、市场前景,办好上海市第四届市民运动会、城市业余联赛等全民健身品牌赛事活动,支持开展"一区一品""一街(镇)一品""一居(村)一品"全民健身赛事活动,创办上海社区健康运动会等市民身边的体育赛事。举办长三角体育节等区域一体化特色的全民健身赛事活动。完善市级、区级、街(镇)级全民健身赛事活动体系,丰富市民身边的赛事活动供给,吸引更多市民参与体育健身活动。

(二)制定赛事活动标准

在总结以往市民运动会和城市业余联赛"政府、社会、市场'三个轮子一起转'"办赛经验基础上,健全全民健身赛事活动举办标准,编制全民健身赛事活动指南,明确企业、体育社会组织等社会力量举办、承办全民健身赛事活动的标准。完善上海市民运动会、上海城市业余联赛等品牌赛事活动信息化管理平台,使各类办赛主体有章可循,进一步提升各类办赛主体的能力,规范办赛行为,加强对全民健身赛事活动的指导、服务、监管。

(三)广泛开展赛事活动

因地制宜地开展全民健身活动,大力发展市民喜闻乐见、时尚休闲的运动项目,推广普及传统体育项目,支持开展体现历史文化和地域特色的民间民俗体育活动以及少数民族体育项目,鼓励发展具有消费引领特征的运动项目。提供"科技+体育""互联网+健身"应用场景,创新全民健身赛事活动组织方式,打破传统线下比赛的时间和地域限制,举办覆盖各类人群的线上赛事活动,开拓全民健身线上线下互动新模式。打造青少年和职工精品赛事、老年人运动会、残健融合运动会、驻沪部队军民健身大赛等赛事活动品牌。支持企事业单位经常性开展职工体育活动,推行广播操、工间健身,加强职工健身服务。

上海市全民健身科学指导"十三五"发展报告

习近平总书记在全国卫生与健康大会上强调"没有全民健康,就没有全面小康",充分体现了以人民为中心的发展思想。如何通过全民健身实现全民健康,需要重视和加强科学健身指导。"十三五"期间,上海开展多种形式的科学健身指导服务,提高市民的健身素养和体质健康水平。

一、全民健身科学指导总体情况

"十三五"期间,市体育局与市卫生健康委员会共同探索深化"体医融合",促进全民健身与全民健康深度融合。举办以"慢性病综合防控""运动伤害防治"为主要内容的全民健身日主题活动。将智慧健康驿站纳入政府实事项目,到2020年底建成219家智慧健康驿站,基本实现街镇全覆盖,为市民提供自助健康监测服务,普及健康知识,促进慢性病早期发现,养成健康自我管理意识。创新开展"体医交叉培训",培养一批会开运动处方的社区医生和一批能指导慢病患者体育锻炼的社会体育指导员。试点推进"长者运动健康之家"建设,提供健身、康复、养老服务,促进健康老龄化。试点探索社区健康师和运动健康师项目。完善市民益智健身苑点服务功能,集力量训练、益智休闲、康复保健、身体素质测试于一体,兼顾老中青各类人群健身需求。截至2020年底,全市共有社会体育指导员62 086名,占常住人口比例达2.5‰。组织《国家体育锻炼标准》达标测验活动,实现全市各区全覆盖。广泛开展"你点我送"——社区体育服务配送,为社区居民提供健身技能培训、科学健身讲座等服务,基本实现街镇全覆盖。利用市、区、街(镇)三级市民体质监测网络,为市民提供体质监测服务,成年人体质达标率达到98.9%,位居全国前列。

上海市构建更高水平全民健身公共服务体系的回顾与展望

二、科学健身指导主要成就

(一)市民家门口的智慧健康驿站

为了进一步缓解市民日益增长的健康需求与服务供给之间不平衡不充分的矛盾,打通社区居民健康管理"最后一公里"问题,上海市人民政府办公厅于2019年1月转发市卫生健康委员会等部门《关于加强本市社区健康服务促进健康城市发展的意见》(下文简称《意见》)。在"加强社区医疗卫生服务"任务部分,《意见》明确指出要"在各街镇建设智慧健康小屋,整合社区卫生服务中心健康检测设备、体质检测站、社会健康检测机构等资源,畅通居民自我健康检测与获得健康指导渠道"。根据《意见》要求,上海市卫生健康委员会、上海市体育局和上海市财政局,联合下发《关于推进本市智慧健康小屋建设的通知》(沪卫基层〔2019〕2号),向各区卫生健康委员会、体育局和财政局印发了《本市智慧健康小屋建设实施方案》和《本市智慧健康小屋建设基本标准》。在全国率先将体质测试作为一项重要内容纳入社区自我健康管理。智慧健康小屋后更名为智慧健康驿站(下文简称驿站),是为上海市民提供自助健康监测服务、普及健康知识、促进慢性病早期发现、引导市民养成健康自我管理意识的场所。作为市政府为民办实事项目,驿站于2019年启动建设,首批建成85家,2020年新添134家,总数量提升至219家,已基本实现全市各街镇全面覆盖。《健康上海行动(2019—2030年)》指出:至2022年,实现每个街镇至少有1家标准化智慧健康驿站,并向功能社区延伸。至2030年,全市智慧健康驿站网络基本健全,多种形态的智慧健康驿站从居住社区延伸至学校、企事业单位、楼宇等功能区域。"十三五"期间,上海智慧健康驿站项目主要有以下特征:

1. 整合周边资源,布局服务网络

多元设点,在扩大驿站辐射范围的同时力求提高驿站使用效率。智慧健康驿站遍布全市,主要设置于社区卫生服务中心、居委会、综合为老服务中心、邻里中心、居民小区、社区市民健身中心、产业园区和企业楼宇等场所,能够就近就便满足不同人群的精确化健康管理需要。根据周边服务对象的特点,驿站有针对性地提供慢病管理、心理咨询、职业体检等特色服务资源。也有部分站点能够实现多人群的综合服务,例如杨浦区长阳创谷的智慧健康驿站,通过科学选址,既能服务园区白领,又能辐射周边小区居民,旁边还有托儿所,覆盖面很广。通过点面结合的布局方式、多样化的服务形式、信息化对接的协作手段,逐步形成覆盖全市的智慧健康驿站服务网络,有效解决了社区居民健康管理"最后一公里"问题。

调动资源,在完善驿站基本功能的同时力争提高驿站服务水平。本市高校资源丰富、医疗条件优越,在智慧健康驿站的初期建设、服务开展与绩效评估阶段,充分盘活了现有存量资源。例如,杨浦区聚集了复旦大学、同济大学等10所著名高校,国家和市级工程技术研究中心20余家,科研院所百余家,在驿站建设与运行过程中积极发挥三区联动(校区、社区、园区)、三城融合(学城、产城、创城)的优势;对接区总工会,全面联动长海街道,重点联动大桥长阳创谷、长白上缆园区,促进整合型社区健康服务;利用上海体育学院的人才资源,提供驿站健身指导与运动保健服务,携手上海交通大学医学院社会医学与卫生管理系"智慧健康小屋建设"研究团队,通过边建设边研究,推进驿站绩效评估工作。

2. 开设自助检测,涵盖多项功能

居民到达驿站后,可凭身份证、社保卡(医保卡)进行智能身份识别,自动新建或调取个人健康账户,便捷开展自助式健康检查。驿站的使用面积一般不低于50平方米,内部分为体征检测区、体质检测区、自我评估区和指导干预区等四个功能区。基础设备包括健康体征自助检测设备、国民体质自助检测设备、健康监控大屏系统和健康驿站服务终端等四种。各项仪器均配有图解说明、注意事项和检测结果正常值的参考范围,居民可进行自助检测,也可寻求站内工作人员帮助检测。

驿站提供的基础检测项目主要包括健康体征自主检测、国民体质自助检测和针对特定人群的专项健康量表自评服务三大类。

(1) 健康体征自检包括身高、体重、体脂、体温、腰臀比、血压、血糖、血氧、尿酸、心电图等10项。

(2) 国民体质自测分身体形态、机能和素质检测三个板块,包括身高、体重、肺活量、台阶试验、握力、选择反应时、闭眼单脚站立、坐位体前屈、纵跳、俯卧撑(男)、1分钟仰卧起坐(女)等11项。

(3) 健康量表自评主要针对老年人、妇女、儿童、慢性病患者等开展自我健康评估服务,通过对可能存在的健康风险进行初步提示,引导居民重视预防"未病",具体项目包括儿童健康自评、睡眠质量评估、抑郁程度评估、老年人记忆障碍评估、疾病风险评估等15项。

3. 提供线上查询，形成个人档案

驿站利用互联网、大数据等新技术，采用智能化设备和信息化管理，充分发挥线上线下融合优势，将专业、便捷、多样的医疗健康服务送至居民身边，引导居民将自我健康管理嵌入日常生活。依托上海"健康云"数据平台，整合各类社区资源，打造"互联网＋健康服务"公益公共服务统一入口，构建面向居民的社区健康服务智慧平台。在驿站所测得的每一项健康数据都将实时汇集至测试者个人健康账户，成为市民健康数据的重要组成部分。市民能够直接通过"健康云"APP获取驿站自评量表，线上参与自我评估，也可随时查看检测评估结果，对比某一时间段内健康状况变化情况，在线获得个性化的健康指导或进行智能问诊，家人间也可共享健康档案。若测试者有签约家庭医生，相关数据也可送至家庭医生手中，方便医生第一时间获悉服务对象健康评估结果并实施干预，这些材料将成为今后市民长期健康管理的依据，有助于提高医疗服务的精准度、主动性与有效性。

4. 开展健康指导，对接家庭医生

除基础自测项目外，驿站也为居民提供后续健康指导干预服务。驿站设备能够在居民完成自检、自评项目后立即出具相应的评估报告，并根据个体情况提供针对性的健康干预提醒与运动健身建议。社会体育指导员也会定期进驻驿站，为居民提供指导服务。此外，依托现有社区健康服务机构和社区公共服务平台资源，驿站专业人员还将根据检测结果帮助民众对接适宜的健康服务资源。例如获得家庭医生在线签约服务、引导居民至社会健康服务机构进行疾病筛查或诊疗。驿站是连接各类健康服务资源的中枢纽带，也是通过建立家庭医生制度满足社区居民基本健康服务需求的重要抓手。

（二）社区体育服务配送

社区体育服务配送是上海市体育局落实"十三五"上海市基本公共服务项目清单的一项惠民举措，是由政府主导、社会多方参与，保障市民体育健身权益且与经济社会发展水平相适应的全民健身公共服务项目。2015年上海市体育局群体处印发《关于试行开展社区体育服务配送工作》的通知，实施《上海市社区体育服务配送工作方案》，委托上海市社区体育协会，在全市范围内试行开展社区体育服务配送工作，各区体育局负责协调区域内街道、乡镇及有关单位，按照各自职责分工，配合做好配送工作。

上海市社区体育协会统筹、整合各方资源,创新开展"你点我送"全民健身公共服务社区配送工作。该项工作以社区居民为服务对象,为市民提供免费的全民健身公共服务,包括科普健身讲座、健身技能传授、青少年体育培训、体育比赛及特色活动组织,在全民健身中发挥了基础性普及作用。据统计,2016—2020年全市累计配送技能、讲座课程26 535场次,覆盖上海16个区215个街镇,服务线下市民705 139人次,线上观看市民累计3 470 317人次,居民满意度逐年提升。经过"十三五"期间的不断完善,上海市社区体育服务配送初步形成了"五化"的特色。

1. 配送模式社会化

为充分利用社会体育力量,社区体育服务配送通过政府购买服务与市、区两级配送的模式开展。以上海市社区体育协会为主体,以专业人员为师资资源,通过招标、合作等方式,向各高校、协会和专业社会组织、企业购买相应配送服务,以社区体育健身俱乐部(协会)或文体中心为配送终端,形成有效结合社会资源的全民健身公共服务配送体系。社区体育服务配送充分调动多方社会力量,推广群众喜闻乐见的体育项目,指导市民开展科学健身。

2. 配送选择自主化

为保障配送便利和质量,社区体育服务配送遵循"你点我送"的原则。上海市社区体育协会在"上海社区体育"网站设立网络配送平台,并负责定期更新项目资源内容。各街镇社区体育健身俱乐部(或协会)可以申请配送服务,其流程为:

(1) 在规定时间内通过配置的账号登录"上海社区体育"网站;

(2) 查询、预览并填写相关需求信息和产品申请;

(3) 提交申报;

(4) 市社区体育协会审核并受理。

整个操作过程简便快捷,不仅实现了配送工作的数字化运作,还提高了信息传递的效率和准确性,有效提升了社区体育公共服务的信息化管理水平。

3. 配送方式数字化

为搭建社区体育服务配送数字化管理平台,上海市社区体育协会以官方网站、微信公众号、小程序为信息公布和互动渠道,搭建监管方、配送方、需求方三方网络操作平台。开通"上海社区体育"网站和微信公众号,实时更新社区赛事动态,发布市民体育科学大讲堂内容预告和后续回顾,并以网络课程的形式推送健身技能教学视频,方便居民有选择地获取感兴趣的体育健康知识、自主学习健身技能、积极参与身边的体育赛事。全市一周内社区体育服务配送的课程名称、时间、地点、教练姓名等汇总信息,每周一发布在"上海体育""上海市体育总会""上海社区体育"及各区体育局微信公众号和市政府"一网通办"等网站,市民能够随时查询配送课程情况,挑选技能项目、提前安排时间、就近参加培训。"上海社区体育公益活动"小程序还提供线下活动报名、配送教师联络、审查教师信息、监督授课情况、填报教师信息和问询配送订单等多项功能,帮助市民获取更多个性化服务信息。

4. 配送内容多样化

为满足市民多样化的健身需求,社区体育服务配送提供了形式多样、种类繁多的科学健身课程。主要包括市民体育科学大讲堂、健身技能课程培训、体育比赛及特色活动组织等配送内容。科普讲座内容涉及健身方法、健康生活、体医融合、体育文化等多个领域,目的在于宣传科学健身方法、运动急救知识,普及体育项目规则及帮助市民提升体育运动鉴赏能力。技能培训涵盖操舞、武术和其他三大类,共有彩巾操、排舞、太极拳、木兰扇、乒乓球等超过30种不同项目,旨在对市民开展健身技能专业指导,提升社区居民的健身技能。社区赛事包括象棋、飞镖、篮球、羽毛球、垂钓、围棋、彩巾操等单项比赛,以及社区健康运动会、家庭亲子趣味挑战赛等综合性比赛,目的在于丰富群众性赛事活动,培育业余精品赛事和群众性品牌活动。

2019年,静安区在社区体育配送项目中创新引入区块链技术,特别推出可在全区54家运动场馆抵扣健身消费的电子公益配送券为内容的体育公益配送活动,以"政府投入均等化、公共服务高效化、运动主体多元化"为服务理念,在保障市民享受全民健身公共福利机会均等的基础上,鼓励社会化、市场化、多元主体作为补充,丰富全民健身公共服务供给,满足市民多样化的健身需求。

5. 配送人才专业化

为提高社区体育服务配送质量,师资人才队伍由专业院校和社会体育人才共同组成,专业化水平高:一是上海体育学院以及上海交通大学、复旦大学、上海外国语大学等高校的体育专业教师和高水平运动员;二是本市各单项体育协会的教练、裁判和具有专业技能特长的人员;三是社会经营性体育俱乐部内具有专业资质的健身教练;四是具有健身技能特长和卫生健康专业知识的其他专业人员。上海市社区体育协会通过构建社区体育服务配送项目师资信息平台,将相关人员统一纳入配送服务师资库,便于市民和社区及时了解配送人才信息,科学管理师资队伍动态变化,不断提升人才库专业化水平。

(三)打造高水平社会体育指导员队伍

社会体育指导员是全民健身活动中的一支重要力量。"十三五"期间,上海市社会体育指导员队伍建设坚持政府主导、协会管理、服务为先的宗旨,紧紧围绕全民健身事业这条主线,在制度管理、培训教育、指导服务等方面开展工作,社会体育指导员队伍建设取得显著成效,建成了一支年轻化、层次高、技能强的高水平队伍,为提高市民健身技能发挥了积极的作用。

1. 制度管理是基础

"十三五"期间,上海市社会体育指导员工作坚持政府主导,努力贯彻《全民健身条例》,落实全民健身国家战略,围绕建设上海全球著名体育城市目标,积极服务全民健身工作。2016年上海市体育局主持召开座谈会,修订实施《上海市社会体育指导员管理办法》,加强指导员队伍建设。修订完善《2017年度社会体育指导员社区指导站考核评估条例》,并对《上海市社会体育指导员管理办法(试行)》提出修改方案,为社会体育指导员队伍建设提供制度保障。

2. 培训教育是保障

"十三五"期间,以市体育局为主导,市、区两级社会体育指导员协会积极开展社会体育指导员等级培训与再培训教育工作,旨在壮大社会体育指导员队伍、提高指导员队伍的整体素质。一是开展多层次等级培训、扩大队伍规模。五年间共培养国家级指导员225人,一级指导员961人,二、三级指导员16 019人。二是加强再培训与后续教育、提升整体素质。各区和各社区社会体育指导站将再培训纳入日常工作,对已取得资质的社会体育指导员开展后续教育工作。2017—2019年,以各种形式开展的再培训活动超过10 000次(期),参与人数超过20万人次。市社会体育指导员协会还组织本市指导员参加全国指导员再培训活动,如2016年组织60名社会体育指导员前往安徽省黄山市参加由国家体育总局社体中心举办的"香港马会助力全民健身技能培训班"。

3. 指导服务是重点

"十三五"期间,各区、各社区指导站积极组织社会体育指导员参与科学健身指导服务、建设健身指导团队,在日常指导中强化社会体育指导员的社会服务意识并努力提升整体队伍的服务能力,有效激活社会体育指导员在全民健身工作中的活力。截至2020年底,全市已有12个区成立区社会体育指导员协会,222个社区成立指导站,企业、工业园区、工会系统的指导站也达10余个,已建成3万多支体育健身团队,有数万名社会体育指导员活跃在各类健身团队中。服务内容主要涉及"进家庭""进楼宇"等健身指导服务、市民体质测试、健身器材使用指导及维护保养、"扶贫助弱"等志愿服务。充分发挥社会体育指导员队伍在健康促进、养老服务、残疾人康复、文化服务、科普教育等方面的作用,社会影响力不断提升。

（四）培养"体医融合"人才队伍

1. 组织"体医交叉培训"

"体医交叉培训"项目是市体育局和市卫健委合作推动健康上海建设的一项探索,具体做法是:对医疗人员进行体育健身、特别是运动处方的培训,对社会体育指导员开展疾病和医疗相关知识的培训,目的在于培养一批"会开运动处方"的社区医生和一批"能指导慢性病患者体育锻炼"的社会体育指导员。2017年以来,上海积极开展体医交叉培训,通过跨领域的知识、技能培训,推动体育和医疗的深度融合,着力提高医疗卫生系统和体育系统相关人员开展运动干预的理论知识和技能水平,充分发挥体育锻炼在糖尿病、高血压等慢性病防治中的积极作用。

2017年,在市卫健委和市疾控中心的合作下,上海在国内首次探索"糖尿病运动干预"的体医交叉培训,与美国库珀有氧中心在海外的全球首家分支机构——库珀有氧大健康(中国南京)合作,采用理论授课和实操训练相结合的培训模式,培养了150名"会开运动处方"的社区医生和150名"能指导慢性病患者体育锻炼"的社会体育指导员。2019年,市体育局和市卫健委再次合作,开展主题为"高血压及相关疾病运动干预"的体医交叉培训,邀请了国内外医疗界、运动医学、运动科学等相关领域权威专家进行授课,内容覆盖高血压运动干预、临床和心脏病干预、运动处方、治疗和康复等大量世界领先的运动干预知识、实操技术和理论分析,共计193人参加了理论培训,92人参加了实操培训。

2. 推出"运动健康师"项目

2020年6月,杨浦区委与上海体育学院共同推出"社区健康师"创新型社会服务项目,覆盖杨浦区12个街道。社区健康师是兼具运动学、医学、心理学等多门类知识和实践技能的复合型人才,能够面向中老年人、运动爱好者、慢性病患者、亲子群体、残疾人等不同人群,开展运动营养、科学健身、伤病防护和心理调适方面的讲解与指导,帮助社区居民真正理解"运动让身心更健康"

的内涵。

该项目以高校师生为核心,联合医疗卫生、科研科普人才共同组建服务团队,重点为市民提供四方面的健康服务:一是运动营养,聚焦"怎么吃"。依据不同人群的特点,指导市民合理膳食,科学摄取营养。二是科学健身,聚焦"怎么练"。以运动科学为基础,指导市民把握正确的健身方法,倡导科学健身。三是伤病防护,聚焦"怎么防"。预防身体损伤和促进损伤康复,同时对各种慢性病进行干预,让运动促进健康。四是心理调适,聚焦"怎么调"。通过运动提高市民压力管理及负面情绪调节等能力,保持良好的心理状态,提升生活质量。据统计,社区健康师已累计进入社区服务160次,覆盖居民近5 000人次,通过微信公众号共推送15个科普视频,开展26次线上直播课,累计活跃粉丝8万人左右。

2021年,上海市体育局、上海市卫健委支持在"社区健康师"基础上创新推出覆盖面更广、专业性更强的"运动健康师"项目,旨在培养向群众提供科学健身、健康生活、康复休养等咨询指导服务的专门人员,实现体育与医疗、康养相融合,共同促进人民群众身心健康。

运动健康师证书由《运动健康师(初级)证书》《运动健康师(中级)证书》《运动健康师(高级)证书》构成。在上海市体育局指导下,由上海体育学院、上海市社区体育协会、上海市康复医学会共同颁发。初期先安排《运动健康师(中级)证书》培训课程46学时,分为理论课30学时(运动营养、运动防护、身体素质锻炼、运动心理四个模块),实践课16学时。凡有志于运动健康促进工作、具有大学本科及其以上学历人员均可参加培训,培训合格并参加运动健康促进有关的社会服务实践,获发《运动健康师(中级)证书》。

(五)非医疗健康干预

1. 建立市民体质监测服务体系

市民体质数据的监测与收集是实施健康评估和干预的前提与依据。上海市民体质监测服务体系以体育部门为主导,以中年人、老年人为主要服务对象,以提升全民健身的科学化水平为工作宗旨,是全民健身公共服务的重要组成部分。市民体质测试体系包括市级、区级和街镇级三级网络,其中市级包括上海市民体质监测指导中心和上海市民体质研究中心,区级为区市民体质监测指导中心,街镇级为社区居民健康体质监测站。截至2020年底,全市区级监测中心和街镇级监测站点共计153个。

"十三五"期间,上海市体质监测系统共收集16个区95万余条监测数据。为进一步提高系统的灵活性、数据的可靠性和来源的多样性,系统新增了数据接入的开放式接口,可以收集多家供应商、多系统来源、多个平台的合格数据。同时,系统支持体质测试后续提供"运动处方",可根据体质测试指标结果并结合市民的日常习惯运动方式,有针对性地提供力量、平衡和柔韧性练习以及有氧健身的运动处方,探索建立针对不同人群、不同身体状况的运动处方库。此外,系统还可通过接口接收区级监测中心采集的其他健康数据指标,比如心电图、身体成分、骨密度、有氧运动能力、血管机能、糖尿病风险、糖尿病 AGEs、综合平衡能力等,进一步丰富不同人群的健康评估指标,助力常见慢性病运动干预工作的开展。

2. 开展"体医融合"运动干预

《"健康上海2030"规划纲要》提出:"加强体医结合和非医疗健康干预,就是要发挥科学运动在慢性病的预防、治疗和康复三位一体中的积极作用"。"十三五"期间,上海针对糖尿病、高血压、颈椎病、肥胖、高脂血症、骨质疏松症、帕金森等疾病,进一步探索"体医融合"、运动防治的途径和模式。提出要"重心下沉",以社区作为重点,通过运动疗法对慢病患者进行辅助治疗和康复,以白领聚集的单位为重点,积极探索通过体育锻炼来进行慢病预防的"防线前移"。

2017年,市体育局和市卫健委联合印发《关于促进全民健身和全民健康融合发展的意见》。根据市体育局的安排,上海体育科学研究所负责组织开展本市"体医融合"运动干预试点项目(表1),加快推动《"健康上海2030"规划纲要》内容落地,并给予市级经费支持。上海体科所作为业务指导单位,专门组织"体医融合"业务培训,指导各区开展工作,并负责编写《运动干预技术手册》,为基层开展运动干预提供技术支撑。

表1 2017年"体医融合"运动干预试点项目

编号	申报单位/协作单位	项目名称
1	虹口区体育局/扶道(上海)健康咨询有限公司	虹口区职业人群步行运动干预
2	黄浦区体育局/扶道(上海)健康咨询有限公司	针对高血脂人群的运动干预和自我健康模式的建立
	黄浦区体育局/上海荆冠健康科技有限公司	糖尿病人群线上运动干预管理方式研究与探索

续 表

编号	申报单位/协作单位	项目名称
3	金山区社会体育管理中心	金山区糖尿病运动干预项目
4	静安区社会体育管理中心	市北医院体质监测中心体医结合项目
5	浦东新区体质监测指导中心/上海体育学院	互联网＋健身干预模式探索
6	青浦区社会体育指导中心	颈椎病的运动干预
7	松江区体育指导中心（区体质监测中心）/星辰健康管理咨询（上海）有限公司	"体医结合"背景下健身气功在中老年骨密度改善中的应用研究
8	徐汇区社会体育管理指导中心	颈椎保健操运动对颈椎疾病的改善性研究
8	徐汇区社会体育管理指导中心	徐汇区社区糖尿病患者营养运动综合干预模式研究
9	杨浦区四平社区体育健身俱乐部	体卫融合、健康四平
9	杨浦区体育活动中心	杨浦区企事业单位职工人群减重干预
10	崇明区市民体质监测指导中心	2017年崇明区弱体质人群运动干预
11	普陀区体育局/上海华体西可体育发展有限公司	普陀区机关体质大比拼（弱体质干预）
12	嘉定区南翔镇文化体育服务中心	嘉定区运动健康共享计划——"运动健康JIA"
13	长宁体育局/上海健申体育发展有限公司	动脉硬化运动干预管理方式的研究与探索
14	奉贤区体育局	奉贤区高血压病运动干预
14	奉贤区金汇镇社会事业服务中心	奉贤区金汇镇糖尿病运动干预项目
15	闵行区体育局	闵行区慢性病患者及高危人群运动干预
16	宝山区体育局/上海中琥体育科技有限公司	宝山区"科学健身好伙伴"体医结合项目

经过多年的探索，上海在"体医融合"运动干预方面积累了丰富经验，如嘉定区体育局"1＋1＋2"的社区糖尿病运动干预已成为可以推广的典型模式，在"十三五"期间嘉定区已实现活动常态化和街镇全覆盖。该模式以社区为单位

组建小组,每小组15~20位患者,定时定点开展集中的运动干预活动。各小组配备:1名社会体育指导员,负责对小组成员的健身技能教学和指导、干预计划执行及相关信息的收集和上报;1名社区医生,负责糖尿病干预计划制订和干预过程的医务监督;2名小组召集人,由干预对象(患者)中产生,负责本小组日常锻炼活动的召集和管理。嘉定区在总结社区糖尿病运动干预效果的基础上,将继续联合卫生部门,探索该模式在高血压患者中的应用。此后,金山区体育局和金山区卫健委通过开展体医合作,成功复制嘉定模式,规模从最初的2个街镇发展到5个街镇,再到目前覆盖全区11个街镇,累计干预患者超过3.6万人次,同样积累了丰富的经验,取得了良好的效果。

3. 试点"体医合作联建站"

2018年,市体育局进一步探索以社区为主体的体医合作新模式,创新开展"体医合作联建站"项目,同年在崇明区、虹口区、金山区、闵行区、普陀区、青浦区、静安区和杨浦区等8个区体育部门的共同努力下,试点建设9个社区"体医合作联建站",充分发挥体育和卫生部门的优势,整合资源、突出重点、形成合力,逐步完善全民健身和全民健康公共服务体系,促进全民健身与全民健康深度融合。

该项目由区体育局、区卫健委牵头,以社区卫生服务中心和社区体质测试站为主要联建主体,根据项目联建需求,会同其他企事业单位及社会团体共同参与。"体医合作联建站"服务内容要求涵盖以下任意一项或同时兼顾几项:一是完善居民健康账户。积极探索将市民体质测试数据纳入居民健康档案,建立居民健康信息共享机制,实现体育与卫生服务机构间的信息互联互通。二是完善居民健康评估。将体质测试纳入居民健康服务清单,依托社区卫生服务中心、居民健康小屋,整合社区卫生服务中心健康检测设备、体质测定设备等资源,开展居民个体健康评估。三是加强居民自我健康管理。引导社会体育指导员主动参与居民健康自我管理小组活动,通过运动干预对高血压、糖尿病、肥胖等慢性病进行防控与康复。四是加强社区健康教育服务。依托社区学院、社区学校和居村学习点等三级网络,开展健身技能和健身知识培训,推广优秀健身方法,倡导健康生活方式。虹口区"体医合作联建站"既是全市首家体医联建站,也是全市唯一设在三甲医院内、具备中医特色的体医联建站。开设一年间,为1 200多名市民提供了"三报告、两处方"(医学体检、中医养生、体质监测三张报告及医学健康、科学运动两张处方)的检测和服务。

4. 建设"长者运动健康之家"

为发挥全民健身在健康老龄化方面的独特作用,落实建设健康上海、全球著名体育城市和国际老年友好城市工作要求,由上海市体育局、上海市民政局指导,各区、街道积极参与建设"长者运动健康之家"。至2020年底,已在静安、杨浦、虹口、徐汇等区建设试点,计划2025年在全市建成不少于100家。

"长者运动健康之家"是上海首创、面向老年人的社区多功能健身场所,以智能化和适老化为特色,整合体育、卫生健康、养老等多方资源,为老年人提供体质测试、基础健康检测、科学健身指导、慢性病运动干预、运动康复训练、健康知识普及和休闲社交等"一站式"运动康养服务。通过政府购买服务免费或低收费开放,能够服务社区内及周边1～2公里内的老年人群体。功能区域涵盖健康检测区、器材锻炼区、慢病运动干预区和心率监测区等。服务内容:一是体质测试服务,提供科学体质测试及评估,让老人锻炼更有针对性;二是器械练习服务,提供专业适老化健身器材配以康复治疗师现场指导,保证老人安全锻炼;三是运动处方服务,为老人设计专属运动计划,使老人锻炼更加科学;四是知识讲座服务,为老人传递科学锻炼方法和健康知识;五是文娱社交服务,为老人搭建包括阅读、座谈等社交平台。同时,还逐步建立"一人一档"的老年人运动健康数字档案,加强"长者运动健康之家"促进老年人健康有关样本数据的跟踪积累和研究利用,引导老年人科学健身。

三、"十四五"时期健身指导工作基本思路

"十四五"时期,上海将围绕市民不断增长的科学健身需求,引导市民"想健身、爱健身、会健身"。

(一)增加科学健身指导

进一步拓展工作思路,创新服务方式,深化服务内容,不断提高科学健身服务水平和质量。进一步优化社会体育指导员年龄结构、等级结构,引导退役运动员、教练员、体育教师、健身俱乐部教练等体育专业人士加入社会体育指导员队伍。坚持质量与数量并重,到2025年,全市社会体育指导员占常住人口比例不低于2.5‰。进一步激发社会体育指导员活力,促进社会体育指导员进机关、进楼宇、进园区、进企业、进家庭、进学校提供服务,提高科学健身指导服务率和市民满意度。

（二）深化"体医养融合"模式

探索运动促进健康新模式，深化"体医养融合"发展。进一步加强对社区体育工作者、社会体育指导员、社区医生等人员的健身指导能力培训，向市民传授运动伤害防护、运动康复、运动营养、运动心理等专项化健身技能和业务知识，提高科学健身指导水平。适应常态化疫情防控形势和要求，开展线下线上相结合的科学健身指导，总结推广简便易行、科学有效、方便掌握的健身方法，引导市民科学健身，不断提高经常参加体育锻炼的人口比例，《国民体质测定标准》达标率保持全国前列。

（三）完善科学健身设施

科学配置各类场地设施和器材的健身指导功能。推进社区体育设施"二维码"全覆盖，市民只需要手机扫码就能获取器材的使用方法。完善市民益智健身苑点器材和功能，满足全年龄段人群力量训练、有氧锻炼等多样化需求。建设智慧健康驿站、"长者运动健康之家"、市民健身驿站等新型设施，为社区居民和职工等人群提供体质测试、基础健康检测等科学健身服务。支持有关高校、医院、企业等创建运动健康促进中心或运动促进健康研究基地。

（四）加强科学健身服务

建立覆盖各个街镇的"你点我送"社区体育服务配送机制，推进科学健身讲座、健身技能培训等公共体育服务进社区、进园区、进校园和进楼宇，全市每年开展配送服务不少于8 000场。健全市、区、街镇三级市民体质监测网络，为参与体质测试的市民出具体质测试报告，探索建立体质健康档案。广泛开展国家体育锻炼标准达标测验活动。支持开展慢性病运动干预以及运动处方等研究和应用。

（五）培养科学健身人才

通过"体医交叉培训"等方式加强对社会体育指导员、社区医生等人员的健身指导能力培训。推进社会体育指导员改革，鼓励更多体育专业人士加入，搭建社会体育指导员参加社区体育服务的平台。积极试点运动健康师模式，推动运动健康师逐步覆盖全市各区，为市民提供更加专业的运动健康服务。支持运动促进健康相关学科建设和人才培养。

（六）传播科学健身理念

在全社会倡导科学健身，聚焦青少年、职工、老年人等人群，普及科学健身的知识、技能和方法。结合做好常态化疫情防控，开展线上线下相结合的科学健身指导，总结推广市民喜闻乐见的健身方法。支持运动医学专家、运动员、教练员等参加科学健身宣传教育节目，让"天天运动，人人健康"的理念更加深入人心。

上海市全民健身智慧服务"十三五"发展报告

"十三五"期间,上海市全民健身智慧服务加快推进,应用场景包括体育场馆设施智慧建设、社区体育智慧管理以及全民健身赛事活动智慧运营等领域,同时还建成基于办公协同化、管理信息化、设施智能化、服务智慧化的体育服务管理平台,全民健身公共服务效率和管理水平显著提升。

一、全民健身智慧服务总体情况

"十三五"期间,上海市全民健身信息化服务水平处于国内前列,依托物联网、云计算、大数据、5G、人工智能等技术的全民健身赛事活动、科学健身指导、全民健身数据集成,使得上海的全民健身智慧服务基本实现了多场景、全覆盖。社区体育服务配送基本覆盖全市16个区的所有街镇,标准化智慧健身驿站及全民健身智慧服务平台的建成,使得上海市民可以公平、高效享有全民健身公共服务,不仅助力健康上海和全球著名体育城市建设,也为全民健身治理体系及治理能力现代化提供了有力支持。

二、全民健身智慧服务主要成就

(一)建成上海体育公共服务信息化平台

"十三五"期间,由上海市发展和改革委员会支持,上海市体育局于2017年9月启动建设的信息化项目——上海体育公共信息服务平台已经基本建成,并于2019年1月投入试运行,完成了体育场地服务、群众赛事服务、体育配送服务、体育主题数据服务、数据开放和资金清算管理等应用系统的功能开发。目前,该平台项目系统已入库并发布了市属和区属体育场馆、公共体育设施、体质监测站、学校体育场地、群众体育赛事和体育配送服务等信息,总体运行稳定,得到广大市民用户的肯定。

作为"一站式"体育信息服务平台,重点围绕四类健身需求提供相应的体育健身智慧服务功能:一是围绕"我要健身,到哪里去运动",平台提供体育场地与设施信息服务;二是围绕"怎么运动",平台提供科学健身指导信息服务;三是围绕"找谁运动",平台提供全民健身赛事、活动信息服务;四是围绕"与谁分享运动",平台提供社交互动与分享服务。该平台初步实现全民健身公共服务资源信息化全覆盖,为市民提供便捷、高效、优质的全民健身信息服务。上海市体育局不断完善上海体育公共信息服务平台功能,拓宽运营渠道,丰富服务内容,更好满足市民的健身需求。

(二)建成上海社区体育设施管理服务平台

"十三五"期间,市体育局积极推动社区体育设施管理服务平台建设,基本实现全市所有社区公共体育设施"二维码"全覆盖,运用信息化手段为全市2万余处社区体育设施建立"身份证"信息库,为市民提供社区体育设施位置查询、健身器材使用视频教学、实时报修服务等便民措施,用大数据手段提高社区体育设施管理服务质量。

社区体育设施"二维码"信息化建设,以为市民提供更便捷、更丰富的健身服务为宗旨,通过手机扫一扫"二维码",即可对损坏的健身器材进行一键报修、观看每件健身器材对应的使用指导视频、学习正确的健身方法,了解健身器材建设年限、品牌厂商等基本信息,以及查阅体育设施资讯、相关政策法规,在线对社区体育设施状况进行咨询、提出意见建议等。

社区体育设施"二维码"信息化建设,是体育设施管理服务模式的重要转变。对设施管理者而言,可以通过扫码,实现巡检签到、器材实时报修;对于管理部门而言,可以通过后台数据库实时掌握社区体育设施的现状及巡查维护情况。社区体育设施"二维码"全覆盖,实现了信息化技术在社区体育设施管理服务方面的实践运用,是新时代上海全民健身的创新之举,为上海全民健身蓬勃发展注入了强劲动力。

(三)上海全民健身电子地图

"来沪动·健身地图"于2020年7月正式上线,市民可以通过具有上海智慧体育特色的微信小程序"来沪动·健身地图"即可使用。初次发布的健身地图 1.0 版本,包括体育场馆、游泳场所、学校场地、公共设施、共享球场、赛事活动 6 大服务内容,覆盖全市各类体育场所近 2 万余处。

通过健身地图小程序,市民可以享受场馆查询、地图导航、在线预约、优惠券领用、线上支付等多种便民服务,同时还配套设有市民运动会报名入口、体育资讯推荐、公共体育设施报修、场馆服务评价等辅助功能。为配合做好全市新冠肺炎疫情的联防联控工作,健身地图的用户在申请注册上海体育"健申码"以后,即可实现与上海市"随申码"的互联互通。市民只要一次认证,即可凭一个"二维码"实现一码通行,并享受入场验证、赛事报名等相关服务,助力疫情防控追踪。

(四)探索共享健身房

2020 年,上海在静安、普陀等区试点推出共享健身房。目前已建成静安体育馆、洛川东路和普陀体育馆等共享健身房。以静安体育馆的共享健身房为例,用户可以一次性付费且价格优惠,墙壁上清晰地列出了各位教练的课程优势、资历,手机端还可以查询教练的所在地理位置,方便预约教练。

普陀体育馆的共享健身房于 2020 年元旦开放,除了配备更加齐全的器材,还引进一台最新"神器"——人体成分分析仪,可以测量人体成分健康指数,如测量人体总水分、蛋白质、无机盐、体脂肪量、基础代谢率等,可以帮助测试者更有效地了解身体健康状况。

共享健身房拥有专业的管理系统,系统会将用户每天的运动数据进行统一规划与管理,如通过对个人每天每周每月运动时长数据分析,给出更加科学、合理的健身建议。共享健身房全程与手机端对接的自助服务以及超长的时间营业,配备的氧器械区以及操课区,智能化的管理健身流程,共享式的教练分配等,为广大市民就近就便、科学健身提供了有力的保障。

(五)建设智慧健康驿站

智慧健康驿站是为上海市民提供自助健康监测服务、普及健康知识、促进慢性病早期发现、引导市民养成健康自我管理意识的服务场所。智慧健康驿站以街镇为单位设置,充分整合社区卫生服务、社区体质监测等资源,促进市民健康自检自评与自我管理,是推进"体医结合"和实现社区健康管理关口前移的重要探索,也是市民获得健康服务的主要渠道。

2019年,上海市卫生健康委员会、上海市体育局共同将智慧健康驿站纳入年度上海市政府实事项目,联合启动智慧健康驿站建设。智慧健康驿站既有设置在市民小区内的,也有布点在产业园区、综合为老服务中心、市民体育活动中心、企业楼宇中的,贴近市民,形态多样。市民可前往就近的智慧健康驿站,凭身份证、社保卡(医保卡)进行智能身份识别,自动新建或调用市民健康账户,在智慧健康驿站内,市民可自主选择获得10项自助健康检测、11项自助体质检测和15项健康量表自评服务。

根据市民健康自检或自评结果,智慧健康驿站发挥线上线下融合的优势,为市民出具健康自检自测自评报告并提供针对性的健康指导,市民自检自测自评的数据实时传入"健康云"和市民健康账户,成为市民健康数据的重要组成部分。智慧健康驿站还是连接各类健康服务资源的载体与渠道,针对不同健康需求,市民可在健康驿站内获得针对性健康处方与运动建议,可以在线签约家庭医生,与自己的家庭医生联系咨询,还可以便捷预约挂号。

至2020年底,上海已基本实现每个街镇至少有一家标准化智慧健康驿站。"十四五"时期,多种形态的智慧健康驿站将形成一个完整的网络,逐步从居住社区延伸至学校、企事业单位、楼宇等功能社区,并通过智慧健康设备延伸至市民家中,将健康服务延伸到市民生活的各个角落。

(六)升级市民益智健身苑点

"十三五"期间,上海市体育局积极推动市民益智健身苑点建设,纳入年度政府实事项目,不但使健身苑点的项目更加丰富,而且更加智能化。市民益智健身苑点的基本构造,并非在原有的器材组合中加上益智棋类那么简单,而是以力量训练器材为主,辅以少量有氧训练器材,再加上益智棋类项目。类似健身房常见的综合性力量训练器械也出现在市民益智健身苑点,正是针对上海市民身体素质中肌力不足的短板。由于肌肉力量是体质强弱的核心要素,也是身体健康的重要组成部分,如不予以加强将难以维持良好的体质水平。有关研究显示,专门的力量训练在上海市民日常体育锻炼手段中仅占4.6%,在锻炼项目参与度排序中列十名之外,市民呈现明显的肌肉力量训练不足特征。市民益智健身苑点有利于引导老年人适当加强力量锻炼,降低因肌力减弱而易摔倒的风险。

市民益智健身苑点也改变了以往健身苑点是老年人活动专区的传统形象,融合力量训练、益智休闲、康复保健、身体素质测试于一体的多元化发展思路,通过更全面的器材功能,兼顾老中青各类人群。例如,配套一台户外身体素质测试器,可以测试体脂率,通过立定纵跳、闭眼单腿站立等,了解身体素质是否达到标准。跷跷板、网状爬绳、秋千等亲子活动器材,营造家庭健身休闲的氛围。市民益智健身苑点更注重对市民科学健身的指导,通过功能牌告知市民基本的健身方法,扫描"二维码"可以观看与器材相关的健身教学视频,受到广大市民的欢迎。

（七）推广共享公共运动场

上海市体育局支持各区推广共享公共运动场,市民只需用手机扫"二维码"进入微信小程序,搜索球场,完成充值注册,再对准闸机处扫码进入,运动结束时费用会从手机端自动扣除。共享公共运动场依托"互联网＋体育"的创新服务模式,通过建立入口智能闸机、远程实时监控、语音广播、自助租球机、自动贩售机等设施,实现智能化线上远程管理。共享公共运动场安装多个摄像头,通过远程移动端视频流,可以随时监控运动场内的情况。如果发生异常情况,比如用户超时或有违规行为等,后台可以在移动端及时用语音进行广播通知,之后会指派管理人员及时到场处理。共享公共运动场实行公益性开放,收费一目了然。比如,有的共享公共运动场每天7点到10点前免费,10点到18点每人每小时收费5元,夜间时段提供照明,每人每小时收费8元,计费以分钟为单位,吸引了许多市民前来健身。

传统的公共运动场,在满足市民就近就便健身的同时,也存在着一定的隐患。比如闲杂人员较多,有时会发生财物遗失的情况;有些球场还因为收费问题产生纠纷等。共享公共运动场通过后台视频监控和全程录像,可以确保在球场开放过程中及时发现问题并高效处理。由于使用者都是实名认证,事后可追溯责任,减少纠纷,保障设施完好率和市民健身安全。

共享公共运动场委托第三方进行场地日常服务及维护,未来还将依托移动客户端、小程序后台,对场地健身人群进行数据采集和分析,把运动作为凝聚和连接爱好者的社交平台,组建爱好者运动队联盟,开展业余联赛,打造群众赛事体系。共享公共运动场实现智能化运营,大大方便了社交群体,这些场地的"新客"和"常客",通过客户端组建自己的"运动朋友圈",方便约球、聊球、交友,满足健身爱好者的运动社交需求。

（八）举办线上运动会

2020年上海市第三届市民运动会首次举办线上运动会,市民通过视频上传、线上打卡、隔空对弈等方式,在云端与各路运动"达人"一较高下。市民上传一套拳或是一套操的视频,可以实现网络打分。由每步科技(上海)有限公司开发的线上运动会骨骼识别评分系统,通过人工智能骨骼识别算法和机器视觉识别反馈及运动轨迹追踪技术,可以完成数据捕捉和标准动作相似度比对,实现智能纠错、实时指导、精准评估等功能。这项技术还可用于科学健身、云端培训、智能体能测试评估等体育运动场景。

骨骼识别技术首次使用是在 2019 年的《国家体育锻炼标准》达标赛中。当选手在做俯卧撑、引体向上等动作时,骨骼识别技术可以通过人体体态识别系统自动判定受测人员的动作标准程度,大大提高测试的准确度和趣味性。裁判员可以通过应用程序进行成绩录入,实现成绩的实时上传和展示,选手在测试过程中能通过手机实时查询自己的成绩、积分和本场的排名情况,并生成个人体测报告。

三、全民健身智慧服务特色做法

(一)推进实施社区体育服务配送

"十三五"期间,上海市体育局委托上海市社区体育协会,在全市范围内大力推进实施"你点我送"社区体育服务配送,通过政府购买服务方式,充分发挥社团组织的作用,以满足市民健身需求为根本,积极探索社区体育发展新路。到 2020 年底,社区体育服务配送基本覆盖全市 16 个区的所有街镇,为市民提供健身技能培训、科学健身讲座、科学健身宣传、小型赛事和活动组织等社区体育服务配送产品,为社区市民提供基本的全民健身公共服务。

(二)"区块链+全民健身"公益配送

习近平总书记在中共中央政治局第十八次集体学习时强调要探索"区块链+"在民生领域的运用,积极推动区块链技术应用,为人民群众提供更加智能、更加便捷、更加优质的公共服务。"十三五"期间,上海积极探索通过大数据、区块链等新技术加强全民健身公共服务。例如,2019 年静安启动"静安体育公益配送"政府实事项目,投入专项资金 280 万元,向生活、工作和学习在静安区的市民配送可在全区 54 家运动场馆抵扣健身消费的电子公益配送券。该项目的目的是缓解中心城区长期存在的公共体育场地供给不足与社会经营性体育场所经营压力较大的矛盾,一方面让健身爱好者减少健身支出,吸引更多市民走进体育场馆健身;另一方面也为社会经营性体育场所引入新客流,促进体育产业发展。该项目创新性地引入了区块链技术,既保障了政府资金使用的安全透明,又有效整合社会体育服务资源向市民提供公益性体育健身服务,使健身爱好者直接获得实惠。

"静安体育公益配送"的服务理念是"政府投入均等化、公共服务高效化、运动主体多元化",即在保障全区市民享受公共体育福利机会均等的基础上,引导鼓励社会化、市场化多元主体作为补充,丰富全民健身公共服务供给,满足市民多样化的体育需求,促进全民健身和体育产业发展的良性循环。

(三)建设"长者运动健康之家"

为发挥全民健身在健康老龄化方面的独特作用,整合体育、医疗及养老等资源,提供健身、康复、养老等一站式服务,由上海市体育局指导,各区体育局、街道参与,联合尚体健康科技有限公司,共同打造的"长者运动健康之家"项目不断推进。这里不仅可以测血压、心率,还有器械训练区和专门的工作人员,不定期开展健康知识讲座,服务社区内及周边1~2公里内的老年人,为他们提供安全、温馨的健身场所和科学的健身指导:一是体质测试服务,即提供科学体质测试及评估,让老年人健身更具有针对性;二是器械练习服务,即提供专业适老化健身器材,配以康复治疗师现场指导,保证老年人安全健身;三是运动处方服务,为老年人设计专属运动计划使健身更加科学;四是知识讲座服务,为老年人传递科学健身方法和健康知识;五是文娱社交服务,为老年人搭建阅读和座谈等社交平台。这种一站式的老年人运动健康复合型服务,不仅在银发人群中积攒了良好的口碑,也让子女们更放心父母的日常生活。例如,"乐活空间"里的水平律动床为一些饱受失眠困扰的老年人缓解了痛苦,水平律动床的"神奇"之处在于通过机械力增加肌力,促进老年人消化,继而帮助他们更好地入眠。当然,运动处方都是因人而异的,如果将水平律动床配以卧式健身车组合进行健身,可以让部分失眠的老年人达到更好的助眠效果。"十四五"时期,上海全市的"长者运动健康之家"计划增加到100家左右。

(四)提供体育"智慧助老"服务

为解决老年人运用智能技术面临的困难,上海市体育局印发《关于开展

"智慧助老"行动加强老年人体育服务的指导意见》(以下简称《意见》),送出上海体育领域的"智慧助老大礼包"。

为解决横亘在老年人面前的"数字鸿沟"问题,上海市体育部门积极跨前一步。《意见》明确,不将"健康码"作为老年人进入体育场馆的唯一凭证,有条件的场馆要为不使用智能手机的老年人设立"无健康码通道",可在做好疫情防控的前提下,安排老年人凭有效证件登记进入。本市在提升体育场馆"智慧助老"服务水平方面,将注重传统服务与智能创新相结合。结合实际保留前台与人工窗口、现金支付、电话预约等传统服务方式,为老年人提供一定数量的免预约、现场购票名额等。鼓励场馆在全民健身日、免费开放日等时间设置老年人时段,适当预留老年人锻炼名额。到2022年,本市各级各类体育场馆设施将普遍建立亲民便民的"智慧助老"服务体系,实现体育场馆设施助老服务便利化、常态化和长效化。

四、全民健身智慧服务典型案例——每步科技助力体育健身场地数字化升级

每步科技(上海)有限公司专长于人工智能、云技术等前沿技术研发及应用场景构建,为多元体育场景提供升级和服务,获得"国家体育产业示范单位"和"2017—2020年度全国群众体育先进单位"荣誉称号。2020年,每步科技(上海)有限公司为嘉定区全民健身数字化转型而开发设计的体育健身场地数字化升级项目,基于人工智能视觉计算技术,通过软硬件相结合的方式(即通过移动终端及智能传感、监控,实现实时数据采集),分别对重点体育资源开展数字化管理优化与服务升级,最终数据统一接入统管系统,实现"一网统管"与高效服务,建成以"物联网+大数据分析+多终端"为技术手段的体育场地信息化管理服务系统,提高体育健身资源的信息化、智能化管理及数字化监管水平。

(一)场地用户服务数字化升级

实现体育场地用户服务系统与用户健身服务前端小程序的有效联通。健身市民可通过小程序完成预约支付、运动场入场验证等。通过多个系统的数据互联,为健身人员提供便捷、安全、有序的出入场方式,同时又杜绝无关人员进出,提高管理效率,降低管理成本,实现运动场地无人值守和集中系统管理,

提升体育健身场地服务能力,并实现用户服务体验升级。

1. 提供健身场地服务

通过健身服务小程序,可实现体育健身场地查询、预订或退订、支付或退款、预约改期、场地调换、使用计时、紧急情况一键求助等功能。

2. 打造无人值守健身场地

在目标健身场地/场馆入口,通过门禁进行入场身份核验,核验通过后自助入场,实现无人值守入场与离场的全流程办理。入场流程是:健身市民在小程序完成订场预约后,将收到入场凭证(二维码或密码),健身市民进入运动场地时,输入密码或在入场门禁处扫描收到的入场二维码即可入场,同时完成入场核销。

(二)健身场地安全管理数字化升级

部署人工智能应用设备,构建数据互联的智能监控体系。通过场地内关键点位布设的智能识别相机,采用智能追踪技术,动态掌握运动场地/场馆的状况,利用人工智能技术构建可视化的管理平台,实现人流密度报警、异常行为报警、非开放时间闯入报警等功能。

(三)体育赛事活动服务数字化升级

大众体育赛事活动数字化服务,通过建设赛事运营管理全业务模式与服务架构,以及完善的服务支持体系,开展信息化、流程化、数据化赛事运营管理服务,通过系统以流程化与模块化方式,使用户享受专业的赛事信息化服务。

1. 赛事活动信息服务

赛事信息发布、内容管理,实现与参与者的双向互动与实时反馈,信息发布及时高效。

2. 赛事活动在线报名

在线完成赛事报名及管理、参与者信息统计等服务。

3. 赛事活动智能检录

采用人脸识别技术开展参与者检录,提高检录效率。

4. 赛事活动云端直播

利用云摄影与人脸识别技术为参与者提供照片直播、精彩照片抓拍、照片下载等服务,并提供在线成绩查询与证书下载。

（四）体育培训数字化升级

1. 培训课程数字化

社会体育指导员可在运营系统中发起培训和指导工作，创建线下培训指导活动，发布在线的健身指导课程。用户可通过"运动地图"服务小程序参与培训课程。

2. 健身指导人员管理数字化

定制社会体育指导员（健身教练）的个人能力标签，从教学能力、健身指导能力、交际能力、组织管理能力、个人魅力等维度评估社会体育指导员的能力值，作为对社会体育指导员工作的管理、评估的依据，同时也为用户寻找专业指导人员提供便捷。

（五）项目亮点

1. 基于"物联网＋大数据＋多终端"的场景管理模式

项目通过设计"物联网＋云＋多终端"的一云多端智能化场景统管体系，实现全面覆盖、实时监督。将摄像头等视频采集硬件与平台智能算法相结合，在云端开展数据分析并提供及时有效的安全监管服务。采用多种终端形式及可视化面板，即时向管理层报告，终端类型包括手机移动端（小程序、H5）、Web PC端、监管大屏等。

2. 基于物联网技术的一站式用户全流程服务理念

以一站式全流程安全监控服务理念，实现"从入口、到场地，从资源、到个体"的一站式统管服务。基于终端信息收集与精准数据分析实现体育资源的优化配置，提升体育资源利用效率，更好地开展全民健身服务。

3. 大数据驱动的数字化创新运营机制

通过实时数据统计、海量数据存储和深度数据分析与挖掘，进行信息集中与分享，保证信息实时公开透明，以数据驱动的高效、统一、实时监管模式，为相关部门提供精准数据分析，提升管理效率。

五、"十四五"时期智慧服务工作基本思路

随着上海市民体育健身意识的不断增强，现有的全民健身智慧服务供给难以满足市民日益增长的多样化、高品质体育健身需求，尤其是在完善体育场

馆设施管理服务、优化赛事活动信息平台建设与运营、加强体育领域智慧助老服务等方面还存在一些短板和不足。"十四五"时期,上海市将积极贯彻落实《体育强国建设纲要》提出的"推进全民健身智慧化发展"要求,引领全民健身公共服务数字化,将全民健身融入智慧城市与国际数字之都建设,完善上海市民运动会、上海城市业余联赛等品牌赛事活动信息化管理平台。推进全民健身公共服务数字化,系统集成社区体育设施、群众体育赛事活动、体育社会组织、科学健身指导、体质监测等全民健身大数据。

（一）加强全民健身智慧管理

运用物联网、云计算、大数据、5G、人工智能等技术,建立系统完备的全民健身大数据,推进全民健身信息、数据资源开发和利用,打造以全民健身电子地图、社区体育设施管理、社区体育服务配送、体质监测、体育场馆、赛事活动、健身指导等事项为核心的综合信息化全民健身公共服务平台,推进办公协同化、管理信息化,提升全民健身智慧管理水平。

（二）提供全民健身智慧服务

积极发展"体育＋""＋体育"新业态、新技术、新模式,完善上海市民运动会、上海城市业余联赛信息化平台,开展线上运营和服务,通过手机APP等发布赛事活动信息,方便市民报名参赛。优化体质监测站和智慧健康驿站构建的体质健康服务网络,推进智慧体育场馆设施建设和运营管理。围绕解决老年人运用智能技术面临的困难,加强体育领域"智慧助老"服务。

（三）推进智慧体育场馆建设

加强体育场馆数字化转型与信息化建设,逐步实施市民健身房智慧升级改造,在居村、园区、楼宇等处建设智慧型、多功能的市民健身驿站。推进公共体育场馆无线局域网全覆盖、社区体育设施"二维码"全覆盖。运用信息化手段提高体育场馆服务质量,加强体育场馆在场地利用、预订支付、客流监测、安全预警等领域的信息技术应用,提升体育场馆运营效率。

上海市全民健身冰雪运动"十三五"发展报告[*]

习近平总书记曾在与国际奥委会主席巴赫交谈时说:"在中国,冰雪运动不进山海关。如果冰雪项目能在关内推广,预计可以带动两三亿人参与,由此点燃中国冰雪运动的火炬。"近年来,上海积极贯彻落实习近平总书记关于筹办北京冬奥会和发展冰雪运动重要指示精神,在国家体育总局部署和指导下积极推动冰雪运动"南展西扩东进",助力带动三亿人参与冰雪运动。结合上海实际制定冰雪运动发展政策和规划,加大冰雪运动场地设施建设力度,加快冰雪运动项目普及与推广,充分调动各方面参与冰雪运动的积极性,推动政府、社会、市场、市民之间的良性互动,努力在冰雪运动项目开展、赛事举办、人才培养、科技创新等方面取得突破,助力实施全民健身战略和"健康中国"国家战略,为筹办北京冬奥会作出积极贡献。

一、加强政策规划保障,夯实冰雪运动发展基础

近年来,为贯彻落实党中央、国务院有关文件精神,上海市委办公厅、市政府办公厅先后印发了《关于加快发展冰雪运动的实施意见》《冰雪运动奥全运项目发展规划(2019—2025年)》等重要文件,将加快发展冰雪运动作为《上海市体育发展"十四五"规划》的重要任务,提出到2025年,全市冰雪运动俱乐部达到30家,年参加冰雪运动人数达到200万人次,冰雪运动特色学校达到100所,校园内常年参与冰雪运动的队伍和兴趣小组达到1 000支,每年青少年学

---

[*] 原标题为《厚植冰雪运动基础 点燃冰雪运动火炬》(2021年7月9日上海市体育局局长徐彬在国家体育总局"带动三亿人参与冰雪运动"工作推进会上的交流发言)。

生参加冰雪运动和普及培训人数超过100万人次,市民对冰雪运动的关注度、支持度和参与度显著提升,获得感进一步增强。

2018年12月,上海市政府与国家体育总局就冰雪运动项目合作签订协议。在国家体育总局的指导帮助下,上海积极发挥经济中心城市优势,加快推动冰雪运动发展,为推广群众性冰雪运动提供良好环境。

大力推进冰雪运动场地设施建设,积极扶持社会力量办冰雪。截至目前,上海共有冰场12块、室内滑雪场所29处、冰壶场地3个、冰壶道8条;各类冰雪运动场地分布于13个区、4所高校;全市共开展短道速滑、花样滑冰、冰球、速度滑冰、冰壶、雪车、滑雪等7个冰雪运动项目;全市共有冰上、雪上、轮滑俱乐部30余个。2020年,上海市民参加各类冰雪活动(训练)近200万人次。有关体育消费数据显示,2019年上海参加滑冰、滑雪人均消费支出金额列所有运动项目第二名,仅次于高尔夫球。

大力发展青少年冰雪运动,深入推进冰雪运动进校园。目前,上海市教委、市体育局确定了39所"北京2022年冬奥会和冬残奥会奥林匹克教育示范学校"、57所上海市中小学校园冰雪运动特色学校、32所全国青少年冰雪特色学校名单。编写适合上海中小学生阅读学习的冰雪运动知识和培训读本,构建冰雪运动"一条龙"布局学校,因地制宜落实场地、项目、教练、器材,让更多青少年对冰雪运动产生亲近感和认同感。以轮带冰、以板促雪,形成轮、板、冰、雪良性互动的局面。

二、建立赛事活动体系,营造冰雪运动良好氛围

构建国际水准、中国气派、上海特色的冰雪运动赛事活动体系,以顶级冰雪赛事为龙头,以群众性和青少年冰雪赛事活动为支撑,坚持分级分层办赛,畅通参赛、观赛通道,将体育竞赛、冰雪爱好者、媒体和赞助商集聚到一个场景,促进冰雪与相关产业融合发展。

发挥顶级冰雪赛事的引领作用,持续推广冰雪运动。2010年以来,上海共举办了一届短道速滑世界锦标赛、九届短道速滑世界杯、一届花样滑冰世界锦标赛、三届中国杯花样滑冰大奖赛,是国内唯一举办过短道速滑、花样滑冰世锦赛的城市。上海东方体育中心海上王冠体育馆成为国际滑联及各国运动员向往的滑冰赛事集聚地。同时,上海积极培育自主冰雪赛事品牌,在国际滑联的支持下,成功举办三届"上海超级杯"。该项赛事实现多个历史第一:第一

次以一座城市来命名的冰上赛事,第一次将冬季奥运会项目与非奥项目安排在同一时段、同一场地进行,第一次为短道速滑选手设立赛事奖金,是全世界唯一融合短道速滑、花样滑冰、队列滑的赛事,为冰上赛事建立了"上海标准"。在"上海超级杯"演练过的短道速滑男女混合接力已成为2022年北京冬奥会正式比赛项目,为服务北京冬奥会贡献了上海智慧。系列顶级冰雪赛事的连续举办,提升了上海冰雪运动的办赛能力,满足了市民的观赏需求,扩大了参与冰雪运动的人口,促进了体育产业的发展。

将冰雪运动纳入上海市民运动会、上海城市业余联赛等年度全民健身重点赛事总体方案,积极推广群众性冰雪运动。常年举办上海市花样滑冰、冰球、短道速滑青少年锦标赛以及上海市青少年冰球联赛、市民滑冰与滑雪赛事。目前,已累积举办青少年冰雪赛事5 000多场次,共有120万人次参与。2021年4月举办了首届青少年滑雪公开赛,依托室内滑雪机创造了上海统一标准举办滑雪比赛的历史,吸引市民关注冰雪运动。

三、狠抓冰雪人才培养,助力备战北京冬奥会

上海冰雪运动项目从零起步,但发展比较迅速。市体育局加强统筹指导,发挥市冰雪运动协会、市冰壶协会专业优势,注重吸引社会力量参与项目多元发展,采取联办、共建等方式实现了冰上项目全覆盖,雪上项目重布局,冰雪运动注册运动员相较"十三五"期间已经翻了一番。正在筹备的2022年上海市第十七届运动会将大幅增加冰雪项目设项,进一步助推冰雪运动人才培养。

积极选拔田径和自行车等项目的运动员跨界至雪车项目,与体育总局冬运中心共建国家雪车队,主动承担国家雪车队的国内训练保障。2018年平昌冬奥会,上海培养的运动员邵奕俊首次出现在冬奥会的赛场;2020年第十四届全国冬季运动会实现金牌"零"的突破;上海女子冰球队取得2020年全国女子冰球锦标赛冠军,创造了单项冰雪项目全国最高级比赛冠军的历史。

四、注重冰雪科技创新,优化"四季冰雪"主旋律

上海积极探索科技助力体育。支持上海体育学院等科研机构为备战北京冬奥会和国家队科学训练提供技术保障。运用5G技术在"上海超级杯"开展了全球首场5G+真4K+VR冰雪赛事直播,相关沉浸式的VR设备还出现在

了第二届中国国际进口博览会,成为中外客商关注的"网红"展品。

上海支持企业开展室内滑雪机自主研发、生产、销售,研发推出了模拟室内折叠滑雪机等新产品,相关制造技术及材料不断更新迭代,推动滑雪运动进一步风靡,形成了"四季冰雪"的运动休闲格局。上海冰雪运动综合体等新型场地不断涌现。目前,正在推进建设全球最大的室内滑雪场——冰雪之星,集体育、文化、休闲、娱乐、旅游于一身,计划于2022年对外开放,预计每年吸引游客量将超过320万人次。

我们坚信,在国家体育总局的指导下,上海冰雪运动基础将更为坚实,我们将进一步致力于打造国家冰雪运动"南展西扩东进"的桥头堡和全球著名体育城市新亮点,为举办一届"简约、安全、精彩"的北京冬奥会作出积极贡献。

附件

一、上海举办第五届全国大众冰雪季启动仪式

助力2022年北京冬奥会的第五届全国大众冰雪季,首次跨过长江在上海举行。2018年12月6日,以"欢乐冰雪、健康中国"为主题的第五届全国大众冰雪季启动仪式在上海东方体育中心海上王冠体育馆举行。中共中央政治局委员、上海市委书记李强与群众代表共同启动本届全国大众冰雪季,国家体育总局局长、中国奥委会主席苟仲文致辞,上海市委副书记、市长应勇致欢迎词。

国家体育总局副局长高志丹、李建明,上海市委常委、市委秘书长诸葛宇杰,上海市副市长陈群出席启动仪式。国际雪车联合会主席伊沃·费里亚尼,世界冰壶联合会主席凯特·凯斯妮斯,国际冰球联合会主席雷内·法塞尔,国际滑冰联盟主席杨·迪科玛,国际雪橇联合会秘书长埃纳斯·弗格力斯,国际滑雪联合会秘书长莎拉·刘易斯,国际冬季两项联盟代理秘书长马丁·库恩梅斯特,国际冰球联合会副主席胡文新应邀出席并观摩启动仪式。

第五届全国大众冰雪季启动仪式由国家体育总局、北京2022年冬奥组委会和上海市人民政府共同主办。

苟仲文表示,在习近平总书记"带动三亿人参与冰雪运动"的号召下,每年"全国大众冰雪季"广泛开展群众性冰雪活动,在神州大地不断掀起"冰雪热""冬奥热"。本届全国大众冰雪季启动仪式第一次走出北方,跨过长江,是实施冰雪运动"南展西扩东进"战略的具体实施。

应勇表示,上海在加快建设全球著名体育城市过程中,大力推广冰雪运

动,积极培养后备人才,越来越多的群众接触冰雪运动、喜爱冰雪运动。上海将以本届全国大众冰雪季为契机,继续大力传播冰雪文化、弘扬奥运精神,带动更多群众走上冰雪,在冰雪运动中共享欢乐、增强体魄、收获健康。

上海将借助举办"第五届全国大众冰雪季启动仪式"的契机,进一步大力发展群众性冰雪运动,推动青少年冰雪运动普及,助力实施全民健身战略和"健康中国"国家战略,助力2022年北京冬奥会。

全国大众冰雪季于2014年首次举办,前三届启动仪式都在北京举行,第四届启动仪式在河北省石家庄市举行。四年来,"全国大众冰雪季"活动吸引了数千万群众参与,满足了群众冬季多样化的健身需求,已成为落实全民健身国家战略、推广普及冰雪运动的品牌活动,在推动"带动三亿人参与冰雪运动"中发挥了引领、带动作用。

二、国家体育总局、上海市人民政府签署《关于冰雪运动项目合作协议书》

2018年12月7日,为加快我国冰雪运动发展,积极备战2022年北京冬奥会,国家体育总局、上海市人民政府《关于冰雪运动项目合作协议书》签约仪式在沪举行。国家体育总局副局长高志丹、上海市人民政府副市长陈群代表双方签约,上海市人民政府副秘书长宗明主持签约仪式,国家体育总局冬季运动管理中心常务副主任丁东、上海市体育局局长徐彬分别介绍相关情况。

此次合作协议的签署,是认真贯彻落实习近平总书记"开放办奥、共享办奥"重要指示的积极举措,是积极响应习近平总书记"带动三亿人参与冰雪运动"伟大号召的具体行动。上海作为冰雪运动"南展西扩东进"战略衔接北方、覆盖我国其他地域的枢纽,在冰雪运动人才培养、世界顶级冰雪赛事举办和集训基地后勤保障等方面具有良好的基础和发展空间,有着丰富多元的资源和开放发展的思路,此次协议的签署,标志着国家体育总局和上海市的合作进入了新阶段,为我国冰雪运动发展增添了新动力。

国家体育总局和上海市人民政府在以下几个方面进行深入合作:一是共建冬奥竞技备战队伍,支持上海与冰雪运动强省进行跨地域合作、引进冰雪项目优秀运动员和教练员、共建冰雪项目运动队,积极选调上海优秀运动员参加国家各层级队伍的集训和备战,大力开展跨界跨项跨季选材工作,加强科技合作为冰雪项目国家集训队提供科技、医疗保障,开放训练比赛场馆做好冰雪项目国家集训队在沪集训服务保障工作;二是深化青少年冰雪运动项目合作,大力推进冰雪运动进校园,鼓励支持中小学校积极与冰雪场馆或冰雪运动俱乐部等进行合作,开设冰雪运动知识课程和技能课程,优化冰雪项目在上海各学校的布局,构建校园冰雪运动"一条龙"培养体系,建立学校冰雪赛事活动体系,组织开发中小学冰雪课程教材,尽快形成一批奥林匹克教育特色示范学校和冰雪运动特色学校;三是推动冰雪运动普及推广,增加群众性冰雪运动场地设施多主体供给,积极开展冰雪运动赛事活动,在城市业余联赛中设置冰雪项目,广泛宣传冰雪运动文化;四是大力发展冰雪运动产业,支持并协助申办国际冰雪项目顶级赛事,举办自主IP冰雪项目赛事,打造更多品牌赛事,加强冰雪项目专业人才队伍建设,为培养培训各类冰雪项目专业人员创造条件,在产业规划和产业政策配套上对冰雪产业予以倾斜,扶持在沪冰雪项目社会组织、涉体企业、俱乐部发展。

双方成立合作协调小组,每年定期举行会议,研究协调重大合作事项;体育总局冬运中心和上海市体育局将建立工作例会制度,开展具体对接,推进落实相关工作。双方将在协议框架下,全力以赴,共同为加快冰雪运动发展,推动冰雪强国建设,为举办一届"精彩、非凡、卓越"的奥运盛会贡献力量。

三、上海市体育局制定《冰雪运动奥全运项目发展规划(2019—2025年)》

(2019年10月11日)

2022年北京冬奥会的成功申办,为本市冰雪运动创造了百年难遇的发展机遇。根据上海市人民政府与国家体育总局签订的《关于共同推进实现2022年北京冬奥会总体目标的协议书》精神,为增强本市冰雪运动奥全运项目的综合实力,培养更多优秀运动队和高水平运动员,带动大众冰雪运动的普及和冰雪产业的发展,特制定本规划。

一、指导思想

以习近平新时代中国特色社会主义思想为指导,全面贯彻党的十九大和十九届二中、三中全会精神,认真落实中共中央办公厅、国务院办公厅《关于以2022年北京冬奥会为契机大力发展冰雪运动的意见》和国家体育总局冰雪运动"南展西扩东进"战略,坚持创新、协调、绿色、开放、共享的发展理念,因地制宜,科学布局,统筹协调,动员社会力量广泛参与,补齐补强冰雪运动短板,破解制约冰雪项目发展难题,不断提高冰雪竞技水平,打造与全球著名体育城市相适应的优秀运动队,培育在国内外具有较大影响力的优秀运动员,发挥上海冰雪运动在南方城市的"桥头堡"作用,为北京冬奥会的成功举办和实现"带动三亿人参与冰雪运动"目标贡献力量。

二、基本原则

(一)坚持重点突破协调发展。立足本市经济社会发展水平、地域特点和场地设施等客观条件,明确冰雪运动重点项目,组建集训队伍,促进冰雪运动奥全运项目协调发展。

(二)坚持政府引导多元参与。坚持冰雪运动奥全运项目市场化、社会化办队方向,通过规划引领、资源配置、政策杠杆,调动社会力量,积极参与冰雪场地和运动队伍建设。

(三)坚持公开公平公正。在承办优秀运动队、选拔优秀运动员、举办各类比赛等方面,坚持公开透明、择优录用、公正公平,为运动队发展创造良好的环境。

(四)坚持共建共享共赢。借助国家队、企业、学校以及冰雪运动强省优势,通过联办、输送、合作交流等多种方式,推进本市冰雪运动奥全运项目快速发展。

三、目标任务

贯彻落实习近平总书记对北京筹办 2022 年冬奥会"办赛精彩,参赛也要出彩"的指示,在政府引导、多方参与和全社会的共同努力下,到 2025 年,本市冰雪运动奥全运项目全面协调发展,竞技水平显著提高,为建设全球著名体育城市作出积极贡献。

(一)重点项目队伍稳定。通过市运会、全国青运会和全冬会选拔、调整、充实,2020 年组建相对稳定的市重点项目集训队,初步形成强队强项和完整的训练竞赛体系,在国内具有较强的竞争实力。

(二)训练管理规范有序。积极探索多种形式办队模式和管理体系,运动队训练、管理、保障等制度化、规范化、系统化,训练质量显著提高;"训、科、医、教、服"一体化建设得到不断夯实。

(三)政策保障建立健全。根据不同办队模式,形成相应的社会力量办运动队的政策制度、运作机制、保障和服务体系。

(四)场地设施布局合理。市规划建设一处标准滑冰场,支持有条件的区、学校因地制宜建设冰雪场地,鼓励社会力量参与冰雪场地建设以及运营管理,到 2025 年冰雪场地数量明显增长,能够满足市民健身和市、区运动队训练比赛需要。

（五）竞技水平显著提高。2020年第十四届全冬会实现金牌零的突破，金牌、奖牌和总分全面超上届。2022年北京冬奥会实现奖牌零的突破，为北京冬奥会"参赛也要出彩"作出贡献。2024年第十五届全冬会参赛运动队竞技实力明显提升，参赛成绩争创历届最好，为国家队输送更多优秀运动员。

四、队伍建设

（一）重点项目布局。根据国家体育总局冬奥项目总体布局，结合本市开展奥全运项目的现状，冰雪运动奥全运项目总体布局为兼顾冰雪、协调发展。重点项目布局为"5X"：5是滑冰（短道速滑、花样滑冰）、滑雪（个别小项）、冰球、冰壶、雪车；X是轮滑等全冬会全能项目。

（二）重点队伍组成。市级层面通过区、协会与俱乐部、学校联办，以及与其他省市合作等方式，建立上海市男女冰球、男女冰壶、短道速滑、花样滑冰、滑雪、雪车和雪车青年集训队。运动队实行主教练负责制，教练团队保持相对稳定，运动员采用全国招聘、全市选拔，形成优胜劣汰竞争机制。根据不同办队模式，采取相对集中与分散相结合训练方式。各运动队承担参加全国青运会和全冬会任务，积极向国家队输送高水平运动员。有条件的区根据全市重点项目布局，利用俱乐部、学校和社会资源，通过以奖代补或购买服务方式，建立相应的运动队，参加市级各类比赛。

（三）后备力量建设。通过项目单项协会、社会力量培养后备梯队，引进全国高水平运动员。加强轮滑、滑板、曲棍球后备人才队伍建设，开办花样滑冰实验班，为市冰雪运动队输送人才。与市教委通过学校"一条龙"布局和设立的冰雪项目传统学校，增加后备人才厚度。把跨界跨项跨季选材作为常态化工作，制定相应措施，强化政策激励，提升跨界跨项跨季选材运动员及输送教练员荣誉感和获得感。市、区体校和各单项协会、训练单位主动输送、积极挖潜，为冰雪运动人才培养创造有利条件。

五、工作措施

（一）健全队伍管理机制。结合不同的办队模式，大胆改革创新，制定区别于体制内的运动队和运动员训练管理制度。单项协会和主管单位抓紧制定社会化、市场化条件下，教练员聘任、运动员激励、年度考评、训练和竞赛保障等系统化的管理措施。各运动队在熟练掌握冰雪项目制胜规律的基础上，结合学生运动员、企业职工运动员的学习工作特点，尽快形成训练教学体系和管理制度。坚定不移贯彻反兴奋剂工作"严令禁止、严格检查、严肃处理"的"三严"方针，以"零容忍"态度，与各种兴奋剂问题做不懈的斗争。加强运动员、教练员思想政治工作,强化运动员职业道德教育和文明礼仪修养,杜绝重大赛风赛纪事件发生。

(二)加快教练团队建设。选拔一批中青年教练员,到冰雪强省学习,熟悉掌握冰雪项目训练规律,提高执教能力。鼓励各区以及社会力量引进一批高水平教练,执教重点项目运动队。各区、学校和项目协会要系统制定教练员培训计划,每年组织1~2次教练员培训,形成梯队贯通的训练教学体系。加强与国家集训队、冰雪运动强国强省交流合作,建立稳固合作关系,推动现职教练员轮训。

(三)整合科研医务力量。充分运用本市科技、医疗、教育等优质资源,组建冰雪竞技运动科医团队,加强冰雪运动理论研究,提高训练科技含量,加强训练过程监控,强化实战心理素养,提升运动员的综合素质。各相关单位要全力支持冰雪运动发展,在课题研究、人员配备、场地利用等方面,为冰雪项目运动队提供服务保障,形成工作合力。对国家队共建运动队以及入选国家队运动员,实施"一人一方案",做好全方位保障。

(四)发挥竞赛杠杆作用。将重点冰雪项目纳入市级青少年比赛序列。在冰壶、花样滑冰进入市运会的基础上,将冰球、短道速滑、室内滑雪纳入市运会。积极开展冰雪项目校际、区级比赛,扩大俱乐部联赛、U系列赛以及年度锦标赛影响力。每年组织1~2次国际比赛。各重点项目运动队每年按照国家体育总局单项协会的要求参加各类比赛。

(五)完善政策保障体系。制定人才选拔办法,拟定冰雪运动人才输送、跨界跨项跨季选材以及教练员、运动员引进政策。落实国家为加快发展冬季项目制定的相关政策。打通冰雪运动人才学业通道,在学校建立冰雪项目"一条龙"人才培养体系。通过高校申办冰雪项目高水平运动队,吸纳优秀人才。建立人才激励机制,制定市重点运动队以奖代补或购买服务、教练员和运动员训练津贴、年度成绩奖励政策。鼓励体育系统、企事业单位有计划地引进接收为国家和本市作出突出贡献的教练员和运动员。每周期进行一次优秀教练员和运动员评选活动。

(六)加速冰雪市场培育。坚持开门办队,鼓励社会、企业、学校承办市级冰雪项目职业队,积极参与国家级职业联赛。通过各种媒体以及组织各类活动,加大冰雪运动的宣传力度。各级政府职能部门和社会组织,要动员更多的市民参与冰雪运动。"一条龙"布局学校、奥林匹克教育示范学校和冰雪运动特色学校,因地制宜落实场地、项目、教练、器材等,让更多的青少年参与冰雪运动。鼓励学校、协会和社会组织每年定期组织冬令营，让更多的孩子对冰雪运动产生亲近感和认同感。以轮带冰、以板促雪，形成轮、板、冰、雪良性互动的局面。

（七）加大经费支持力度。根据上海市人民政府与国家体育总局相关协议精神，市公共财政、彩票公益金会加大对冰雪运动场地建设、联办合办运动队以及后备队伍建设的经费投入。市体育局将会同相关部门制定政策，引导社会力量加快冰雪场地和队伍建设。支持各区人民政府增加专项资金投入，建设冰雪场地设施，扶持冰雪运动队伍，提升冰雪项目竞技水平。

（八）培养壮大裁判队伍。建立冰雪运动裁判员选拔、登记、等级和考核制度，各项目每年组织1~2次裁判员培训。通过选派裁判员参加国内外高水平赛事以及市级竞赛的执裁工作，提高裁判员的现场把控能力。每个冰雪运动奥全运分项至少有1~2名在全国行业内具有权威和影响专家。

（九）支持冰雪社团发展。市冰雪运动协会、冰壶运动协会全面加强组织建设、制度建设和队伍建设，全力支持相关区、学校建立冰雪运动社团组织，建立健全社团组织网络，形成政府监管、协会主导、行业自律管理体制。鼓励社团定期组织工作交流，加强信息沟通，举办各类活动，进一步推动冰雪运动的普及与提高。

四、上海迎接北京冬奥会开幕倒计时100天主题活动

2021年10月27日上午，上海迎接北京冬奥会开幕倒计时100天主题活动在东方明珠电视塔城市广场举行。本次活动以"百万市民牵手冰雪，申城逐梦喜迎冬奥"为主题，设置了启动仪式、冬季项目市民体验以及2021市民滑雪体能比赛等多个板块。

在100天里，上海计划推出41项冬季项目赛事活动，市民走出家门就可以来到身边的冰雪场馆运动，打开电视、手机就能欣赏到顶级的冰雪赛事和冰雪演出，从事冰雪运动业余训练的孩子们也将有诸多的青少年赛事参赛机会。主办方表示，希望通过系列活动，进一步带动上海百万人次嬉冰玩雪，以"从室内走向室外，从城市走向高山"为目的，激发全市参与冰雪运动的热情，在上海营造更加浓郁的迎冬奥氛围。赛艇奥运冠军陈云霞、张灵与现场的几百位冰雪爱好者、市民一起，纳雪迎冰，喜迎冬奥。

上海市体育局党组书记、局长徐彬表示："上海这些年冰雪运动的发展非常快，在南方城市中属于起步比较早的。截至目前，上海每年有将近200万人

次参与到世界各地的冰雪运动当中去,上海的冰雪赛事、青少年冰雪兴趣的培养,包括全民健身中涉及冰雪活动的内容都发展得非常快。围绕北京冬奥会,我们希望能够把上海的冰雪文化进一步烘托出来,能够推动竞技体育全民健身和体育产业的发展。从上海体育事业发展的角度来看,我们也会把'夏奥'和'冬奥'作为'一体两翼'中的两个翅膀,共同推动发展。"

(一)冰雪走上城市地标　申城市民热情满满

东京奥运会的激情记忆还未消退,北京冬奥会的脚步已悄然临近。金秋的阳光洒在东方明珠广场,数百名市民汇聚于此翘首以待主题活动的开启。正在国家雪车队积极备战冬奥会的四名上海运动员邵奕俊、应清、刘蔚、甄恒特别录制了视频,表达自己为祖国荣誉而战、为上海城市争光的心声。随着两位奥运冠军陈云霞、张灵的惊喜现身,现场观众的热情瞬间被点燃,她们从练赛艇陆上测功仪改玩起了陆上越野滑雪模拟机,带领大家一起体验冬季运动项目的乐趣。对于冬奥会的运动项目,两位夏季奥运冠军有着不一样的喜好。陈云霞表示对雪车项目颇有兴趣:"雪车和我们赛艇一样都是团队项目,需要团队精神和配合,通过训练和比赛,会让每个人都越来越默契,也会增加彼此的友谊。希望中国雪车队中我们上海的运动员能在北京冬奥会上取得好成绩。"而张灵则十分喜欢花样滑冰:"这项运动把力量和美完美地结合在一起,真的非常吸引我。"

除了有奥运冠军前来助阵,东方明珠脚下还迎来了一位"特殊来宾"——一台单人雪车。雪车项目被誉为"雪上F1",是冬奥项目里的速度之王,时速最高可达到每小时150多公里。为了更好地让上海市民了解雪车这个具有魅力的项目,了解上海与雪车的不解情缘,国家体育总局冬季运动管理中心特意将这台体积不大而重量惊人的雪车不远千里从北京延庆赛道"请"到了上海。作为本次活动的主办方,市冰雪运动协会会长严家栋表达了对各方协调配合的感谢,希望通过倒计时100天的主题活动助力北京冬奥会,"进入冬季时间,上海将进入一个冰雪运动的繁忙季节。按照冰雪运动'南展西扩东进'的发展方向,建设南方城市的'桥头堡',这对我们的冰雪运动工作提出了更高的要求。对于上海而言,既有过去十多年发展的积累,更有'十四五'体育发展规划的引领,并且当前社会化力量动员比较快,北京冬奥会也是一个很大的鼓舞,所以我们可以预见在未来的3~5年,上海的冰雪运动会有几何数量级的变化,这也是对群众性运动的引领。"

伴随着"54321"的倒计时,2021市民滑雪体能大比武的参赛者奋力滑行,空中"雪花"飘落,现场热情满满。好奇心满满的市民已围绕在越野滑雪模拟机周围,迫不及待地想要体验一把越野滑雪的激情。原国家滑雪队运动员王垚忠,如今已转变身份成为一名冰雪运动机构的教练员,对于此次能参加滑雪体能大比武显得尤为激动,他说:"上海的冰雪运动发展特别快,尤其是最近这一年有突飞猛进的增长,现在很多上海人在家(门口)就可以滑到雪了,不用去别的地方了,我感觉这个是非常棒的。"

陆地冰壶大作战也在一侧打响,市民们使出浑身解数尽情施展自己的运动天赋。在一旁驻足观看的上海市冰壶运动协会教练员曹熠伦十分欣喜地说:"陆地冰壶场地比较小,上手也很快,没有什么年龄限制,可以作为一个群众性的体验项目。它的战术思想跟冰壶是一样的,而且也需要运动员遵循冰壶精神和冰壶礼仪,所以对于青少年后备的培养很有意义的。据我所知,现在上海也已经有十几所学校引入陆地冰壶项目了。"

不少市民更是举起相机或手机与难得一见的真实雪车和东方明珠来个"世纪同框";"涨冰雪运动的知识"展前人头攒动,市民们切身感受到了冰雪运动的魅力。此外,总局冬运中心的示范性群众冰雪品牌活动——中国冰雪大篷车也"开"到了现场,市民们兴致盎然地与冰墩墩、雪容融、冰娃、雪娃一起录制视频,为中国冰雪健儿送上独一无二的加油祝福。在中国已经生活了七年的德国籍上海女婿 Henrik 来到活动现场,他为上海浓烈的冰雪气氛感叹道:"现在上海的每个区都有各种滑雪项目,有冰雪项目的模拟器,越来越能满足冰雪爱好者的运动欲望了,在南方也可以充分体验到冰雪的乐趣。"

(二)冬奥点亮浦江两岸　冰雪活动体验满满

在活动前一日晚上 8 点,上海多处城市地标——外滩城市之窗、上海中心、上海东方体育中心纷纷亮灯,为北京冬奥会加油。从浦西到浦东,从外滩到前滩,申城黄浦江两岸璀璨灯景,提醒着市民:"冬奥会即将到来。"

即日起,上海正式进入"冬奥时间"。上海各冰雪场馆、冰雪社会组织、冰雪示范学校、传统学校热情高涨,将在 100 天里策划各类具有自身特色、主题鲜明的迎冬奥活动,做到 100 天里天天有场馆开放、周周有冰雪活动、月月有冰雪赛事,带动 100 万人次参与冰雪运动。上海体育文化品牌"体荟魔都",将结合上海体育博物馆冰雪主题临展以及冬奥会火炬展示,举办各类线上线下活动,让市民更好地感受冰雪运动的内核与魅力。此外,代表着上海冰雪未来的临港冰雪世界项目也在启动仪式的专题视频上小露真容,让现场市民们期待不已。

申城逐梦喜迎冬奥,这一刻,是上海对于北京冬奥会的热情呐喊与深情呼应,也是上海冰雪运动发展的"加油节点"。近年来,上海积极贯彻落实习近平总书记关于筹办北京冬奥会和发展冰雪运动重要指示精神,并在国家体育总局部署和指导下积极推动冰雪运动"南展西扩东进"。

(三) 市民群众踊跃参与　冰雪运动加快发展

据统计,2017年上海参加各类冰雪活动(训练)的人数为60多万人次,2018年、2019年参与人次呈几何倍数增长,2020年上海全年参与冰雪运动的人数更是增长至200万人次。目前,上海已累计举办青少年冰雪赛事5 000多场次,共有120万人次参与。上海市教委、市体育局确定了39所"北京2022年冬奥会和冬残奥会奥林匹克教育示范学校"、57所上海市中小学校园冰雪运动特色学校、32所全国青少年冰雪特色学校名单。

截至目前,上海共有冰场13块、室内滑雪场所34处、冰壶场地3个、冰壶道8条,各类冰雪运动场地分布于13个区、4所高校,全市共开展短道速滑、花样滑冰、冰球、速度滑冰、冰壶、雪车、滑雪等7个冰雪运动项目。值得一提的是,上海是国内唯一一个既举办过短道速滑世锦赛又举办过花样滑冰世锦赛的城市,还曾举办过九届短道速滑世界杯、三届中国杯花样滑冰大奖赛和三届"上海超级杯"。

未来,上海将根据南方城市的实际情况,继续制定冰雪运动发展政策和规划,加大冰雪运动场地设施建设力度,加快冰雪运动项目普及与推广,充分调动各方面参与冰雪运动的积极性,推动政府、社会、市场、市民之间的良性互动,努力在冰雪运动项目开展、赛事举办、人才培养、科技创新等方面取得突破,为迎接北京冬奥会和"助力三亿人参与冰雪运动"作出积极贡献。

第三篇

区域特色

浦东新区全民健身"十三五"发展报告

浦东新区文化体育和旅游局

《浦东新区全民健身实施计划(2016—2020 年)》(以下简称"十三五计划"),是"十三五"时期浦东新区深化体育改革、坚持依法治体、发展群众体育、推进健康中国建设的重要部署。为总结"十三五计划"所列目标任务的完成情况和效果,为制定新周期《全民健身实施计划》提供参考和依据,根据工作要求,开展了《浦东新区全民健身实施计划(2016—2020 年)》的评估工作。

一、全民健身工作总体情况

"十三五"期间,浦东新区采取了一系列政策措施保障全民健身事业的逐步推进,健全全民健身公共服务体系,创新全民健身管理体制,开展全民健身赛事活动,夯实体育基础设施建设,深入推进体育组织社会化管理的改革与探索,引导群众开展科学健身。截至 2020 年底,总体目标基本完成,部分目标超额完成,各项重大任务稳步推进,全民健身工作取得新成就。

根据对浦东新区全民健身工作"十三五"期间的调查统计,"十三五计划"中确定的各项工作实施情况良好,主要任务稳步推进,主要举措落实得当,体制机制创新发展,基础设施日益完善,体育组织不断健全,赛事活动精彩纷呈,科学健身指导广泛深入。"十三五"期间计划指标完成情况如表 1 所示。

表1 浦东新区"十三五"期间计划指标完成情况

序号	指 标	目标值	完 成 情 况
1	学校体育场馆开放率(%)	95	公办学校 100%,住宿除外
2	社会体育指导员(名)	11 600	12 372

续　表

序号	指　标	目标值	完成情况
3	经常参加体育健身人数(%)	46	46
4	市民体质测试达标率(%)	96	96
5	多功能球场(个)	新增20	33
6	社区公共运动场改建(个)	40	40
7	社区健身苑点(个)	新增100	342
8	市民健身房(个)	新增13	13
9	全民健身特色项目	25	25

二、全民健身工作主要成就

（一）体育健身设施

"十三五"期间，浦东新区持续加大体育设施建设投入力度。根据场地普查中的调查数据显示，截至2020年底，浦东新区共有体育场地10 380个，面积约1 391万平方米，人均体育场地面积达2.45平方米，高于全市平均水平；"十三五"期间，共新增健身步道76条、新增市民球场33个、改建市民球场40个、新增市民健身房13个、新增社区健身苑点342个、更新社区健身苑点832个。

（二）体育健身组织

"十三五"期间，浦东新区建立了相对完整的全民健身组织体系。体育项目协会、社区体育俱乐部等体育组织为浦东新区居民积极参加体育健身活动提供了组织保障，街镇体育健身组织实现100%全覆盖。至2020年底，浦东新区体育团队数量达到21.3支/万人。

（三）体育健身活动

"十三五"期间，浦东新区积极主办承办各类全民健身赛事活动，主要表现在：赛事活动国际化，射箭世界杯、UIM世界XCAT摩托艇锦标赛、上海杯诺卡拉帆船赛等一批有国际影响力的体育品牌赛事陆续落户浦东新区；赛事活动体系化，形成了围绕市级赛事、抓住节庆假日、凸显街镇品牌的全民健身赛事活动体系;赛事活动生活化,持续举办深受市民喜爱的城市定向、健康跑、趣味运动会和广场舞系列赛,年均举办各类群体活动1980余场次,市民参与超百万人次。

(四)体育健身指导

"十三五"期间,浦东新区构建了系统的全民健身指导服务体系:一是成立浦东新区市民健身技能辅导中心,并且在36个街镇开设浦东新区市民健身技能辅导分中心,实现区内街镇的全覆盖;二是持续广泛开展群众体育健身指导工作,累计辅导64 126人次;三是积极发挥社会体育指导员的专业作用,共有12 372名社会体育指导员(占常住人口2.29‰)活跃在新区众多的健身站点,实现了社区指导站100%的拥有社区体育指导员。

(五)体育健身环境

"十三五"期间,浦东新区着力打造群众满意的体育健身环境:一是以"15分钟体育生活圈"建设为抓手,不断加大对社区体育场地设施建设的投入力度;二是以提供健身服务为主要功能的互联网平台达到了16个;三是为进一步规范浦东新区高危体育项目经营活动和管理,落实体育场馆管理(游泳场所)"一业一证"改革成果,加强高危项目事中事后监督检查。"十三五"期间的调查数据显示,浦东新区居民对辖区内全民健身实事工程的总体满意率为93.3%。

(六)政策和经费保障

"十三五"期间,浦东新区持续加大全民健身工作的政策保障力度,先后出台四个促进全民健身运动实施的专项政策。经费保障方面,在"十三五计划"中,明确要求浦东新区两级政府要将全民健身经费列入本级财政预算,并随着国民经济发展逐步增加对全民健身的投入。"十三五"期间,浦东新区政府累计投入8.9亿元工作经费,切实保障了浦东新区全民健身事业持续发展。

三、全民健身工作特色做法

(一)体育场馆设施管理的市场化

"十三五"期间,浦东新区全民健身工作在场馆设施管理方面积极探索、大胆创新,结合实际情况和市场需求,灵活采用多种管理模式,建立了互利共赢的市场化运营机制,调动了公共体育场馆经营者的积极性,最大限度地满足了群众对公共体育场地服务的需求。市场化的管理模式,提升了公共体育场馆设施的资产价值及运营效益,形成了与浦东新区社会经济发展规律相协调的管理机制。

(二)全民健身管理机制的社会化

"十三五"期间,浦东新区全民健身事业通过联合教育、卫生、民政、财政、发改、国土资源等部门,跨部门整合资源,形成了"大群体"工作格局。在全民健身管理中,逐步扩大购买公共体育服务的范围,鼓励各种非营利社会组织和企业积极参与,调动更多的社会组织参与公共体育服务的供给;不断增强体育协会的市场意识和竞争能力,提升协会组织自我发展的能力。目前,浦东新区已经形成了政府主导、部门协同、全社会共同参与的全民健身服务供给机制。

(三)全民健身赛事活动的标准化

"十三五"期间,浦东新区体育部门积极联动多部门力量,充分发挥街镇积极性和体育总会作用,在赛事立项、赛事举办以及赛后评估等具体环节,坚持高标准、多途径、新模式,持续激发社会参与办赛的活力,扩展全民健身赛事活动的参与面,提升全民健身赛事活动的质量。浦东新区通过对全民健身赛事的创新探索,逐渐形成了标准化的办赛体制。

(四)街镇社区体育评估的常态化

"十三五"期间,浦东新区体育管理指导中心坚持实效性、动态性、公平性和创新性的原则,委托第三方评估机构每年对辖区内 36 个街镇(社区)进行常态化的动态评估,形成浦东新区年度街镇(社区)体育评估总报告和各街镇(社区)年度评估反馈报告。街镇社区体育评估的常态化,充分体现了新区体育部门对基层体育工作的重视,充分调动了基层社区全民健身工作的积极性,有效保障了各项政策措施真正落到实处。

四、全民健身工作基本经验

(一)科学制定一个发展规划

科学制定发展规划有利于明确方向,有利于指导工作,有利于实现目标。

"十三五"期间,浦东新区坚持用"十三五计划"指导全民健身的顶层设计,全民健身的重要地位得到进一步强化;"十三五计划"立足于构建与浦东新区经济社会发展水平、人口状况、市民体育需求相匹配的现代全民健身公共服务体系,明确了各项重点任务;"十三五计划"中制定了约束性和预期性两类量化目标,并与职责部门相关联,形成了宏观定位、中观引导、微观实践清晰的政策规划体系。

(二)加强落实两个工作保障

一是加强政策保障措施。在"十三五计划"的指导下,在全民健身需求快速发展的趋势下,浦东新区陆续推出包括《浦东新区文化活力和影响力提升"十三五"规划》《社会事业"15分钟服务圈"建设指南》《浦东新区基本公共服务体系中长期规划(2014—2020)》等对全民健身工作有利的政策措施。二是加强资金保障措施。"十三五"期间,浦东新区重视全民健身的资金投入,彩票公益金100%投入全民健身经费。近几年,浦东新区人均全民健身日常工作经费投入达到8元左右。

(三)深化推进三个协同管理

"十三五"期间,浦东新区积极推进全民健身事业的各方协同管理,取得了较好效果。全民健身协同由传统的"区政府—街道—社区"的"垂直式治理结构"转变为"以服务型政府为主导,以街镇、基层社区、企事业单位为治理原点,以体育社会组织、市场为调控手段,以法律法规为约束机制,引导公众、社会积极参与的网络化治理结构"。具体表现在深化推进街镇基层协同管理、深化推进协会组织协同管理、深化推进社会企业协同管理等三个方面。

五、全民健身工作典型案例

(一)全民健身活力浦江东岸,文体旅融合构筑世界会客厅——打造东岸滨江文化体育旅游休闲带

2017年12月31日,历经多年努力,黄浦江两岸从杨浦大桥至徐浦大桥45公里岸线公共空间正式全线贯通,其中位于浦东沿岸的有22公里。如何利用好东岸滨江公共空间贯通开放的红利,着力提升开放品质、空间内涵,让浦东新区市民有切实的获得感,有更多共享改革开放成果的幸福感,成为一道需

要解答的民生命题。

近年来,浦东新区积极探索以体育赛事为载体、以文化节庆为内容、以旅游资源为场景、以文体旅深度融合为发展导向,通过打造东岸滨江文化体育旅游休闲带,充分发挥东岸滨江各类文体旅资源优势,充分利用东岸滨江巨大影响力和传播力,充分调动浦东新区市民群众参与东岸滨江各级各类文体活动兴趣,激发全民健身运动新动能,塑造年轻时尚的浦东体育新名片,传递追求健康美好生活的理念,助力构筑东岸滨江"世界会客厅"。

1. 城市地标景观联动高品质体育赛事活动,推动培育良好全民健身氛围

近年来,在东岸滨江区域成功举办了射箭世界杯赛上海站、环法自行车职业绕圈赛上海站、上海国际半程马拉松赛、环球马术冠军赛等具有广泛影响力的国际精品赛事,将体育赛事作为展现浦东健康与活力的亮丽名片,推动精品赛事与文化活动、全域旅游有机结合,串联起东岸滨江集聚带,打造浦东新区文体旅融合发展的"世界会客厅"新地标。赛事与滨江特有自然景观、人文景观有机结合,突出了赛事的观赏性,吸引公众观摩和国际关注。同时,以赛事为契机,推广马术、射箭、路跑等市场化程度高、适合国际大都市开展的体育运动项目,以其新颖、时尚、健康的特点激发全民健身消费热情。

2. 充分发挥文体旅优势资源,赋予全民健身活动独特城市文化韵味

近两年来,浦东新区充分用好东岸滨江区域的慢行步道、望江驿、中华艺术宫等城市公共资源和地标建筑,将滨江美景与全民健身活动完美融合,积极组织丰富多彩的群众性体育健身与赛事活动。2019年,举办了上海大众国际体育节、上海市城市乐跑赛、浦东新区元旦迎新主题活动、浦东新区全民健身节等广受欢迎的全民健身活动,并在浦东新区城市定向赛、浦东新区健康走等活动线路中加入东岸滨江区域标志性建筑,将东岸滨江的文化、旅游资源更好地融入比赛活动全程,让市民在参与活动或观赏赛事的同时,"打卡"城市地标,沉醉一步一景,享受品质生活,凸显文体旅结合的理念,传达爱与运动的正能量。饱含浦东文化特色的东岸滨江景观成为全民健身运动背景板和精神底色,在运动中体会文化韵味,以多样的健身运动锻炼体魄,以多彩的文旅底蕴浸润精神,让市民们在体育运动中深度感受浦东在历史变迁中的特殊魅力,体验浦东发展的深度、速度和高度。

3. 打造体育服务综合体,发挥全民健身辐射带动作用

浦东新区充分挖掘文体旅融合发展的体制机制优势及科创中心、自贸试验区等政策叠加优势,吸引社会力量投入建设并运营体育服务综合体,为市民

群众提供优质运动健身服务,同时充分发挥体育引流吸粉作用,带动东岸滨江文化、旅游、商业等多元化、多层次周边消费。由拳击冠军邹市明创办的一号运动中心已落户东岸滨江世博区域,是集运动、时尚、餐饮、康复理疗、艺术于一体的拳击综合体验馆,是东岸滨江首个建成的体育服务综合体。目前,利用工业遗存改建的万国东岸体育公园已开始建设,预计今年建成并对外开放,将成为东岸滨江的体育新地标,世博体育公园也正在改造并提升体育综合服务功能。另外,利用东岸滨江特色文化、旅游景点,融入多样运动元素,借助互联网技术与新媒体传播,在新冠肺炎疫情防控期间,邀请了16名世界冠军、国家级运动健将、优秀社会体育指导员、健身"达人",在东岸滨江望江驿"会客厅",通过爱奇艺、百度、优酷等6个新媒体平台,进行了11期"望江驿·遇见"网络直播,推广普及瑜伽、太极拳、健美操、花样跳绳等体育运动项目,并在东方财经·浦东频道播出,积极倡导主动健身、科学健身的健康生活方式,为疫情后的全民健身热潮鼓劲造势。

体育运动为风光秀丽又独具浦东特色文化底蕴的东岸滨江文化体育旅游休闲带注入别样活力。下一步,浦东新区将以骑行、健步走、乐活跑等市民群众喜闻乐见、符合时代特性的全民健身活动,串联起东岸滨江众多文化空间、旅游景点,促进体育与文化、旅游、商业等多领域的全面深入融合发展。紧扣上海城市高质量发展、创造高品质生活的主题,提升市民群众的观赛、参赛体验,让全民健身运动更具吸引力和感染力,赋予东岸滨江"世界会客厅"更强劲的体育动能。

(二)凝练特色创品牌,凸显优势出成效——培育打造"一镇(街)一品"全民健身特色品牌

1. 因势利导,精心培育

随着经济社会发展和全民健身运动的持续深入开展,全民健身多样化、专项化发展趋势日益显现,体育赛事活动对促进全民健身的作用也在日益提升。浦东新区顺势而为,以打造"动感浦东、活力浦东"为目标,把丰富全民健身赛事活动作为吸引市民群众积极参与全民健身的重要途径,围绕各街镇不同地域特性、民俗特色、体育传统,通过政府引导、市场运作等方式,精心培育打造了25个"一镇(街)一品"全民健身特色品牌,让市民群众参与体育健身的热潮,亲身体验体育健身带来的健康快乐。

2. 夯实基础,形成特色

浦东新区进一步优化完善全民健身组织体系,形成以区全民健身联席会

议为龙头,以区体育总会、区体育协会为骨干,以社区体育俱乐部为支撑,区和街镇齐抓共管的良好局面。各街镇积极开展全民健身活动,活动内容不断丰富,唐镇台球、三林龙狮、高东门球、陆家嘴海派秧歌、塘桥围棋、花木象棋、南码头南风扁鼓等活动知名度、美誉度和影响力、覆盖面不断提升,引起积极反响。如唐镇为每个村及具备场地条件的居委配备了台球桌,免费向居民开放,还聘请专业老师不定期地举办各类培训班,为社区居民开课授教,形成了群众基础扎实的台球运动氛围;三林镇将舞龙舞狮运动推广普及到镇内的多所中小学校,让民俗体育得到进一步传承,为未来发展蓄积能量;高东镇将"门球文化"作为对外交流的一张亮丽名片,村村有门球场,村村有门球队;陆家嘴街道以海纳百川和博采众长的精神,细心打磨,自创编排了适合城市市民体育健身和反映现代城市精神风采的陆家嘴海派秧歌。

3. 赛事引领,凸显品牌

浦东新区对各街镇涌现的特色鲜明、组织规范、群众参与度较高、具有一定规模和发展潜力的全民健身活动,按照"精细化组织管理、人性化服务保障、多角度城市宣传、全方位信息沟通、市场化赛事运作"的办赛思路,给予部分资金扶持,以"小镇办大赛"的方式,塑造了三林世界龙狮锦标赛、唐镇世界九球中国公开赛、高东世界门球锦标赛等一批全民健身品牌赛事,推动全民健身运动的蓬勃开展,为区域政治、经济、社会、文化发展注入推动力。

唐镇迄今已连续成功举办11届世界九球中国公开赛,发展壮大成为"中国九球第一赛"以及"上海市精品赛事",是国内奖金最高、历史最久、组织最有经验的顶尖九球赛事。三林镇先后举办了国际龙狮赛、沪港澳台龙狮精英赛、特奥会舞龙舞狮项目表演赛、第四届世界龙狮锦标赛等高等级龙狮赛事,进一步放大舞龙舞狮运动的品牌效应。张江镇连续17年举办外国友人乒乓球赛,塘桥街道连续11年举办全国空竹邀请赛,陆家嘴街道举办了7届全国健身秧歌邀请赛。

4. 放大效应,彰显文明

浦东新区对"一镇(街)一品"全民健身特色品牌进行深度挖掘提炼,作为建设社会主义核心价值体系的重要载体。唐镇获得中国首个"台球之乡"的称号,同时推广"台球世界冠军进社区"公益活动,直接拉近了世界顶级赛事与全民健身活动之间的距离,让更多的市民群众知晓台球运动、喜爱台球运动、参与台球运动。三林镇先后被命名为"中国民间艺术之乡(舞龙)""中国龙狮运动之乡",三林舞龙被列入第三批全国非物质文化遗产保护名录,三林舞龙队在 2017 年天津全运会上摘回一金一银。高东镇提出了"门球走向世界,文明点亮高东"的口号,成功获得"门球之乡"称号,与中国门球协会共同筹建中国门球运动博览馆。陆家嘴海派秧歌入选北京奥运会开幕式前表演,参加上海世博会演出,多次荣获全国健身秧歌大赛金奖,并赴海外演出,得到社会各界的好评。

黄浦区全民健身"十三五"发展报告

黄浦区体育局

在上海市体育局的指导下,在黄浦区委、区政府的高度重视与领导下,在区全民健身工作联席会议成员单位的协同支持下,在社会各界的积极参与下,黄浦区全民健身工作认真贯彻落实党的十九大和习近平总书记系列重要讲话精神,紧紧围绕贯彻落实国务院《全民健身计划(2016—2020年)》与市、区两级全民健身实施计划,以建设体育强区为总目标,以"增供给、强基层、建队伍、创特色、促参与、搭平台"为主要任务,政府主导、部门协同、全社会共同参与的全民健身事业发展格局更加明晰,基本建成与黄浦区建设世界最具影响力的国际大都市中心城区经济社会发展水平、人口状况相适应、覆盖全体、供给丰富、服务高效的全民健身公共服务体系,体育健身人口持续增加,市民体育健身意识和科学健身水平不断提升,全区各条线、各部门全民健身工作各具特色、精彩纷呈。

一、全民健身工作总体情况

黄浦区根据《上海市全民健身实施计划(2016—2020年)》的总体要求以及区情实际,制订了约束性与预期性指标相结合的实施计划。经过不懈努力,目前全区公共体育场馆开放率达100%,学校体育场地开放率为87.1%,健身步道总长度突破10 000米,约束性指标全部顺利完成。经常参加体育锻炼人数比例为44.2%,每万人拥有体育社会组织(含健身团队)18个,每个街道体育特色项目超过2个,国民体质测试合格率为98.03%,国家学生体质健康标准合格率为96.2%,圆满完成《黄浦区全民健身实施计划(2016—2020年)》提出的各项目标和任务,黄浦区全民健身事业实现全面、协调、可持续发展。

二、全民健身工作主要成就

(一)健身设施完善布局,"黄浦滨江"拓展阵地

黄浦区共有大型综合性公共体育中心3处、市民球场18片、社区市民健身房9个、楼宇市民健身房7个、市民健身步道21条、社区健身苑点452个,区域内87.1%以上的中小学校体育场地向社区开放,100%的社区晨晚练体育活动点安装了健身器材,公共体育场地设施完好率达98.5%。截至2020年的体育场地统计调查结果显示,全区体育场地总面积857 910平方米(含可利用体育场地),人均体育场地面积1.32平方米。其中,列入国家体育总局统计标准的全国体育场地面积469 355平方米,人均面积0.72平方米。贯通后的黄浦滨江增加体育场地面积近15万平方米,成为开展全民健身活动的新阵地。全区已基本形成布局合理、互为补充、覆盖面广、普惠性强的体育设施格局。

(二)健身组织网络密布,不断创新突破

黄浦区拥有法人类体育社会组织60家,其中社团26家、民非组织34家。全区10个街道实现了社区体育俱乐部、体育指导员社区指导站全覆盖。全区共有健身团队1 128支,范围覆盖社区、学校、楼宇、园区,健身项目丰富、形式多样。在全市范围内率先成立了体育社会组织服务中心,以"枢纽型"组织为依托推动在政策普及、业务咨询、资源协调、组织党建等方面的服务。黄浦区体育总会2019年荣获上海市体育总会颁发的"创新突破奖",以表彰在体育社会组织优质服务、有序管理和实体化运作等方面做出的努力。政府主导、体育社会组织运作、社会力量广泛参与的体育健身组织网络已基本形成。

(三)健身活动扎实推进,"黄浦模式"特色显现

黄浦区各级党政机关、社区街道、企事业单位、社会组织,因人而异、因地制宜地开展各类健身活动。"十三五"期间,先后举办了黄浦区第二届、第三届市民运动会、上海城市业余联赛黄浦区赛事项目和"黄浦·我来赛"全民健身系列赛事等综合性全民健身赛事活动,比赛突破2 000场次,总参赛规模突破150万人次。南京路马路运动会、全国"百城千村"健身气功系列展示活动、"八一"军民健

身长跑赛、"魅力进博 璀璨黄浦""科技京城杯"外企高管和国际友人健康跑、楼宇运动会、园区运动会、"残健融合"运动会、农民工运动会、民族宗教界运动会、九子大赛、世界著名在华企业健身大赛、真人CS比赛等赛事各具特色、精彩纷呈,覆盖广大青少年、在职人群、老年人、农民、少数民族、妇女、残疾人、国际友人等各类人群。百姓经常性、传统性、普及性的全民健身活动长年不断,"一街一品"活动持续焕发活力,具有黄浦特色的全民健身活动模式已经形成。

(四)健身指导能力提升,优质资源普惠基层

社会体育指导员队伍不断壮大,截至2020年,全区已拥有注册等级社会体育指导员2 113人,占常住人口数的3.26‰,注重社会体育指导员专项技能培训,着力提高社会体育指导员指导水平。强化体质监测服务,推动全民健身和全民健康深度融合,建立健全区域体质监测网络,建成1个区级市民体质监测指导中心、1个区级学生体质健康监测中心,社区市民体质监测站实现10个街道全覆盖。积极探索"体医结合"慢性病干预,建成3家社区卫生服务中心市民体质监测站、10个智慧健康小屋。区体质测试中心及各街道体质测试站体质监测工作有序推进,每年为逾万名市民群众免费体质测试,坚持每月20在南京路步行街举办为民免费体质测试和科学健身咨询活动。积极整合社会优质资源,开展体育配送服务,为区域内的党政机关、社区街道、企事业单位、商务楼宇等配送各类技能培训、健身讲座等体育资源。普遍覆盖与个性服务相结合的科学健身指导体系基本建成。

(五)健身环境持续优化,"15分钟健身圈"基本形成

公共体育设施类型丰富、布局合理,社区居民出门15分钟内即可到达最近的健身、休闲点,基本实现了"15分钟健身圈"的目标。公共体育场地全部推出免费或公益性低价的开放项目和时段,并通过政府补贴与购买服务的方式,鼓励经营性健身场馆对市民公益性开放,最大限度地满足市民群众的健身需求。大型公共体育场馆无线网络全覆盖,满足市民随时、随地、随身地便捷获取信息的需求。已建成3个智能共享篮球场,为市民参与体育锻炼带来了更多便利。对高危险性体育场所严格监督、指导,根据"双随机、一公开"要求,每年开展定向经营高危险性体育场所"双随机"抽查,严把游泳场所夏季开放安全关,使场馆安全有序地做好开放工作,为市民提供健康、安全、可靠的健身环境。

（六）健身事业有制可依，经费投入稳步增长

区和街道两级政府将全民健身发展经费列入国民经济和社会发展总体规划，保持经费投入水平与全民健身发展水平的平衡，处于全市前列。全民健身事业经费、基本建设资金列入区级财政预算和基本建设投资计划，人均全民健身活动经费高于全市平均水平，体育彩票公益金用于全民健身事业的比例为91.57%。坚持用好"体育强区资金"，引导社会、市场等多元资源进入全民健身公共服务。出台了《黄浦区社区体育工作经费使用管理办法》，修订了《黄浦区体育场馆公益开放补贴管理办法》，保障全民健身事业有据可依、有制可循。

三、全民健身工作特色做法

（一）发挥优势，打造黄浦特色全民健身品牌

为充分发挥黄浦区地域优势，不断提升群众参与全民健身的热度，努力形成具有黄浦特色的全民健身大格局。2019年提出打造"黄浦·我来赛"全民健身活动品牌，将全民健身赛事、体育服务配送、市民体质监测等统一纳入管理，对项目的名称、标识和宣传等统一标准和要求，并在年底举办"年终盛典"，对"黄浦·我来赛"年度成果进行总结，对推动黄浦区全民事业发展的组织和个人进行表彰。严格按照《关于黄浦区政府购买服务的实施意见（试行）的通知》规定，对于超过5万元的赛事活动项目统一进行招标，确定办赛组织。制定绩效评估机制并委托第三方机构实施评估，确保全民健身赛事高质量开展。

（二）加强引导，推动体育社会组织创新发展

为深化体育社会组织改革，推动管办分离、政社分开，黄浦区着力于全民健身普及增效、理顺投入机制、转变管理方式的基础上，成立体育社会组织服务中心，推动区社会体育指导员协会转型，形成以社会人士为主体的理事会，并由体育学博士担任会长。整合资源，由服务中心统一委托第三方财务公司为社会组织提供财务代记账服务，促进规范化建设。搭建平台，创新性地打造体育社团节，组织开展社团嘉年华、专题讲座、团队拓展、助力上海国际马拉松等活动，已连续成功举办三届，成为体育社会组织工作的亮点项目。提

升效能,开发体育社会组织信息管理服务平台,满足各组织团体的线上服务需求。

(三)因势利导,以"楼宇体育"优化营商环境

助力优化营商环境,推动楼宇白领广泛参与全民健身是本区长期坚持的重点工作。不断整合资源,由楼宇出场地、体育部门送器材,建成了科技京城、经纬天地园、兰生大厦等一批高质量楼宇健身房,让白领足不出办公区即可参与健身。连续五年举办楼宇运动会,规模逐步扩大,覆盖楼宇更加广泛。2020年第五届楼宇运动会启动正值新冠肺炎疫情防控的关键时期,大会主办方严格执行防疫要求,秉承"健康黄浦·我来赛"的主题,以一场线上电竞揭幕战拉开了帷幕。赛事活动包括乒乓球、羽毛球、电子竞技专项赛、"金融白领"星光夜跑、智能体育体验等,吸引了重点楼宇企业、团员青年近千人参与,带动线上线下近37万人次参与。运动会得到了中国石化销售股份有限公司上海石油分公司、保乐力加(中国)贸易有限公司、中国太平洋保险(集团)股份有限公司、彪马(上海)商贸有限公司等单位的大力支持。

积极开展公益性体育服务配送,由专业教练对楼宇白领进行健身技能免费教学指导。发挥健身组织的桥梁纽带作用,推动全民事业向楼宇纵深发展。

四、全民健身工作基本经验

(一)转变职能抓改革

推进"放管服"改革,体育部门要扮演好"店小二"的角色,建立打破垄断、放开准入、统筹规划、整体协调的新型管理体制。在组织建设方面,推动社会体育指导员协会转型,成立体育社会组织服务中心,让原来由体育部门承担的服务职能通过购买服务的方式向其转移,推进体育社会组织规范化建设,采取"以奖代补"的措施激发组织活力;在活动开展方面,以各类活动促进全民健身,发挥体育社团、基层社区健身组织的作用,通过每年的统一推介招标,撬动市场为黄浦带来优质资源;在管理模式方面,从粗放式管理向精细化管理转变,并向专业化管理迈进,注重群众体育工作数据统计与分析、建立群众体育工作数据库;在健身指导方面,利用前沿的技术传播手段和方式,整合优质的师资力量,进行科学健身指导,加强日常体质测定和社区体质促进项目的推广。

（二）与时俱进调结构

一是经费投入由注重设施建设、活动开展转向组织建设、科学健身指导，注重经费使用均衡发力；二是体育设施建设由注重益智健身点转向市民健身房、市民球场，提高设施智能化管理水平，注重满足各类人群的健身需要；三是组织建设由传统单项体育协会转向培育枢纽型体育社会组织、基层社区健身俱乐部、健身团队，注重发挥身边的组织作用；四是活动开展由追求人数规模转向就近就便、小型多样，注重便民惠民；五是科学健身指导由注重集中培训、大讲堂转向服务预约配送，利用网络广泛覆盖，注重指导内容与需求相匹配；六是社会体育指导员队伍建设由注重培训转向服务管理和宣传，注重提升社会体育指导员的使命感和成就感。

（三）建章立制强保障

一是推动各部门单位履行全民健身工作职责，将全民健身纳入区级经济和社会发展规划，纳入政府目标考核体系。区委、区政府36个部门与单位共同参与建立起全民健身工作联席会议制度，通过交流经验、破解难题、形成合力，不断提高全民健身工作的质量和水平。二是建立每年两次的社区体育工作例会制度，邀请全区各街道的领导及相关人员，与体育部门人员一起，总结前期社区体育活动开展情况、布置后期社区体育计划任务、收集存在困难和问题、寻求解决办法、探讨社区体育发展最新动向等，更好地为社区居民健身服务。

（四）科研创新求突破

一是广泛开展全民健身理论研究和群众体质健康促进研究。近四年来，获得市级立项的全民健身课题研究10余项，其中"创新社会治理背景下社会体育组织的转型发展研究""基于创新型政府视角下的上海市中心城区公共体育场地运行机制研究"分别荣获上海体育社科研究成果一、二等奖。建立了体育、卫生、科研等专业人才联合研究、指导机制，实施对市民慢病防控与健康干预、运动康复和健康管理。二是区体育局、区卫健委和各街道等部门联手建成10个智慧健康小屋。在全市率先实现智慧健康小屋全覆盖，社区居民可以就近享受体质健康服务，进行自助检测与自我健康和体质状况评估，包括身高、体重、腰围、臀围、血压、血糖和体质监测（肺活量、握力、坐位体前屈、选择反应时、闭眼单脚站立)、体脂率自助检测,便于居民对检测结果自我判断,同时提供有针对性的健康和科学健身指导与宣教。

五、"十四五"时期全民健身工作思路

"十四五"时期,处于"两个一百年"奋斗目标的历史交汇期,黄浦区全民健身工作要抓住历史机遇,乘势而上。紧紧围绕便民惠民,抓好全民健身"六个身边"工程建设,完善全民健身公共服务体系,广泛开展全民健身运动,加强"体医融合"和非医疗健康干预,促进重点人群体育活动。同时,"十四五"期间,黄浦区人口老龄化将进入凸显期,提高老年群体的健康水平以应对人口老龄化是长期坚持的民生政策。随着南苏州路沿岸的拓展、滨江公共空间的开发、公共绿地的建设,解决本区公共体育场地设施不平衡、不充分的问题也将迎来转机。此外,如何深化全民健身"放管服"改革,释放发展潜能,推动黄浦区体育产业高质量发展也成为新时期的重要课题。

到 2025 年,力争实现黄浦区全民健身发展的主要指标居全市前列,市民体育健身意识普遍增强,参加体育锻炼的人数明显增加,群众身体素质稳步提高;健身设施更加丰富,体育赛事活动充满时尚活力,大众体育国际交流不断拓展,全民健身组织服务网络更加完善;全民健身与全民健康深度融合,市民体育健身消费大幅增加,全民健身成为推动本区体育产业增长的动力源。"十四五"时期,将以"弘扬体育文化,形成全民健身良好风尚""加强设施建设,提升供给能力和服务水平""着力品牌建设,丰富全民健身活动""完善组织体系,激发全民健身活力""发挥多元功能,形成互促共进新格局""突出发展重点,推动相关人群项目发展"为主要任务。

为了实现既定的发展目标,完成各项主要任务,特提出以下保障措施:一是进一步完善政府主导、部门协同、全社会共同参与的全民健身组织体系,建立部门协调工作机制,整合资源,形成工作合力,充分发挥体育行政部门的推动、协调和监管作用;二是稳步增加全民健身工作相关经费投入力度,建立多元化资金筹集机制,优化投融资引导政策,创新政府购买服务方式,加大对基层健身组织和健身赛事活动等的购买比重;三是建立起政府、社会、专家共同参与的评价激励体系,对全民健身发展水平进行全面评价,完善全民健身事业发展统计制度,做好调查数据分析,为推进全民健身和全民健康工作提供科学依据;四是做好科学健身、政策规划等方面的研究,促进成果转化利用,发挥体

育锻炼在防治疾病、促进健康等方面的积极作用;五是促进志愿服务与专业服务队伍协调发展,突出做好组织管理、健康指导、志愿服务、宣传推广等方面的人才培养,重视对基层管理人员中榜样人物的培育,加强对民间健身示范人物的发掘。

静安区全民健身"十三五"发展报告

静安区体育局

"十三五"期间,静安区紧紧围绕上海建设全球著名体育城市的奋斗目标,坚持"体育是民生、体育是文化、体育是精神、体育是服务"的工作理念,全民健身工作取得显著成效,政府、社会、市场"三轮驱动"的全民健身管理体系和运行机制更加完善,全民健身区域特色更加凸显,顺利完成《静安区全民健身实施计划(2016—2020年)》确定的目标任务。

一、全民健身工作主要成就

(一)健身设施布局基本形成,体育场地面积持续增加

"十三五"期间,全区已基本形成了由663处社区健身点、68处居委健身墙(室)、12座市民健身房、25座市民球场、33条市民健身步道、48处楼宇健身室以及4座区属公共体育场馆组成的公共体育设施体系,"15分钟体育生活圈"在社区的覆盖率达到100%。全区体育场地总面积较"十二五"期末增加10%。建立了社会体育指导员对全区健身设施运行情况开展定期巡查的制度,设施完好率常年保持在98%以上。在全区600余处社区体育设施配套设立宣传栏作为全民健身宣传阵地,每月更新赛事活动预告、公共体育服务菜单等信息。区属各体育场馆积极落实《上海市体育设施管理办法》,除法定节假日免费开放外,空闲时段均采取公益开放措施,利用早晨、中午、暑期面向老年人、楼宇白领、学生免费或低价开放。全区人均体育场地面积达到0.688平方米。区属公共体育场馆年均接待市民健身超过100万人次,其中向市民免费

或低收费公益开放近20万人次。学校体育场地在全市率先实现"全覆盖、全人群、全天候"面向社会开放。

(二)全民健身活动丰富多彩,参与人群不断扩大

"十三五"期间,静安区举办了国际剑联花剑世界杯大奖赛、"大使碗"中美橄榄球邀请赛、中国围棋甲级联赛、上海静安国际女子马拉松、全国斯诺克青年锦标赛等7项国际国内大赛,并结合赛事配套开展"静安论剑""静安论棋""静安论道"等群众体育赛事活动。面向社区居民、楼宇白领持续打造国际静安城区精英挑战赛品牌,开展涵盖静安元旦10公里迎新跑、中国坐标城市定向赛、国际亲子运动会、上海自由搏击业余公开赛、楼宇园区运动会等一系列辐射全市的全民健身品牌赛事46项,近3.7万人次参与。以"一街一品"为引领,广泛开展静安区第二届社区运动会、静安区体育周周赛等社区居民身边的体育活动45场,市民参赛3.61万人次。同时,各街道(镇)积极开展社区全民健身活动163场,市民参与超过5万人次。全年累计开展街道(镇)级以上的全民健身赛事活动407场次,市民参与超过30万人次。精心组织首届静安区运动会,参赛总人数达31 950人次,成为全民参与的体育嘉年华与展示业余训练成果的竞技场,极大释放了市民参与体育的热情,为区域经济社会发展凝聚精气神。

(三)健身指导服务水平提升,市民体质显著增强

结合国民体质监测工作,静安区广泛开展移动健康驿站"进楼宇、进社区、进机关、进学校"上门服务,每年为市民提供免费体质测试服务1.5万人次以上,并向市民提供"运动处方",指导市民科学健身,市民体质合格率达98%以上。全区社会体育指导员占常住人口比例达2.8‰。搭建"你点我送"公共体育服务配送平台,全面整合健身器材、指导、培训、活动等8大类近百种配送项目,以"服务菜单"的形式供市民"点单",使供需精准匹配。五年来,累计向楼宇(园区)配送体育器材500余件。面向楼宇、社区开展广场舞、太极拳、瑜伽等26个项目的健身培训,配送免费健身课程达3 179课时,受益61 415人次。在此基础上,区体育局开展了家庭体育指导员服务,选派骨干社会体育指导员与社区家庭结对,为家庭成员提供个性化、精准化、专项化科学健身指导,推动"运动之家"建设。区体育局与区教育局密切合作,提出"让青少年学会1~2项陪伴终生的体育技能"的目标,联合开展专项体育课程教学工作,整合各类

体育社会组织专业教练、师资进入学校系统性地开展专项体育课,全区77所中小学校开展26个项目专项体育课程,年均完成授课近1万课时,受益学生达20万人次。

(四)体育资源有效整合,体育产业发展势头良好

凭借中心城区综合优势,体育商贸、健身服务、场馆服务、体育传媒、运动培训等产业业态焕发生机。实施南京西路后街经济战略规划,依托静安区体育馆打造体育休闲街,以"退租还体"为契机,2019年引进了体育馆——申慧城项目,紧贴都市白领、国际人士、亲子家庭体育健身需求,开设射箭、拳击等时尚健身项目。与NIKE合作打造的跑步互动交流空间"跑百巷",向市民提供专业跑步健身指导,成为辐射全市的跑者线下互动交流平台。静安区良好的营商环境和产业政策,吸引了体育媒体五星体育,体育科技企业壹体动力,民营体育场馆管理企业洛合体育、韵颖体育,上海市电竞协会,电子竞技赛事及传媒企业拳头游戏、EA游戏、美国动视、腾竞体育、超竞集团、量子体育、网映文化、OMG体育,综合格斗赛事企业UFC等一批具有代表性的龙头体育企业落户发展,进一步强化了区域体育产业集聚效应和发展优势。大力推进"灵石中国电竞中心"建设,打造区域体育产业新的增长点,引进了KPL王者荣耀职业联赛、完美大师赛、上海电竞大师赛等电竞专业赛事,实践了政府支持、协会运营、市场参与的电竞运动办赛模式。2020年12月体育产业统计数据显示,静安区体育产业单位共871家,体育产业总规模达72.3亿元,年均增长率超过20%。2019年全区人均体育消费支出达3107元,居全市第三位。

二、全民健身工作特色做法

(一)加强领导,巩固全民健身工作全过程支撑保障

静安区始终坚持党对全民健身工作的全面领导,区委、区政府将全民健身作为一项重要的民生工作统筹推进。区委常委会、区委书记办公会、区政府常务会议、区长办公会每半年至少进行一次专题研究,学习习近平总书记关于体育工作重要论述和中央重要政策文件。全民健身经费预算、区域重大全民健身活动、体育民生项目等均列入区委常委会、区政府常务会议议事日程。"优化公共体育服务"项目,2019年、2020年连续两年纳入区委重点课题调研立

项。成立了由分管体育工作的副区长担任组长,40 家委办局、街道(镇)、人民团体、区属企业为成员的全民健身工作领导小组,每年召开全区体育工作会议研究部署全民健身各项工作。区政府将全民健身事业纳入国民经济和社会发展规划重点目标任务,每年对推进情况进行督查考核。体育场地设施建设、场馆公益开放、公共体育服务配送等项目连续多年列入区政府年度实事项目,纳入政府重点工作目标责任考核体系。党政齐抓共管,部门协同推进,基础性工作全面夯实,经常性工作力度跟进,确保全民健身工作不断深化。2016—2020年,静安区全民健身事业经费总投入 3.05 亿元,年人均经费达 57.54 元;累计销售体育彩票约 12.5 亿元,募集体彩公益金 4 130.66 万元支持全民健身事业发展。

(二) 挖潜增效,"15 分钟体育生活圈"全区域覆盖

作为上海中心城区,静安区根据区域商务商业发达、楼宇经济活跃、居民老龄化程度相对较高等区情实际,重点围绕"白领""白发"人群的健身需求,规划建设以"H2O(Home to Office)"为轴线的布局合理、覆盖面广、普惠性强、点线面结合的全民健身设施圈层体系。即居民步行 5 分钟就能到达"点"上设施(社区健身苑点、社区配套健身会所和晨晚练点),满足社区居民日常基本健身需求;步行 10 分钟就能到达"线"上设施(居委健身室、楼宇健身室、学校体育场地),满足社区居民、白领工间和周末等碎片时间就近健身的需求;步行 15 分钟就能到达"面"上设施(市民健身房、市民球场、市民健身步道、区属体育场馆及经营性体育场所),满足市民系统性、专门化的体育健身及体育休闲、社交的需求。针对城市用地紧张的问题,静安区充分挖掘区内公园、绿地、楼宇屋顶、社区空地等空间统筹建设小型、灵活、多样的市民身边的体育设施,努力促进区域体育设施整体布局与"15 分钟体育生活圈"健身半径要求相匹配,力求体育设施"靠得近、用得上"。

(三) 创新服务,探索"互联网+公共体育服务"全人群共享

在全区体育健身设施体系不断优化完善的同时,静安区积极探索"互联网+体育"的应用,提升精细化管理水平和公共体育服务效能,取得多项创新成果并在全市复制推广。为解决区域体育场地资源使用率不均衡和社区体育设施管理服务不规范等问题,静安区在全市首创"共享市民球场"管理模式,通过智能闸机、监控、语音广播等设备实现公共运动场的线上智能化远程管理,

有效提高运动场服务能级和使用效率。针对中心城区长期存在的公共体育场地供给不足与社会经营性体育场所生存压力较大的矛盾问题，静安区创新推出了"静安体育公益配送"专项服务，以"服务目标均等化、供给主体多元化、管理体系高效化"为理念，依托基于区块链底层技术的微信小程序，向工作、生活和学习在静安的市民配送可在服务定点场馆抵扣健身消费的电子公益配送券，让市民能够以较为低廉的价格享受多层次、多元化的优质健身服务，市民在直接得到实惠的同时，也为社会经营性体育场所带来新客流，反哺体育产业发展。

（四）强化辐射，推动全民健身赛事活动全层级开展

静安区坚持"人人参与运动，人人参加比赛"的办赛理念，着力深化三级全民健身赛事活动体系建设。一是做精国际国内重大体育赛事品质，集中展示国际静安城区形象。开展"静安论剑""静安论棋""静安论道"等专业赛事与区级群众性业余赛事，推动项目普及和赛事发展。二是做强国际静安城区精英挑战赛品牌。对接上海城市业余联赛，打造承上启下的一体化区级全民健身系列赛——国际静安城区精英挑战赛，在整合赛事资源的同时，注重新兴时尚体育项目探索，形成全区域、全人群、高质量、细分化的区级赛事体系，打造全体市民参与体育运动的载体和白领人群享受健身娱乐服务的窗口。三是做厚社区体育赛事活动特色。以打造"一街一品"为目标，将贯穿全年的社区级赛事办到市民"家门口"，搭建市民技能交流及展示的舞台，逐步将"纯业余玩家"培育成为"准专业选手"。

静安区按照政府引导、社会办赛、市场运作"三轮驱动"的原则，强调主体社会化、运作手段市场化的办赛模式，年初公布年度赛事计划，面向社会公开招募申办单位；制定赛事承办办法和奖励扶持政策，鼓励企业、社会组织积极承办全民健身赛事活动；对各项赛事筹办全程进行标准化、精细化管理，开展赛前宣传动员、赛中指导监督和赛后绩效评估工作。

（五）康健融合，扩展科学健身指导全方位服务

静安区充分发挥区级健康体质指导中心和街镇社区健康驿站功能，开展一站式体测服务、专家解读咨询服务、运动处方指导服务。积极推进"智慧健康小屋"、乐活空间等项目建设，完善健康自助检测、健康自我评估与健康指导干预三大功能。区社体中心与市北医院合作建设"体医结合"示范点开展慢性病干预服务,将体育科学的理念与现代医学理念、运动处方与医学治疗、测试技术方法三者相融合,对重点人群开展以增强体质、防治慢性病为目的的运动干预。为进一步实现区内公共体育资源的优化配置,搭建了亲民、便民、惠民的"你点我送"公共体育服务配送平台,立足市民需求,全面整合体育信息、健身器材、讲座指导、健身培训、场馆服务、体育指导员、健身团队、体育活动策划等8大类近百种配送项目,使公共体育资源根据市民需求进行统一调配,保证供给和需求精准匹配。

(六)政策引导,形成支持体育产业发展的全社会合力

区属各公共体育场馆以打造体育综合体为目标,引进了射箭、拳击、棒球、橄榄球、攀岩等新兴时尚健身项目。依托区属场馆辐射带动优势,围绕南京西路后街、中环两翼建设体育产业集聚带和灵石路电子竞技产业集聚区。

围绕区域"一轴三带"发展战略,依托区属各体育场馆的辐射带动优势,打造南京西路两侧、苏州河两岸、中环两翼体育产业集聚带和灵石路电子竞技产业集聚区。根据区域体育产业发展特色优势,出台了《静安区电竞产业发展规划》《关于促进电竞产业发展的扶持政策》等产业支持配套政策文件,积极建设上海电竞产业高地。各区属体育场馆为提升平台效应、满足群众健身休闲需求,以打造体育综合体为目标,不断完善全民健身、项目推广和体育产业的服务功能,引进棒球、电子竞技、轮滑、瑜伽、拳击、射箭等新兴、时尚、特色的市场化运动项目,为市民提供运动、休闲、培训、社交等多元化综合服务。

三、全民健身工作典型案例

(一)静安体育公益配送探索"区块链+全民健身"

习近平总书记在中共中央政治局第十八次集体学习时强调要探索"区块链+"在民生领域的运用,积极推动区块链技术应用,为人民群众提供更加智能、更加便捷、更加优质的公共服务。2019年,静安区投入专项资金345万元,作为区政府实事项目,启动了"静安体育公益配送",向生活、工作和学习在静安的市民配送可在全区80余家运动场馆抵扣健身消费的电子公益配送券。该项目引入了由工信部中国信息通信研究院认证的可信区块链系统,从技术上杜绝配送券重复使用、数据造假、不正当交易等舞弊行为,保证每一笔配送

到市民手里的资金都账目明细、可追溯,确保政府资金精准投放、透明使用,也提升了管理服务效能。该项目的目的是缓解中心城区长期存在的公共体育场地供给不足与社会经营性体育场所经营压力较大的矛盾问题,一方面让健身爱好者直接得实惠,吸引更多市民走进体育场馆健身锻炼;另一方面也为社会经营性体育场所引入新客流,反哺体育产业发展。

"静安体育公益配送"的服务理念是"政府投入均等化、公共服务高效化、运动主体多元化",具体做法:一是开发了相配套的"静安体育公益配送"微信小程序。市民除线下参与健身活动外,其余流程均可通过小程序操作完成,最大限度提升用户便利性。每天早上6点起,小程序会分时段自动发放满35元减20元、满50元减35元、满100元减60元、满180元减80元的通用公益配送券供市民申领。每位用户每周最多可领取5张配送券,有效期为2周,逾期将被系统收回重新投放,保障服务资源合理分配、全民共享。在小程序领券后,市民可自主选择至任意配送定点单位参与配送项目的健身消费,现场抵扣与配送券额度相应的消费款。二是构建了公益配送服务定点单位联盟。"静安体育公益配送"是一个开放的平台,遵循"区域覆盖、分布均衡、项目多元"原则,鼓励全区范围内符合条件的各类公共体育场馆和社会经营性体育场所加入公益配送的行列,专门制定了《静安体育公益配送项目实施办法》,明确定点单位资质要求、申报及授权程序、准入准出考核等,充分保障市民能够就近就便地享受多元化、多层次、多品类的健身服务。目前,全区已有70家场馆纳入体育公益配送定点单位名单,服务项目涵盖乒乓球、羽毛球、网球、足球、篮球、游泳、击剑、射箭、健身、团操、瑜伽等16项,服务内容实现了从幼儿到中老年全年龄段覆盖。三是制定了"政府贴一点,场馆让一点,市民出一点"的原则。配送券的面额由体育局补贴金额和定点单位让利金额按约定比例组成。体育局根据平台用户用券及消费数据进行决算,每月向各定点单位划转相应配送额度,真正实现群众受惠、场馆受益、投入可控。2019年、2020年,共服务市民29.4万人次,带动直接体育消费1 510万元。2020年,上海市体育局以"静安体育公益配送"为基础,推出"上海体育消费券","静安样本"在全市复制推广。

为贯彻落实体育总局《关于大力推广居家科学健身方法的通知》精神,2020年2月,静安区体育局在"静安体育公益配送"微信小程序上试点推出了"居家健身"服务模块,不同于一般视频网课教学,"居家健身"配送服务采取一对一真人实时视频授课模式,教练与学员通过手机端始终保持双向互动。"居家健身"公益配送项目将静安区各类健身培训服务从线下延伸至线上,从而解决传统健身培训存在的线下健身场所分布不均、高峰时段人员拥挤、私教教练资质不透明等弊端,彻底打破场地限制,真正实现了健身"零距离",打造出"一人锻炼、带动全家"的居家健身新体验。

(二)"互联网+体育"消除管理服务盲区

静安区作为中心城区,体育场地面积相对不足的问题长期存在,同时体育场地资源有效供给不足与部分场地利用率不高的现象并存。过去,市民球场实行属地化管理,由于地域分布差异和信息传递不畅,经常出现场地利用率不均衡的现象;球场多建于绿化带边缘地带,缺乏监控,长期存在闲杂人员无法控制、财物遗失、运动矛盾纠纷、运动损伤处置不及时等风险隐患问题;大多数球场都需要专门聘请管理人员,使得场地管理维护成本较高,但同时开放收费标准不一、服务水平参差不齐等问题也给健身爱好者们带来了困扰。针对以上问题,2017年静安区结合"互联网+体育"在全区市民篮球场推广"共享市民球场"管理服务创新模式,在交通公园试点建成全市首个"共享市民球场"。

"共享市民球场"管理模式,一是增设智能化管理设备。通过闸机、监控、语音广播、智能租球机、自动饮料贩售机等智能化设备,市民只需扫描"二维码"进行实名制验证后穿过闸机入场,场地管理员可通过后台远程实时监控场内活动,并对异常情况进行语音提醒,还可通过视频录像、入场记录等进行事后追溯。二是搭建数字化服务平台。依托微信小程序搭建"共享市民球场"服务平台,管理方可实时了解场内健身实况,保证人流量在可控范围内;市民可以通过微信小程序实时查询市民球场位置、场地开放状态及场内人数、个人运动记录等数据,从而灵活选择附近的市民球场,使用极为方便。三是实行标准化场地建设。通过制定一体化视觉识别系统、管理维护制度、公益收费标准、公共责任保险措施等方式,对场地进行标准化、规范化建设;静安区体育局与上海九回体育管理有限公司签订了共享市民球场对外开放管理协议,由社会组织落实共享市民球场的运营管理,包括后台运营维护、场地器材清洁维修、客服等内容。四是实行公益收费标准。球场每天上午10点前免费开放,10点至18点收费5元/小时,18点至开放结束收费8元/小时,按分钟计费,用户通过手机完成支付。"共享市民球场"有效增加了球场开放时长,并通过错时错峰有效分流用户群体,极大提升全时段的场地利用率。五是举办体育赛事活动。静安区2018年底启动了静安区"共享市民球场"篮球联赛,以"共享市民球场"为载体组织开展扁平化的群众自治型体育赛事,打造场地资源共享、赛事活动共筹、参与秩序共管的全民健身活动开展新模式。

"共享市民球场"进一步打破时间、空间和信息等方面的限制,通过网上集约化、一体化管理,优化了器材、设施、人员、场地等资源的配置,达到供求双方的自由链接,极大提高了市民球场服务能级和使用效率,为市民就近就便健身提供了更加有力的保障。

2018年,静安区完成了全区市民篮球场改建工作,实现了市民篮球场"共享市民球场"管理模式全覆盖;2019年以来,该模式进一步拓展运用场景,在区内公共足球场、羽毛球场和市民健身房均试点成功。2020年,全区16座共享市民球场、2处共享健身房共接待健身市民28.58万人次。该模式受到市民广泛好评,先后被《人民日报》、新华社、中央电视台等20余家中央、市级媒体报道。2020年,"共享公共运动场"建设已列入市政府年度体育实事项目在全市推广建设。

(三)学校体育场地"全覆盖、全人群、全天候"向社会开放

2018年,在静安区委、区政府的领导和推动下,静安区体育局、区教育局等部门将学校体育设施向社会开放作为办实事、破难题、排民忧、惠民生的重大举措予以推进,有效解决了静安区"15分钟体育生活圈"建设过程中体育场地设施资源分布不均衡、供给不充分与各中小学校体育场地闲置并存的矛盾问题,最大限度地实现公共体育资源共享,满足居民就近就便参与体育健身的需求,有效增强静安市民的幸福感、获得感和满意度。

按照区委、区政府提出的"全覆盖、全人群、全天候"的工作要求,静安区共82所学校的体育设施分三批逐步面向社会全面开放。开放场地主要为田径场、篮球场等室外场地,开放项目以篮球、健身跑、健步走等为主。开放时间主要为工作日晚上每天开放3小时左右,双休日、节假日一般从下午至晚上每天开放6小时左右。部分学校可按照各自实际情况进行适当调整,实行晚自修和寄宿制的学校原则上工作日不开放。每周开放总时长在27小时及以上的学校占比为81.7%。

学校体育场地开放工作由区财政安排专项资金予以保障,静安区坚持"政府统筹、多方参与、因地制宜、安全有序,简洁方便"的原则,强化开放准入、日常管理、安全防控、协调监督等工作。一是制定场地开放政策。区体育局、教育局、社建办(地区办)联合印发了《静安区学校体育设施开放实施意见》,同期出台了《静安区学校体育设施对外开放办法(试行)》,该试行办法主要包含开

放信息、开放守则、安全警示三大部分内容,全文以公告牌的形式在全部开放学校入口醒目位置进行悬挂,对居民入场健身行为进行规范和指导。为促进学校体育设施开放工作常态化、规范化、可持续化,区体育局、区教育局建立了学校体育场地定期巡查制度、工作例会制度等协调监督机制,及时协调解决开放过程中产生的问题,确保学校场地开放工作保质保量落到实处。二是构建社会化管理模式。通过政府采购服务,与第三方专业社会组织签订学校体育设施对外开放管理协议,对学校体育设施进行统一标准化管理服务。社会组织为每所学校配备1~2名学校体育设施开放专职管理服务人员,配合学校做好校园健身准入、场地管理服务、健身器材维护及健身指导等工作,管理员统一着装、统一持证上岗、统一服务标准。在此基础上,各学校还设有开放协管员,由各学校的当值保安、保洁人员兼任,负责开放时段门禁管理、协助维护秩序、进行场地保洁等工作。三是统一购买公共责任险。区体育局为所有开放的学校统一购买了公共责任险,适用于开放时段内发生在学校场地中的各类意外伤害事件,解除了学校在安全保障方面的顾虑。

  静安区学校体育设施在全市率先实现开放的"全覆盖",受到市领导高度肯定,得到群众广泛欢迎和好评,市民就近选择学校参与体育锻炼,并都能主动配合学校管理,自觉维护文明健身的良好氛围。静安区各学校场地共年均接待健身市民超过100万人次,区体育局还根据市民需求,为全区所有中小学校的体育场安装了夜间照明设施,为市民健身提供了更为舒适安全的健身环境。

(四)提高科学健身指导服务的供给效能

  静安区以保障人民群众的基本健身权益、满足市民不断增长的体育健身需求为出发点,探索具有静安特色、符合市民需求的公共体育服务有效供给机制。一是推动全民健身和全民健康深度融合。静安区积极完善体质健康监测体系,强化体育部门和卫生部门合作机制,区社会体育管理中心与市北医院联合推进国民体质监测站建设,搭建体质测试与健康体检相结合的监测平台,深入开展移动健康驿站"进社区、进楼宇、进机关、进学校"上门服务。二是搭建"你点我送"公共体育服务配送平台。立足市民需求,倡导科学健身,全面整合区域内体育信息、健身器材配送、讲座指导、健身培训、公益开放、体育指导员、健身团队、体育活动策划等8大类近百种配送项目,以"服务菜单"的形式供市民"点单",使公共体育资源按照市民需求进行统一调配,保证了供给和需求的准确匹配。三是深化全民健身宣传。由"静安体育"微信公众号、"共享运动场"和"静安体育公益配送"微信小程序组成的"互联网＋体育"智能化体育信息服务系统,为市民提供场地定位及预约、赛事活动报名、健身技巧指导等信息服务,最大限度地缩短了公共体育服务供给侧到需求端的距离,帮助市民居家健身、工间锻炼。高效利用覆盖全区600余处社区体育设施的"三牌一栏",作为体育宣传阵地,每月公布赛事活动预告、公共体育服务菜单等信息,通过线上线下相结合,进一步提高了群众对体育活动的兴趣和参与度,吸引更多市民自觉参与日常健身活动。

徐汇区全民健身"十三五"发展报告

徐汇区体育局

"十三五"期间,上海市徐汇区积极贯彻国务院《全民健身条例》《全民健身计划(2016—2020年)》,切实根据《上海市市民体育健身条例》《上海市全民健身实施计划(2016—2020年)》的要求,制定与施行《徐汇区全民健身实施计划(2016—2020年)》,围绕"提高市民身体素质、提高体育健身人口、提高社会参与程度"的目标,坚持"政府主导,部门协同,社会共同参与"的工作理念,充分发挥徐汇区全民健身联席会议的作用,紧紧依托相关委办局、各街道镇及企事业单位进一步健全全民健身公共服务体系,不断引导市民参与科学健身活动,切实提升区域全民健身公共服务水平,实现徐汇全民健身事业持续健康发展,质量水平不断提升。

一、全民健身工作总体情况

"十三五"期间,徐汇区积极落实国家战略和《上海市全民健身实施计划(2016—2020年)》部署,对标徐汇区建设现代化国际大都市一流中心城区的目标要求,立足徐汇中心城区特点,着力提高市民身体素质、提高体育健身人口数量、提高社会参与程度,全民健身工作扎实推进,"全民健身发展指数"评估在全市各区中连年位于前列。对照《上海市全民健身实施计划(2016—2020年)》评估核心指标,徐汇区各项指标都取得明显进步,不少方面走在全市前头。

(一)市民身体素质方面

徐汇举办全民健身活动平均次数/街镇位列全市第一,成年人体质优良率、老年人体质优良率、成年人体质达标率和老年人体质达标率以及学生《国家学生体质健康标准》优秀率(17.3%)、达标率(97.7%),均位列全市前茅。

(二)市民参与和指导服务方面

每千人拥有公益社会体育指导员人数达到2.91人,每万人体育社会组织数达到22个,社会体育指导员团队指导率达到56%,经常参加体育健身人数占区内常住人口的48%,均位列全市前列。

(三)体育场地设施供给方面

人均体育场地面积由"十二五"时期末的0.89平方米提高到2020年末的1.09平方米,位居全市中心城区前列。"15分钟体育生活圈"在各街镇的覆盖率达到100%,各类公共体育设施公益性开放率达到100%,学校体育场地设施开放率达到86%。

(四)财政资金投入方面

2020年人均全民健身经费投入36.9元,尽管与全市平均水平有差距,但保持了持续增长。

二、全民健身工作主要成就

"十三五"期间,徐汇区坚持政府主导、部门协同、社会参与,紧盯率先建成体育强区和"健康徐汇"的发展目标,大力推动落实《徐汇区全民健身实施计划(2016—2020年)》,整合与建设社区公共体育设施,切实利用与开放各类社区体育资源,体育设施资源进一步丰富。强化基层体育组织建设和开展特色体育健身活动,体育健身组织进一步扩展;增加全民健身公共服务供给,普及与推广科学健身项目,体育健身指导服务进一步完善;丰富群众性赛事,引导更多市民参加体育健身活动,群众体育参与途径进一步拓展,基本形成了与徐汇区经济社会发展水平相适应、覆盖全体、供给丰富、服务高效的全民健身公共服务体系,有效引导市民参与科学健身的活动、掌握体育锻炼的方法、养成健康多元的生活方式。

(一)体育健身组织不断完善

发挥"13+N"社会体育指导员站模式作用,不断加强对单项体育协会、社区体育指导站、社区健身俱乐部、青少年体育俱乐部、社区健身团队等区域体育组织的培养与扶持、指导登记注册和志愿服务，初步形成了"区—街镇—社区"三级全民健身组织体系。现有体育社会组织50余家，常住人口每万人拥有固定健身团队达22个。2017年，区教育局、龙华街道办事处、区老年人体育协会等3家单位荣获"2013—2016年度全国群众体育先进单位"荣誉称号。在体育社会组织和社会体育指导员以及其他民间健身组织的凝聚下，经常参加体育健身人数占区内常住人口的48%，比"十二五"时期末提高4个百分点。

（二）体育健身设施显著增加

抓住徐汇滨江贯通、"五违四必"整治等重大契机，通过体绿结合、区企合作和公私合营（PPP）等方式加快体育场地设施的建设，新增包括徐汇西岸滨江、徐家汇公园和桂江路樱花大道等富有特色的市民健身步道14条；改扩建龙华、康健等社区市民健身中心3个、市民公共球场10处。公共体育场馆开放率达到100%，学校体育场地对社会开放率达到86%。据体育场地统计调查，2020年底全区共有体育场地3090处，全区体育场地面积总量达到133.76万平方米，按常住人口计算，全区人均体育场地面积由"十二五"时期末的0.89平方米，增加到2020年末的1.09平方米。

（三）体育健身活动蓬勃开展

连年举办上海国际马拉松、世界田径钻石联赛、斯诺克大师赛、中国坐标·上海城市定向赛、攀岩锦标赛、全国百城千村健身气功交流展示系列活动等大型品牌赛事。以"汇运动，点亮品质生活"为主题，徐汇区市民体育节、城市业余联赛等市民系列赛事为主线，每年举办园区和功能区运动会、区级机关运动会、特殊人群运动会、校园阳光体育大联赛等，培育了一批有特色、高品质、大众化的区级经典赛事。广泛开展"一区一品""一街（镇）一品"等群众性体育活动，各街镇举办全民健身活动平均次数位列全市前茅，平均每年举办各类赛事活动200余场，涵盖40多个运动项目，参与人数超过20万人次，带动全民健身活动贯穿全年，全区经常参加体育锻炼的人数达到50.06万人。

（四）体育健身指导更加有效

创建了社会体育指导员人才库，培育了一支由3000余人组成的社会体育指导员队伍，占全区常住人口的2.92‰，活跃在社区健身站（点）一线，提供定点、定时的服务,引导、组织和带领市民参与全民健身活动。建立健身指导站站长联席会议制度,提高体育培训配送进家庭、进社区、进企业的效率,每年配送300场以上,服务市民7 000多人次。结合区域体育品牌和"一街一品"体育特色项目,利用1个区级培训站、4个街镇分站,每年开展培训指导服务不少于100次。创设市民线上咨询、提供网络教程、线下组织培训等新功能,让培训的广度与深度得到进一步拓展与延伸。

(五)体育健身环境持续优化

政府、社会、市场"三轮驱动"的全民健身推进机制得到完善,政府的全民健身公共服务职责进一步强化,社会力量参与全民健身的积极性明显提高,市场在配置全民健身资源方面的作用显现。融入国家"互联网＋政务服务"示范区建设和徐汇区智慧政府建设,将体育配送、体质监测、公共体育设施开放等公共体育服务事项,接入区"一网通办",规范高效落实各个环节,提高了全民健身公共服务效率。创新体育场地建设与运营模式,鼓励社会资本参与体育场地的建设与运营,如洛克体育公园、越界创意园屋顶足球场等,成为公共体育场地设施的有效补充。

(六)政策和经费保障有力有效

区政府制定发布了《徐汇区全民健身实施计划(2016—2020年)》,并将全民健身的场地设施实事项目、重大群众性赛事活动等重点工作纳入区级经济和社会发展规划以及每年的政府目标考核内容。区政府分管领导牵头,会同各街道镇以及区发改委、财政、工会等相关部门,建立区全民健身工作联席会议制度,定期召开联席会议,协调落实实施计划明确的重点任务。区、街镇两级政府将全民健身发展经费列入财政预算,财政资金人均全民健身经费投入达到36.9元。同时,鼓励社会力量、公益性体育机构的资金投入,增强了全民健身事业发展的资金保障。

三、全民健身工作特色做法

(一)创设徐汇区市民体育节

2018年开始,创设举办以"汇运动,点亮品质生活"为主题的徐汇市民体育节。目前已成功举办三届，2020年体育节的口号是"汇运动，AI生活"，创设了市级精品、区级经典、社区精选、系统精彩、青少年精美的"五位一体"赛事模式，举办各类群众体育赛事活动达到200余场次，超过15万人次参与，有效带动了全区健身活动的蓬勃开展。同时，通过开发"汇体育"APP网上健身活动，扶持"草根赛事"，开展技能培训、服务配送等，形成体验性强、参与度高、类型丰富的徐汇区体育节特色。

（二）建成滨江最美"跑步胜地"

徐汇区抓住黄浦江两岸贯通工程的契机，以"滨江景观整体开发概念"营造城市公共开发空间，形成"望得见江、触得到绿""自行车道＋步行道＋跑步道＋临江亲水平台"结构，沿江用跑步驿站、篮球公园、滑板广场、室外攀岩场、亲子运动场等设施串联起来，形成适应户外天气、全长8.95公里的市民健身步道，吸引了源源不断的上海市民来打卡健身，被誉为"魔都最美跑步胜地"，受到体育爱好者们的热烈追捧。空间环境和赛事元素交相呼应，已经成为上海国际马拉松、中国坐标城市定向、摩根大通企业精英跑等重大活动的必选路线与场地。

（三）创建社会体育指导员人才库

在区级社区体育指导站"13＋N"模式的基础上，从全区3 000余名社会体育指导员中，选拔具有技能优势、教学经验、沟通能力强、年龄在50岁左右的优秀骨干，建立徐汇区社会体育指导员人才库。目前进入人才库的指导员近百人，每年更新调整，输入新鲜力量，特别是2020年全区体校教练员经过培训，纳入人才库，显著提升了指导员队伍的专业性。这些人才在区域全民健身人才培养、特色体育项目普及、科学健身活动组织、体育配送与指导服务中，成为推动健身服务的核心力量，有效提升了徐汇全民健身指导服务质量水平。

（四）康健街道打造服务全人群健身场所

康健社区市民健身中心（康健社区体育公园）经过综合改造，首创"体育＋健康＋养老＋康复"服务新模式。该中心最大特点是将原先130平方米的百姓健身房升级为1 000多平方米的综合性健身空间，引入社会专业机构尚体健康开展项目运作，引入"国家体育产业示范项目"老年人、残障人士专属运动空间,引入"互联网+"智慧健身房、全息沉浸式多媒体运动教室等多个特色锻炼场所,建设了智慧管理系统,建成以全人群、全时段、全功能、智能化为一体的智慧型市民健身中心,为推动全民健身与全民健康深度融合、打造5~10分钟社区健康生活圈,提供了"徐汇经验",得到市委、市政府的肯定。

2019年,作为2004年就建成开放的上海市首家社区运动场,在区委、区政府领导下,在上海市体育局指导下,徐汇区体育局与康健街道共同将康健社区运动场升级打造成为全新的社区市民健身中心。通过改造,中心除了对室外足球场、篮球场、跑道等设施进行维护翻新之外,还将原先只有130平方米的百姓健身房升级打造为拥有1000多平方米的综合性室内健身空间,为社区市民开展健身提供了更为优质的场地资源。

1. 打造五分钟体系,实现"家门口"健身

近年来,康健街道融入生态宜居、学府密集的特点,努力织密一张以社区体育公园为"大心脏"、中环绿廊桂江路樱花大道为"主动脉"以及遍布63个小区和邻里汇、河道沿岸的232个健身苑点、步道、球场为"毛细血管"的公共体育设施脉动网络。全街道体育场地总面积12.5万平方米。通过街校共建,辖区内12所高校与中小学校开放场地,让社区居民共享校园体育设施,打造全区域、全天候、全人群的社区大体育网络。

康健社区体育公园位于徐汇区康健街道桂林西街168号,是2004年建成的上海市首家社区体育场,总占地面积13 000平方米,有健身房、足球场、羽毛球馆、篮球场、乒乓球房、儿童游乐区、体育文化收藏馆等设施,均衡分布老年人"体医融合"的乐活空间、运动康复的康健苑、儿童玩耍的游乐区、中青年锻炼塑形的健身房等,满足不同年龄群体差异化的健身需求,自2004年运营至今全年无休。作为老百姓家门口的运动中心,其全人群、全时段、智能化的显著特征赢得社区居民的欢迎喜爱,日均服务居民近2 000人次,年服务约70万人次。

2. 培育多样化团队,实现"全民性"参与

依托丰富的社区健身场地,全民健身群众性团队蓬勃发展,现有居民区群众健身团队110支。每年承办和主办市、区及街道大型赛事活动30余场。联合学校、企事业单位,开展"康健杯"系列赛事及"康健樱花节"等特色活动。全民健身从社区辐射到街区,掀起全民健身的热潮。街道成立"康健体育健身俱乐部"与社区体育指导站,培育了220名社会体育指导员及20支骨干体育团

队,实现社区健身组织系统化。在体育公园打造鸿康体育文化收藏馆,展出社区居民陈鸿康私人收藏的近万件体育展品,扩大体育文化的影响。康健街道荣获2020年徐汇区全民健身工作实事工程贡献奖、最佳参与奖,康健街道柔力球队荣获上海市百优健身团队。

3. 推进智能化创新,实现"互动式"体验

(1)"一键式预约""一体化管理"。探索打造全民健身一站式服务平台,提升社区场馆设施数字化管理水平。开发集场馆查询、预订、咨询等服务功能的"康健体育生活圈"小程序,实现运动场地"一键式预约"和"一体化管理"。"康健体育生活圈"小程序正式上线,受到社区居民的喜欢和认可,从2020年12月26日正式上线至今,注册用户3263人,累计使用6098人次。

(2)打造智慧化健身设施,提升全民健身互动体验。2019年,通过空间挖潜、设施升级改造,康健社区体育公园新增了市民健身房、全息沉浸式运动教室,并在部分小区试点智慧健身苑点。通过"全民健身+人工智能"的健身模式,在数字化转型中进一步提升全民健身互动体验感。2020年着力打造"智慧+体育、智慧+互联、智慧+大数据"的智慧化服务功能,推动全民健身、全民健康与智慧体育深度融合。完成3片篮球场智慧升级改造,新建智慧健身步道、智慧健身苑点,通过人工智能、大数据、人脸识别等技术,帮助市民更加科学有效地参加健身运动。2020年12月完成智慧化设施设备改造,其中:智慧篮球场注册用户4929人,累计使用17594人次;智慧步道注册用户2338人,累计使用42477人次;智慧健身苑点注册用户1080人,累计使用3152人次。

(3)探索多元化模式,实现"公益性"运营。公共体育服务供给是政府民生工作的重要内容,是社区居民体育满足感与获得感的重要标尺。康健社区体育公园开放17年以来,始终坚持公益性运营,逐步延长免费开放时间,公益价格保持不变。2019年大胆探索社会力量参与运营,部分场馆设施委托第三方管理,提升服务专业性、规范性,通过提供个性化健身指导服务,激发社区居民健身热情。同时,开放运动场地公益时段,开设公益培训班,促进青少年体育事业发展。社区体育公园全年提供足球场、篮球场免费公益开放,为社区青少年提供体育活动和课余体育训练场所,全年免费开放。体育公园还为周边学校免费提供活动场地,主办、承办各类青少年体育赛事、活动。同时委托第三方开设少儿运动兴趣班,提供免费固定场地,项目包括足球、篮球等,深受家长和孩子的欢迎。

上海市构建更高水平全民健身公共服务体系的回顾与展望

四、全民健身工作基本经验

(一)坚持需求导向,为市民提供精准服务

全民健身工作必须着眼于满足广大市民对健康健身的需求,提供覆盖全人群、多样化的健身服务。在实践中,徐汇区软件、硬件两手抓。针对中心城区土地空间资源局限、市民群众反映强烈的体育健身场所供给不足的问题,把健身步道、市民球场、益智健身苑点列入区政府目标管理,抓住"五违四必"整治契机,有效拓展周边居民的健身场地。同时,重视专业队伍、指导配送、项目培育,推出徐汇区公共体育配送服务菜单,探索"你点我送"的配送新模式;聚焦区级体育特色项目的培育、普及、推广,其中"颈椎保健操""筷子操/舞"等通过赛事活动在机关单位、园区企业、楼宇白领中受到广泛欢迎。

(二)坚持赛事引领,激励广大市民主动参与

营造人人想健身、时时来健身、处处可健身的浓厚氛围,提高市民体育健身的参与度,是推动全民健身工作的重点。"十三五"期间,徐汇区主办、承办、参与的各类体育赛事得到长足发展,实践表明,广泛开展群众性体育赛事活动是引导市民参与健身的有效抓手。特别是2018年以来,创造性举办徐汇市民体育节,以市级、区级、社区、系统、青少年为重点,积极开展周赛、月赛、系列赛,搭建交流、展示和互动平台,引导鼓励企业和社会组织广泛参与,在区域范围内掀起了全民健身的热潮,形成体验性强、参与度高、类型丰富的徐汇区全民健身体育特色。

(三)坚持融合发展,有效整合各方资源力量

全民健身是一项全社会的事业,必须政府主导、部门协同、社会参与,凝聚多方力量和资源共同推动。发挥全民健身联席会议成员单位的作用,深化体绿结合,因地制宜将体育设施、体育人群与绿化建设布局紧密结合,为实事工程的建设提供了新的动力;深化体医结合,加快了智慧健康小屋建设、体质干预项目推广等,促进了健身与健康的融合发展,增进了市民对科学健身、预防疾病、亚健康改善的认知和行为;深化体教结合,推进运动项目学区化,开展武术、快乐体操、跳绳等项目进校园,帮助青少年培养兴趣、掌握技能,同时实现

学校体育资源辐射社区、服务社区的工作目标。

五、"十四五"时期全民健身工作思路

"十四五"时期是徐汇加快建成现代化国际大都市一流中心城区、实现"卓越徐汇、典范城区"目标的重要五年。为持续提高全民健身公共服务水平，建设健康徐汇和体育强区，徐汇区全民健身工作将坚持以人民为中心的发展思想，坚持新发展理念和"人民城市人民建，人民城市为人民"重要理念，深入实施健康中国和全民健身国家战略，构建政府主导、社会协同、公众参与、法治保障的全民健身工作大格局。到2025年，建成国家级全民运动健身模范市（区），全民健身发展指数评估连年处于全市前列，确立全民健身在全球著名体育城市核心区和卓越全球城市体育典范区建设中的地位。完善全民健身公共服务体系，增加体育健身场地设施供给，实现社区市民健身中心和"5分钟社区体育生活圈"街镇全覆盖；健全体育健身组织体系，丰富科学健身指导，深化"体医融合"；广泛开展体育健身赛事活动，促进更多市民积极参与体育健身，经常参加体育锻炼人数达到49%左右。创新全民健身工作机制和工作方式，营造更加开放、友好的健身环境，调动社会力量参与全民健身工作；加强全民健身信息化管理，提高治理水平，为各类人群提供均等的全民健身公共服务，不断提高市民的健康水平和体育消费水平。

长宁区全民健身"十三五"发展报告

长宁区体育局

"十三五"期间,为加快推进体育公共服务体系建设,满足人民群众日益增长的体育健身需求,提升市民生活质量和幸福指数,推动体育事业和产业持续发展,长宁区全民健身工作在区委、区政府的领导下,在市体育局和相关部门的指导下,深入贯彻习近平总书记关于体育发展的系列重要讲话精神,紧紧围绕"健康中国""全球著名体育城市"和"国际精品城区建设"奋斗目标,紧扣全民健身国家战略,认真贯彻落实健康中国和全民健身国家战略,以上海建设全球著名体育城市为核心,贯彻实施《上海市市民体育健身条例》,对照《上海市全民健身实施计划(2016—2020年)》和《长宁区全民健身实施计划(2016—2020年)》,围绕长宁区"十三五"期间提出的"精品城区、活力城区、绿色城区"三个城区建设目标,加快向创新驱动、时尚活力、绿色宜居的国际精品城区迈进。

一、全民健身工作主要成就

(一)积极拓展体育场地,加强体育设施监督管理

1. 推进体育生活圈建设

合理布点布局群众体育设施,整合资源,统筹规划,推动社区"15分钟体育健身圈"建设,实施公共体育设施惠民"实事工程"。在各街镇、区绿化市容局、区建交委、区卫健委、区河道所等单位的大力支持下,完成长宁生态绿道、苏州河步道、延安中学体育中心、虹桥体育公园、临空滑板公园建设,启动上海国际

体操中心整体改造项目、娄山关路445弄综合项目、临空体育中心项目。

2. 保障社区体育设施建设

新建、翻新20条健身步道,其中市府实施项目9条;整新334个点位的2 339件器材,其中包括市府实施项目市民益智健身点48个(含40个区府实施项目)点位的398件器材;改造升级9个健身示范点;新改建8个社区公共运动场;完成10个市民智慧健康小屋区政府实事项目建设。

全民健身公共服务体系进一步完善,建设AI社区,在室内配置智能化健身器材,实现室外益智健身点、健身步道和室内健身器材统一数据无感化采集。启动长宁区社区公共运动场的智能化改造,做到公共运动场区内一网统管。

(二) 扩大体育供给,提升市民健康素养

1. 提升体测服务水平,加强体医结合

依托长宁区市民体质监测指导中心为市民提供免费的体质测试和宣讲指导,"十三五"期间服务约3.2万人次。"体医结合"推进健康促进工作,对不同人群开展了400余人次的运动干预,指导市民正确认识自身体质。

2. 开展体育技能配送,举办科学健身讲座

积极开展社区体育服务技能培训和课程配送。"十三五"期间,市级申请技能培训配送1 391次,惠及人数近3万人次,覆盖全区10个街镇,覆盖率100%。区级配送800余次课程,共配送80多个体育项目,包括剑道、太极拳、柔力球、瑜伽、动感单车、民族健身舞、乒乓球、橄榄球、少儿足球、少儿篮球等群众喜闻乐见的项目,惠及市民17 735人次,覆盖全区10个街镇,覆盖率100%。

(三) 凝聚体育组织力量,助力基层社会治理

1. 扩大体育健身团队

体育团队项目种类缤纷多彩,可满足不同人群的需求。以项目为核心,大力培育和发展体育团队,通过向新团队、新项目、特色团队开展配送,组织街镇内、街镇间团队展示等方式,培育团队健康发展,增强团队活力、凝聚力和向心力,激励团队更好地发挥宣传凝聚、协助社区治理等作用。截至2020年底,全区有相对固定时间、固定地点、固定人员的社区健身团队近千支。

2. 加强社会体育指导员队伍建设

开展区社会体育指导员等级和专业体育技能培训14场,提高柔力球和广

播操专项技能教学水平。"十三五"期间培训224名三级指导员,对1 319名指导员开展柔力球技能培训,推荐14名二级指导员经市级培训晋升为一级。全区国家级、一级、二级、三级社会体育指导员总数1 662人。截至目前,社会体育指导员总数占全区人口比约为2.41‰。

3. 培育和发展体育社会组织

大力培育和发展体育类社会组织,加快推动体育社会组织成为政社分开、权责明确、依法自治的现代社会组织。加大体育类社会组织的管理力度,每年年检辖区体育类社会组织。截至目前,长宁区共有49个体育类社会组织,其中社团组织20个、民非组织29个。"十三五"期间新成立11个体育类社会组织,注销3个体育类社会组织。指导区足球协会、老体协等5个体育类社会组织完成脱钩转型工作,指导34个体育类社会组织进行换届。

4. 加强社区健身气功站点建设

加强社区健身气功站点建设,进一步强化站点的区域指导服务功能,倡导和普及有益群众身心健康的健身功法,提高和改善市民的身体素质,抵御邪教侵入。"十三五"期间,新建2个健身气功普通站点,新建2个健身气功指导总站,升级4个健身气功星级站点。截至2020年底,长宁区共有38个健身气功站点,其中健身气功指导总站2个、五星级健身气功站点2个、三星级健身气功站点3个。每年举办上海城市业余联赛"华阳杯"健身气功交流赛和全国百城千村健身气功展示交流系列活动长宁区大会。组织站点人员参加市级各类健身气功比赛和培训。

(四)举办精彩赛事活动,打造长宁特色品牌

对接市民运动会、市联盟赛、市城市业余联赛,结合长宁实际,因时、因地、因需开展群众身边的健身活动,分层分类引导运动项目发展,丰富和完善全民健身活动体系。以赛事活动组织为突破口,调动社会资源,发挥社会力量作用。坚持政府、社会、市场"三轮驱动",构建多元办赛体系,鼓励体育类社会组织、体育类企业积极参与长宁全民健身赛事活动。

围绕全民健身日、全民健身节等广泛开展全民健身赛事和活动,逐步形成长宁体育办赛组织体系。把握国际体育赛事发展新趋势,举办上海国际女子半程马拉松赛、全国桥牌赛、"挑战王仪涵羽毛球赛事"等传统赛事。大力发展篮球、排球、路跑、自行车、网球、游泳、飞镖、击剑、射箭、攀岩、定向、极限运动、电子竞技、智力运动等群众喜闻乐见和具有前沿、时尚、消费引领特征的运动

项目。支持、培育和传承武术、健身气功等民族、民俗、民间传统特色的体育健身项目和示范队伍。"十三五"期间,共举办赛事活动400余场,惠及50万余人次。

(五)加强依法管理,增强体育行业监管合力

依法行政审批公共运动场所、高危体育项目、健身气功站点和活动,认真履行行业监管管理职责,加强事中事后监管和服务指导。根据《上海市市民体育健身条例实施细则》和上海市社区公共体育设施评估相关标准,长宁区构建社区公共体育设施开放管理体系,建成区、街(镇)、居委三级管理网络,发挥市民监督作用,建立问题处理机制。认真贯彻落实《上海市高危险性体育项目(游泳)经营许可实施办法》要求,每年召开区游泳场所夏季开放管理工作相关会议。组织开展游泳池负责人、救生组长、水质工、卫生管理员等从业人员培训。联合区卫生监督所和文化执法大队加强夏季游泳场所管理工作。严格健身气功站点及活动的审批与管理,每年开展站点骨干人员、站点负责人、星级站点、普通站点培训,发挥健身气功站点的作用,主动排摸监督社会不良功法,严格抵御邪教侵入。

二、全民健身工作特色做法

为保证《长宁区全民健身实施计划(2016—2020年)》各项目标任务完成,长宁区体育局在区委、区政府的关心支持下,积极推动形成"政府主导、部门协同、全社会共同参与"的大群体工作格局,在构建"15分钟体育生活圈"、体育设施建设、体育公共服务、体育组织发展、体育赛事举办等方面获得社会各界支持,既取得新进展,又积累新经验,为长宁区全民健身工作持续发展打下基础。

(一)多元结合,新增体育场所设施

长宁区作为上海市中心城区,随着经济社会快速发展,城市用地日渐紧缺,可供开发建设体育场馆用地更趋紧张,面对人均体育面积偏低的窘境,区政府实施社会事业西进战略,以"体绿结合"规划建设。联合各街镇、区绿化市容局、区建交委等单位,建设外环生态绿道、长宁区苏州河健身步道、综合体育场馆、社区公共运动场等。与小区综合整治结合,改建健身苑点示范点,新建精品小区健身点、小区公共运动场、小区健身步道,不断增加百姓家门

口的体育设施。与服务楼宇需求结合,新建楼宇体育设施,满足楼宇白领健身需求。以"体教结合",不断完善学校体育场地开放工作机制,明确相关部门、街镇、学校的各自职责,加强对学校体育场馆设施的规范管理和监督指导。基本形成"社区健身苑点—社区运动场所(学校体育场所)—区域体育中心"这种由近及远、由小到大的体育场地设施格局,构建市民"15分钟体育生活圈"。

(二)构建体系,加强体育设施监管

构建社区公共体育设施开放管理体系,建成区、街(镇)、居委(村)三级管理网络,确保社区公共体育设施安全开放,提高开放率、完好率、满意率。一是建立常态设施维护巡查机制,成立区健身苑点巡查小组,开展日常巡查、监督、简易维修,缩短问题发现与反馈时间,加强问题发现后的整改监督,确保开放率100%、动态完好率99%以上。二是完善业务培训模式。针对不同设施的场地、人数规模和管理者的特点,采取分类分级培训模式。社区公共运动场、百姓健身步道、百姓健身房这三类规模较大、人群相对集聚、管理主体多样的设施,由区体育局集中组织管理者开展培训。社区健身苑点量大面广的设施管理人员主要是居委会干部,由各街镇按要求进行相关培训,不断提高管理业务水平。三是实施区级财政保障的公共体育场地、体育器材更新大修计划,每年投入资金按计划更新健身苑点体育器材,全区统一办理意外伤亡保险,确保社区公共体育设施开放安全。四是开展社区公共体育设施开放管理评估指导工作,接受上海市体育局检查。

(三)规范管理,提升公共服务水平

1. 健全市民体质监测服务网络

免费向市民开放,随到随测。目前3个街镇体质监测站、1支流动测试队为没有站的街道、楼宇配送移动式仪器,开展上门服务。完成第五次全国国民体质监测、2项运动干预,建立市民体质测试数据库,组建志愿者体质测试队,定期分析市民体质监测状况,为开展各类体育技能培训提供依据。

2. 构建区市民体育培训体系

与上海市社区体育协会合作,依托各街镇体育俱乐部,开展社区级技能配送和科学健身讲座。通过长宁体育微信公众号,推送各类体育项目公益课程配送,服务居住和生活在长宁的各类人群,营造长宁良好的宜商宜居环境。

3. 推进全民健身服务体系建设

加强社会体育指导员队伍建设,增强体育健身团队。10个街镇发挥社会体育指导员在健身团队中的作用,提升团队健身水平,增强团队凝聚力,展示社区活力。

4. 鼓励和扶持体育类社会组织的健康有序发展

每年联合区民政局对体育社会组织规范运行开展业务培训,发挥体育类社会组织的积极作用,指导体育社会组织积极承接政府赛事活动的购买服务。

(四)拓宽载体,不断丰富赛事活动

坚持政府、社会、市场"三轮驱动",更大范围、更深程度地调动社会组织和市场力量自主参与全民健身的积极性。为丰富群众体育活动广泛搭建平台,因时、因地、因需开展群众身边的健身活动,满足青少年、职工、退休居民健身活动需求。不断完善长宁体育办赛组织体系,一是塑造品牌赛事,如把握国际体育赛事发展新趋势,举办上海国际女子半程马拉松赛、全国桥牌赛、"挑战王仪涵羽毛球赛事"等传统赛事;二是围绕节假日开展群众体育活动,如每年元旦开展市民迎新健康走活动、8月8日全民健身日活动和暑期青少年系列活动等;三是结合市级赛事组织长宁体育赛事,如依托上海市体育局以上海市市民运动会、上海市市民体育大联赛、上海市城市业余联赛、上海市社区体育联盟赛的体系,开展长宁区体育赛事活动;四是应对疫情,拓展办赛渠道,如疫情防控期间,鼓励群众居家健身,开展线上体育赛事活动,举办线上半程马拉松活动、线上亲子家庭趣味赛等;五是丰富赛事活动内容与项目,如新增剑道、"弈棋要大牌"上海三打一、相亲交友运动会、跆拳道、电竞、划船器等项目的比赛,大力发展篮球、排球、路跑、自行车等群众喜闻乐见和具有前沿、时尚、消费引领特征的运动项目,支持、培育和传承武术、健身气功运动等民族、民俗、民间传统特色的体育健身项目和示范队伍。

(五)广泛宣传,营造全民健身氛围

充分利用"长宁体育"微信公众号、"乐动长宁"微信小程序等各种媒体平台,拓宽宣传途径,丰富体育宣传的方式和方法,加大体育事业宣传力度,发挥长宁体育公共信息服务平台作用,完善信息服务保障体系,多渠道、多层次开展体育宣传,营造全社会支持体育事业发展的良好氛围,凝聚起推动长宁体育事业发展的强大力量。借助市民运动会、全民健身日、市民体育大联赛等各级各类体育赛事,加强舆论引导和典型报道,宣传全民健身先进人物和事迹,倡导健康生活方式,提高全社会对发展全民健身事业的认识。加大全民健身知识普及和技能宣传力度,帮助市民树立终身锻炼意识,形成关心支持全民健身事业的良好社会氛围。

三、全民健身工作典型案例:长宁外环林带生态绿道

长宁外环林带生态绿道(以下简称绿道)位于长宁区西部片区,是长宁临空区域慢行系统重要的组成部分,更是全市外环林带绿道系统中北接嘉定、南接闵行的一段。项目改造林带范围北起苏州河、南到机场蓄车场围墙(沪青平公路以北)100米林带,林带改造总面积约55公顷,绿道总长度6.25公里。绿道保留了原生态的基础,四周植物环绕,绿树成荫,绿道中还设置了亲水平台,打造滨水景观,同时可以引入各类自行车赛事、半程马拉松等路跑比赛,成为一条兼生态保护、健康休闲、体育比赛功能于一身的休闲健身赛道。绿道拥有的体育健身功能弥补了长宁区在西部缺乏体育设施、长宁人均体育面积较低的不足,绿道建成后,为长宁区增加了约35 000平方米体育场地面积,为长宁市民增添一处休闲健身的好去处。

长宁区苏州河健身步道东起江苏北路、西至外环线,苏州河沿线有临空音乐公园、临空二号公园、滑板公园、风铃绿地、中环苏州河公共开放空间(洛克公园)、天原河滨公园、虹桥河滨休闲公园、万航绿地(规划)、中山公园、华政公共开放空间(规划)10个公园绿地,长宁区以健身步道的形式有效串联东西部公园、体育等元素,为市民提供了更好的户外健身休闲运动场地,为体育事业、全民健身、体育产业发展创造更优的空间,将其打造成为长宁区休闲健身的新地标,也为长宁建设具有世界影响力的国际精品城区注入了新活力。

普陀区全民健身"十三五"发展报告

普陀区体育局

2016年以来,普陀区委、区政府高度重视全民健身工作,认真贯彻落实《上海市全民健身实施计划(2016—2020年)》和《普陀区全民健身实施计划(2016—2020年)》,积极构建"六位一体"的公共体育服务体系,着力打造全民健身"六边"工程,推进全民健身与全民健康深度融合。

一、全民健身工作总体情况

2017年,普陀区获得国家体育总局授予的"2013—2016年度全国群众体育先进单位"称号。普陀区在全市各区中率先打造区域全民健身赛事品牌,"约战普陀"获得全市健身群众的良好口碑,2018年全民健身日,《人民日报》在头版刊登"约战普陀"品牌理念。普陀区学校体育场地开放的先进管理模式在全市乃至全国具有一定影响力并逐步推广。普陀区因地制宜,已累计建成市级和区级市民健身步道共计172条,遍布公园、绿地、小区、河道,基本达到"一居一道"建设目标。普陀区居民身边的健身组织全面完善,体育团队、社会体育指导员配备比例达到2‰以上;居民身边的健身设施有效保障,健身苑点、健身步道等体育设施达到街镇全覆盖;居民身边的健身活动不断丰富,每年参与全民健身赛事活动的人次显著上升,好评度不断提高;居民身边的健身指导逐步开展,积极探索有效指导方式,提升科学健身水平;居民身边的体育健身环境整体向好,全区参与体育健身人数比例逐年攀升,全民健身正能量不断涌现;全民健身政策和经费保障得到重视,全民健身相关文件以区政府名义下发,全民健身经费逐年提高,财政经费使用效率有效提升。

（一）经常参加体育锻炼人数进一步增加

居民体育健身意识和科学健身素养普遍增强,体育健身成为更多人的基本生活方式。每周参加体育锻炼活动不少于 3 次、每次不少于 30 分钟、锻炼强度中等以上的人数比例达到 45% 以上,学生在校期间每天至少参加 1 小时的体育锻炼活动,老年人、残疾人参加体育锻炼人数比例也有所提高。

（二）居民身体素质进一步提高

达到《国民体质测定标准》合格以上的人数比例明显增加,达到 96% 以上。在校学生普遍达到《国家学生体质健康标准》基本要求,其中达到优秀标准的人数比例超过 48.46%,耐力、力量、速度等体能素质明显提高。

（三）体育健身设施有较大发展

全区人均体育场地面积达到 0.99 平方米。各街道、镇"15 分钟体育生活圈"覆盖率达到 100%。有条件的公园、绿地、广场建有体育健身设施。有条件开放的学校,体育场地开放率达到 100%。形成各级各类体育设施布局合理、互为补充、覆盖面广、普惠性强的网络化格局。

（四）全民健身组织网络更加健全

进一步健全体育总会、单项体育协会、行业体育协会等组织。社区体育俱乐部、青少年体育俱乐部有较大发展。60% 以上的街镇建有社区体育俱乐部,100% 的街镇拥有健身团队。全区获得社会体育指导员技术等级证书的人数达到 2 662 人,每千人拥有社会体育指导员数达到 2 人以上。社会体育指导员综合素质和服务水平显著提高。街镇开展《国家体育锻炼标准》达标测验活动达到 100%。

（五）全民健身赛事活动逐步丰富

每年举办区级以上全民健身赛事活动 80 次左右。各街镇平均每年举办赛事活动 30 次以上,每年参与全民健身活动逐年上升。

（六）全民健身政策保障不断提升

全民健身相关政策相继出台,区政府及相关部门分别出台全民健身相关文件确保工作执行。区级财政确保全民健身工作开展,常住人口人均全民健身经费投入达到 23 元,彩票公益金投入全民健身经费比例达到 43% 左右。

二、全民健身工作主要成就

根据国家体育总局和上海市体育局的相关评估要求,结合《普陀区全民健身实施计划(2016—2020 年)》所确定的发展目标和主要任务、重点工作,全面总结全民健身各方面工作。

(一)体育健身组织情况

1. 形成扎根社区的体育健身团队网络

近年来,普陀区不断激发社会体育组织的活力,全区 10 个街镇建立起了 6 个社区体育俱乐部,各自在区域内发挥全民健身引领者的作用。目前全区有社区体育健身团队 2 443 个、社会体育指导员 2 662 人,为社区的全民健身活动开展提供了有力的支撑与保障。其中长征柔力球、长风手杖操、甘泉军鼓、真如木兰拳等均有十余年的历史,成绩在全市均名列前茅;近几年建立的万里门球队、宜川啊啦操、石泉武术、长寿健身瑜伽等"一街一品"项目在区内均有一定的影响力。

2. 探索新形势下的体育社会组织体系

为准确把握国家治理现代化的要求和社会治理的前景以及体育改革的走向,进一步推进社会组织改革,通过开展体育社会组织专项调研,切实推进全区体育社会组织实体化改革。近几年,完成了区老体协、游泳协会、围棋协会、信鸽协会、网球协会的换届更新,网球协会和游泳协会被评为区 3A 优秀社会组织,充分发挥了社会组织在行业中的引领作用;完成了区桥牌协会、跆拳道协会的成立,填补了项目协会的发展空白,为全区开展桥牌、跆拳道运动注入了社会活力;成立了上海棋院普陀分院,通过社会化运作为普陀打造智力运动高地奠定基础;鼓励成立社会化体育俱乐部,进一步挖掘和发挥社会体育的力量。

(二)体育健身设施情况

1. 明确构成体育健身设施层级

"十三五"初期,委托上海城市设计研究院对全区公共体育设施布局进行专项研究,初步形成《普陀区公共体育设施专项规划(2017—2035年)》。区级层面在桃浦槎浦河建成普陀区水上运动中心,新增体育场地面积13.8万平方米。启动苏州河沿岸高品质景观跑道和长风5A、6A绿地体育设施的设计规划;推进桃浦608地下体育设施规划与运营方案。街镇层面以长征全民健身中心、桃浦全民健身中心为引领,结合区属体育场馆全面改建完成,积极推动社区级市民健身中心全覆盖。2016年以来,居村层面结合河道改造、绿道建设、小区综合改造,推动"一居一道"健身步道建设,截至2020年底累计建成市民健身步道172条。结合"五违四必"、无违建居村创建等中心工作,更新、新建11处市民球场,探索智能球场管理新模式,运营效果良好。"十三五"期间,共计更(整)新市民健身苑点427处,器材3561件。通过健身苑点2.0升级版的建设,为居民就近参与全民健身提供坚实保障。

2. 创新思路提供健身设施保障

积极鼓励社会力量参与体育设施建设,探索在区内大型商场楼顶因地制宜增添体育设施,长风大悦城的高登公园成为网红跑步打卡"圣地";红星美凯龙楼顶球场引领大型连锁商场结合体育功能的新兴模式;月星环球港、中环百联等都先后在楼顶空间增添了体育功能,在为群众增加体育健身保障的同时也实现了商场合理引流。引入专业第三方信息公司参与社区体育设施维护巡查,开发微信小程序提升健身苑点的信息化管理水平。鼓励普通居民共同参与健身苑点的巡查管理,形成社区自治。同时,通过小程序信息发布,将设施管理报修与科学健身指导宣传、赛事活动推广等相结合,将公益类体育技能培训配送到苑点,充分发挥健身苑点的效能。

(三)体育健身活动情况

1. 推进三大品牌赛事发挥引领作用

已成功举办十六届上海苏州河城市龙舟国际邀请赛,并连续六年举办中国龙舟公开赛这一国家最高水平龙舟赛事,每年吸引多个国家和地区的800余名运动员前来参赛,成为苏州河沿岸景观体育赛事的引领品牌。2016年起与上海东浩兰生赛事发展有限公司合作,在长风地区创办上海国际10公里精英赛,成为首个以"上海"城市命名的10公里赛事。2016年、2017年、2018年该项赛事分别获得国际田径协会授予的"铜牌赛事""银牌赛事"和"金牌赛事"称号。在赛事举办期间,赛道聚集了苏州河景、园林风景、知名学府、工业遗址、商贸大楼等自然人文景观,向参赛选手展示了长风地区的历史变迁和发展速度。2017年起举办全国桥牌公开赛并开创了青少年参赛的先河,作为普陀区打造的首个智力运动品牌赛事,公开赛的举办拉开了普陀区全力培育桥牌、围棋等智力运动赛事的序幕。

2. 提供不同人群、年龄、职业的全方位赛事服务

推进政府、社会、市场"三轮驱动"的运作模式,逐步建立体系健全、层级清晰、项目多样的区级全民健身赛事体系。通过承办长三角象棋邀请赛、瑜伽精英赛、门球锦标赛等市级以上精品赛事,提升普陀区办赛影响力。在上海城市业余联赛的总体框架下,在全市各区率先推出区级赛事品牌——"约战普陀"系列挑战赛,以普陀区为赛场,以老百姓为主体,以"周周战"为形式,得到参与群众的高度评价,并连续三年在市级推介会上作品牌推介。各街镇以长风手杖操为引领,形成特色鲜明的"一街一品"赛事活动,社区居民充分享受身边赛事带来的便利。将赛事活动办到园区、商区等,与园区联合举办白领运动会,与残联联合推出残健融合赛事,与机关党工委联合开展机关运动会,与总工会、团区委、妇联等策划符合不同人群的全民健身赛事,共同提高全民健身活动的群众参与度和覆盖面。

(四)体育健身指导情况

1. 发挥体育指导员的科学健身"主力军"作用

普陀区共有各级各类社会体育指导员2 662名,社会体育指导员人数占常住人口比例达到2‰。开展的"社会体育指导员公益服务进家园"活动,深入小区为居民开展公益健身指导服务;成立的100人社会体育指导员骨干队伍,围绕"赛事活动、设施维护、技能培训、健身指导、体育宣传"五个方面分队开展志愿服务。辖区内7个体质监测站常年开放,体育指导员常年参与监测工作,全区《国民体质测定标准》总体合格达标率为96.5%。2016年来,不断拓展体质测试目标人群,将体质监测送进企业、送进园区、送进机关,每年完成体质监测1万人次。

2. 加强专业机构的健身指导"突击队"力量

与区疾控中心共同加强慢性病运动干预工作,先后开展"老年人预防跌倒"干预项目和"关注脊柱健康"干预项目,为老年人群和职业人群科学健身指导提供针对性的专业服务。每年全民健身日期间联合卫生部门开展"体医结合"问诊,通过"体医结合"推动普陀区全民健身与全民健康的深度融合。2019年,结合卫生系统"万步有约"活动,将各参赛队领队培训成为社会体育指导员,

并开展专项培训班,建立"万步有约"普陀体育指导站,为全区社会体育指导员队伍增添年轻、新鲜血液。在普陀区人民医院建立"普陀区体医结合示范基地"和"普陀区社会体育指导员健康运动培训基地",开展两期"体医结合"干预项目,将科学健身理念引入医务人员的日常工作中,进一步将体育指导服务前移。

(五)体育健身环境情况

1. 整合各类资源为居民健身提供条件

与区教育部门合作,自2016年起,率先采用了购买第三方服务统一管理全区公办学校室外体育场地的模式,被市体育局评估为在全国具有一定的影响力,可复制、可推广的模式。目前,全区符合开放条件的63所公办学校的室外场地全部纳入学校体育场地开放管理范围,按照统一标准,向社会实施日间、夜间全面开放,创新设立"学校体育场地开放日"活动,提高公益开放延伸服务水平。2016年至今,累计为超过300万人次提供健身场地保障。匹配市社区体育协会的配送平台,联动社会组织开展公益体育技能培训,每年挑选10～12个热门体育项目,分春、秋两季,通过公开报名和定向配送两种方式,向居民配送公益技能培训,自推出以来报名火热,掀起居民群众"学会一项体育技能"的高潮。

2. 利用各种平台营造全民健身浓烈氛围

2016年以来,不断丰富全民健身工作宣传载体,充分利用中央、市级、区级的报纸杂志、电视广播、网站、新媒体等宣传载体,扩大群众性体育活动的宣传面和影响力。2017年,开通"上海普陀体育"微信公众号,并逐步建立起普陀体育"微矩阵",为市民群众提供了一个权威、系统、便捷、高效的全民健身信息获取新渠道。截至2020年底,公众号粉丝量已达18 892人。每年召开市级主流媒体恳谈会,建立普陀体育新闻媒体资源库,借助主流媒体影响力传递普陀群众体育的声音。2019年,将全新设计的体育系统Logo、吉祥物以及系列衍生产品运用到"约战普陀"品牌赛事活动的举办和宣传推广中,努力发挥出全民健身品牌的溢出效应,持续营造独具普陀特色的全民健身良好氛围。2018年全民健身日当日,《人民日报》头版刊登了"约战普陀"全民健身赛事理念,极大地提高了普陀区全民健身品牌的传播力度。

(六)政策和经费保障情况

1. 领导重视,各项政策落实到位

普陀区委、区政府领导高度重视全民健身工作,每年通过区委常委会、区政府常务会专题听取全民健身工作年度报告、进行专题事项审议。区级层面成立由区分管领导为组长的"全民健身联席会议"和"学校体育场地开放联席会议",每年召开一次成员部门全体会议,定期根据实际工作召开专题会议研究,形成各部门共商共建的大体育发展格局。2016年,以区政府名义出台《普陀区全民健身实施计划(2016—2020年)》,从区级政策层面将一段时间内全民健身工作的宗旨目的、总体目标和实施步骤固定下来,成为"十三五"期间有力指导全区全民健身工作的政策性文件。

2. 财政倾斜,经费支持切实有力

2016年以来,区财政部门对全民健身工作的支持力度不断提升,全民健身经费由原来的户籍人口人均7元,不断上升到常住人口人均23元,其中各街镇按照人均4元安排全民健身经费,切实提供了区域居民日常参与全民健身的经费保障。2016年以来,通过区级财政和彩票基金的方式,投入全区公共体育场馆改建等基建工作,在普陀体育馆改扩建工程、宜川中学(文体楼)项目、普陀体育中心大修项目、区水上运动中心等项目中共计投入1.315 3亿元。在学校体育场地开放管理、品牌体育赛事等重点工作中,区级财政划拨专项经费支持工作开展,为普陀区在全市引领全民健身工作提供财政支持。

三、全民健身工作特色做法

(一)学校体育场地开放"普陀模式"

学校体育场地开放作为一项民生工程,是缓解人民群众日益增长的健身需求与体育场地资源供给不足之间矛盾的一项重要工作。普陀区委、区政府高度重视学校体育场地向社区开放工作。自2008年开始普陀区就积极推进学校体育场地向社区开放工作。2016年,推出第三方管理服务的"普陀模式"。2018年7月,根据区委、区政府主要领导的重点批示和会议精神,推行全新升级的实施方案。通过建立区级联席会议制度、划分片区实行统一管理、开发管理信息系统、设立"学校体育场地开放日"、高度重视安全保障、定期开展绩效评价等措施,做到全区公办中、小学室外体育场地应开尽开。2016年以来,普陀区学校体育场地共计接待健身居民超过300万人次。截至2019年,社区市民办理免费健身卡已达243 659张,占普陀区常住人口128万人的19%。

（二）社区体育设施的社区居民自治模式

通过购买第三方服务的方式，实施各街镇公共体育设施巡查维护工作，确保完成市体育局关于公共体育设施巡查的相关要求。开发微信小程序"全民健身通"，提升健身苑点的信息化管理水平。小程序分为市民版和工程师版，其中市民版供普通市民使用，可以查看附近的健身场所，也能通过小程序上报故障器材损坏情况，鼓励普通居民共同参与健身苑点的巡查管理，形成社区自治。同时，通过小程序信息发布，将设施管理报修与科学健身指导宣传、赛事活动推广等相结合，将公益类体育技能培训配送到苑点，充分发挥健身苑点的效能，让市民身边的健身设施再一次得到功能升级。

（三）游泳场所管理信息化提档模式

对照"一网通办"和"互联网＋监管"的办理管理系统，开发微信管理小程序，建立"一馆一档"，公开场所的检查记录和评定等级。开启信息通道和各联合检查部门的系统对接，真正实现部门间的公开、透明和实时的线上沟通；推进信息化"曝光"的管理手段，加强游泳场所的安全责任意识；建立后台管理大数据，推行智慧化管理系统，精细拓展到每一个安全岗位上，大幅度提升了安全管理系数，做到"人防＋技防"的双保险。

四、全民健身工作基本经验

（一）加强领导，加大投入

全面把握习近平总书记对体育工作的重要指示，贯彻落实国家体育总局的政策方针，确保全民健身计划的实施。切实加强领导，及时调整和充实普陀区全民健身联席会议成员，各街镇建立相应的组织，并定期召开例会，研究分析本区实施全民健身计划的组织和协调工作，把全民健身经费和基础设施建设资金列入本级财政预算和基本建设投资计划，为区财政逐步增加全民健身经费提供了坚实基础。

（二）确保基本，提升管理

体育设施是开展全民健身活动的基本物质保障，认真贯彻落实《上海市体育设施管理办法》，逐步增加体育场馆建设和社区体育设施的投入，因地制宜地开展普陀区各类社区体育设施建设。为弥补全区体育场地不足，在区委、区政府的高度重视下，全力推动学校体育场地开放工作，得到健身群众高度认可。进一步探索和尝试全区公共体育场地设施管理新模式，"互联网＋"方式在体育设施管理中起到积极作用。

（三）社会参与，多元发展

率先开展区级赛事公开招标工作，通过政府购买服务的方式，以招投标及现场评审的形式，完善委托办赛模式。开展赛事过程性跟踪与评估工作，体育部门逐步由办赛向业务指导、监督监管进行职能转变。充分发挥体育竞赛的社会参与作用，逐步形成一套依托社会、组织新颖、形式多样的群众性体育活动。各部门、各街镇利用节假日，针对不同人群广泛开展各种形式的体育赛事活动，让群众在新颖的竞赛活动中产生新的兴趣，形成新热点，鼓励更多的群众参与健身活动。

（四）重视宣传，扩大影响

讲好全民健身的群众故事，扩大全民健身品牌影响。通过广播、电视、报纸、新媒体等各类平台开辟全民健身专题、专栏，宣传本区实施全民健身计划的情况、全民健身工作先进单位和先进个人的事迹，普及全民健身知识，推广适合居民的健身项目，在全区形成全民健身的良好舆论氛围。通过建立各项工作的"普陀模式"，不断巩固普陀全民健身工作的全市领先地位。

五、"十四五"时期全民健身工作思路

"十四五"时期，普陀区全民健身工作将以"融合发展、提升品质"为目标，以托底保障为基础，打造示范性、引领性、特色化公共体育设施建设、改建项目，完善公共服务体系，推动社区全民健身中心全覆盖。发挥全民健身赛事活动的人气聚集示范效应、社会扶持效应和产业推动效应。加强科学健身指导队伍建设，拓展体育运动人口，提升群众全民健身科学化水平。推动"体医融合""体教融合""体科融合"等工作深入开展，实现社区、园区、校区联动，形成全民健身工作大格局。

（一）加快社区体育设施建设

继续整合资源，积极选址建设社区市民健身活动中心，力争实现社区市民健身活动中心全覆盖。在社区绿带、水岸、广场、社区、园区等地积极选址建造带有灯光的中小型篮球、网球、笼式足球等市民多功能运动场，鼓励社会资本参与共建公益性足球场，不断更新完善居民身边的体育设施。充分利用综合型商业中心场地设施的集聚效应，吸引社会力量参与废旧厂房改建、屋顶体育设施工程等。进一步挖掘公园、园区、楼宇等公共体育场所的体育设施资源，坚持为各年龄层次群体提供健身锻炼的基础保障。

（二）健全全民健身赛事体系

全民健身赛事活动呈现零散性和低端性的特点，虽满足了一部分群众参与体育活动的积极性，但总体赛事没有系统性、规范性的安排，赛事整体竞赛水平较低，挖掘体育后备人才的潜力不够，没有形成与体育产业良性联动的局面。"十四五"期间，将推进政府、社会、市场"三轮驱动"的运作模式，整合优质办赛资源，做大做强普陀区全民健身品牌赛事——"约战普陀"系列挑战赛，形成独立积分、注册、管理系统，提升赛事服务水平；加强部门合作，形成跨界融合的健身、健康项目，向不同人群提供不同层级的全民健身赛事活动；促进长三角地区全民健身赛事深度融合，通过联合办赛、交流互通、品牌展示，打造长三角重点地区体育交流平台。

（三）丰富科学健身指导内涵

近年来，随着人们的健身意识逐渐觉醒，锻炼热情不断高涨，运动健身已成为越来越多人的生活日常。如何科学健身并通过全民健身真正实现全民健康，已成为全社会共同关注的课题。在城市居民健身的过程中，缺教练、缺指导的现象普遍存在，现有的社会体育指导员人群无法满足人们个性化、多元化的需求，缺乏科学健身指导方面的资源。对此，"十四五"期间，普陀区将积极探索社会体育指导员职业能力标准制定，把各个项目的健身指导服务人员真正按"职业"进行规范，根据从业者的不同水平进行相应等级评定，在指导员的工作项目范围内增加运动处方、健身管理等职能。针对科学健身指导工作中遇到的瓶颈难题，结合专业科研力量研发运动处方库。通过"体医融合"的思路，实现体育与卫生系统的融通，在家庭医生培养培训的过程中增加体育科学健身内容,让家庭医生具备开具运动处方的资质和能力;同时在社会体育指导员队伍中挖掘潜力,增加相应内容的授课和培训。

(四)推进体育组织健康发展

从目前来看,全区的社会组织及基层健身组织在群众身边发挥作用还很有限,体育类单项社会组织发展不均衡,社会化程度不高。基层健身组织管理不够系统,没有形成有序、高效的组织架构。按照国家社会组织改革发展的总体要求,加快推动体育社会组织转变成为政社分开、权责明确、依法自治的现代社会组织。形成体育社会组织管理层级,制定管理和扶持办法,倡导"自发成立、自我管理、自主运作"模式,提高社会组织承接全民健身服务的能力和质量。扶持和引导基层体育健身组织发展,大力培育青少年体育俱乐部、社区体育健身俱乐部、社区体育健身团队等形式的体育健身组织。推动体育社团组织向基层延伸,加强对基层体育组织的指导服务,鼓励自发性的健身团体和健身站点依法依规转化为固定的健身组织,尝试推行登记备案制度。

(五)推动体医高度融合

在推动全民健身与全民健康深度融合方面,体育应更加积极主动地对接已经相对成熟和规范的医疗数据系统,形成良性互动。加强推动区级市民体质监测中心和社区体质监测站的功能化运作,充分运用好每个街镇将建成的"智慧健康小屋"资源,开展高血压、糖尿病等慢性病运动干预,提高社区科学健身指导水平。在资源整合方面,尝试通过大数据归集,结合医疗处方,提供科学、系统的运动处方,结合现有的健康档案,健全分层分类的体质健康数字档案,发挥体育锻炼在疾病防治和健康促进等方面的积极作用。科学规划、统筹推进,不断加强各类科学健身方面的课题研究。尝试运用科研所、医疗单位、高等院校等与康体研究相关的知识和技术溢出效应,有针对性地开展全民健身理论研究和群众体质健康促进研究,不断提高全民健身的科研开发和推广应用能力。

(六)促进全民健身服务业发展

高度重视全民健身服务业在新时期经济发展中的重要地位和作用,在全区创新驱动发展的大背景下,将全民健身服务业作为发展体育产业的重要途径,与全区经济社会发展战略方向保持一致。整合区内产业发展管理部门力量,将全民健身服务业主动融入全区的商、旅、文整体规划中,形成一条相辅相成、环环相扣、不可或缺的产业链,发挥体育产业助推经济、惠及民生的积极作用,成为新的经济增长点。利用区属公共体育场馆的场地资源,大力发展健身服务业,充分利用"互联网+"等技术拓展全民健身服务领域,鼓励更多的群众加入体育消费者的行列。

虹口区全民健身"十三五"发展报告

虹口区体育局

一、全民健身工作总体情况

在区委、区政府的正确领导下,在市体育局和相关部门的指导下,虹口区全民健身工作贯彻落实健康中国和全民健身国家战略,以上海建成全球著名体育城市为核心内容,贯彻实施《上海市市民体育健身条例》,紧紧围绕《全民健身计划(2016—2020年)》《上海市全民健身计划(2016—2020年)》和《上海市虹口区国民经济和社会发展第十三个五年规划纲要》等文件精神,深入学习贯彻习近平总书记系列重要讲话精神,按照"四个全面"战略布局,牢固树立创新、协调、绿色、开放、共享的发展理念,以增强市民体质、提高健康水平为根本目标,坚持创新驱动、激发活力,补足短板、强化基层,整合资源、互促发展,不断增强市民体育锻炼兴趣、体育健身意识和科学健身技能,吸引市民广泛参与,为建设"宜居、宜业、宜游"的现代化城区,为实现虹口区全民健身高水平高品质发展作出积极贡献。

二、全民健身工作主要成就

(一)健身组织网络不断健全

扶持各类体育健身组织发展,深化"放管服"改革,积极推进体育社会组织去行政化、实体化、规范化建设,激发体育组织活力。截至2019年底,在市、区两级社团局登记的体育社会组织共计42家(其中社团类13家,民办非企业29

家)。此外,拥有健身气功站点101个、各级健身团队1 792支(每千人拥有固定健身团队2.24支),全区经常参加体育锻炼的人口比例达到46%。

(二) 健身设施布局日趋完善

围绕"十三五"规划要求,结合虹口区新一轮功能区划调整,坚持"公益性、基本性、均等性、便利性"原则,"十三五"期间,新增体育场地面积6.8万平方米,增幅15.59%,人均体育面积上升至0.88平方米(含可利用体育场地面积)。

(三) 健身活动品牌逐步建立

"虹口·谁是联赛王"系列赛事规模和项目不断扩大,同时,易跑精英赛、白玉兰垂直登高大赛和"斯蒂卡杯"乒乓球巡回赛、"蝴蝶杯"乒乓球赛等赛事IP已逐步形成;通过整合社区资源,把体育服务功能从室内向室外延伸、从家庭向社会延伸、从小区向学校延伸,形成公园、绿地、广场、操场"纵向衔接、横向联通"的多样化立体化体育活动网络。

(四) 健身指导队伍不断壮大

规范社会体育指导员等级培训和再培训工作机制,积极开展专项化健身技能培训,切实提高在册社会体育指导员上岗率,加强全民健身公益性指导服务,截至2019年底,全区共有各级社会体育指导员2 315人;加强社区体育配送服务,以市民健身需求为导向,推进健身技能培训、健身知识讲座等公共体育服务进机关、进社区、进校园、进企业、进军营,满足市民科学健身的需求。

(五) 健身环境建设持续优化

坚持重心向下,促进社区体育发展,推动街道集中设置或分散设置多功能市民健身活动中心,聚焦"区—街道—片区—居民区"四个层面,实现"15分钟体育生活圈"全覆盖,积极创建体育生活化社区。

(六) 政策和经费切实落地

逐年加大体育经费投入,特别是在全民健身经费方面。人均日常工作经费从2016年的9.7元,增长至2019年的13.5元,涨幅达39.2%。自2015年,先后出台《虹口区全民健身实施计划(2016—2020年)》《健康虹口行动(2019—2030年)实施方案》等两个(指导性、规范性)文件,保障全民健身公共服务体系的有序运行。

三、全民健身工作特色做法

"十三五"期间,虹口区全民健身事业蓬勃发展,《虹口区全民健身实施计划(2016—2020年)》有序推进、层层落实。公共体育设施供给不断优化,体育健身组织网络趋于完善,科学健身指导覆盖面稳步扩大,全民健身(赛事)活动深入普及,市民(含青少年)体质水平稳中有升,体育宣教渠道向多元化发展,初步构建了"以市民为中心,以便民惠民为核心"的公共服务体系。

(一)建管并举完善体育健身设施布局

1. 推进落实为民办实事项目

为打造"15分钟体育生活圈",满足更多群众就近就便健身的需求,结合虹口区新一轮功能区划调整,坚持"公益性、基本性、均等性、便利性"原则,与相关部门、街道联系、沟通,积极推进为民办实事项目的建设。"十三五"期间,共新建改建市民益智健身苑点102处、市民健身步道21条、市民多功能运动场8片。全区现有区属体育场馆5个、区级市民体质监测指导中心1个、市民益智健身苑点433个、市民健身步道32条、市民多功能运动场18处、市民健身房1个、体医联建站1个、智慧健康驿站10个。

2. 完善大型公共体育场馆功能布局

加大新增体育场地面积整合拓展力度,充分挖掘全区体育场地潜力,满足举办各类体育赛事和百姓健身需求。推进列入市局和区"十四五"规划体育重大项目——虹口足球场改造升级,打造满足符合国际A类赛事需要,融竞技体育、全民健身、体育产业发展需要的专业足球场。依据"以人为本,高效适配"的原则,将使用面积7 000多平方米的租赁经营期限已满的高点保龄球馆,打造成体育事业和体育产业相结合的体育综合体,完善虹口区体育场地项目布局。结合"一江一河"沿岸公共空间打造,结合黄浦江、苏州河沿线民心工程的工作部署,推进北外滩中央绿轴地下8 000平方米体育中心建设,布局室内冰上项目。同时,依托滨江慢跑道、步行道和自行车道、北外滩市民健身中心以及白玉兰广场、凯德来福士双子楼等地标,打造都市运动中心,开展路跑、垂直登高、击剑、网球、羽毛球、帆船等各类观赏性、体验式体育项目和赛事,实现水岸生活与水岸文化融合。

3. 因地制宜保障体育设施建设落地

严格按照《上海市体育设施管理办法》中提出的"新建居民住宅区配套建设的体育设施，可以根据需要，设置在室内或者室外。设置在室内的，人均建筑面积不低于0.1平方米；设置在室外的，人均用地面积不低于0.3平方米"的具体要求，对于辖区内新建居民住宅区的配套体育设施建设进行监督、指导。"十三五"期间，建设广中、凉城、江湾三个社区市民健身中心，"十四五"期间计划新建北外滩、凉城、彩虹湾等多功能综合性市民健身中心，社区健身中心实现基本全覆盖，以满足市民足球、篮球、乒羽、力量训练、游泳等多种多样健身需求。按照"有活力的街区，有温度的生活"的设计理念，原占地1万多平方米的广粤路花鸟市场和建材市场变身成为广粤运动公园，建有健身步道、五人制足球场等体育休闲场所。同时，引入社会力量建设体育场地，如绿地创客屋顶足球场、白玉兰广场网球场等。

4. 推进市民体育健身设施信息化智慧升级

自2018年起，试点对球场进行无人远程智能化球场管理改建后运营至今，硬件功能保持正常，人流量明显提高，单个场地日均投诉率较往年大幅降低。依托"互联网+体育"，通过远程移动端视频流技术，对球场内的情况实时了解和把控，为市民提供更便利的公共体育服务。2020年，全区智能化篮球场累计开放55 367小时，接待进场运动38 211人次；广粤运动公园足球场总进场运动数量（团体频次）1 249次，其中学校164次、社区799次、企业286次；累计运动（团体）时长2 748小时，其中学校374小时、社区1 748小时、企业626小时，同比增长404.2%。

5. 做好公共体育场馆设施在法定节假日、全民健身日等时段向市民开放工作

按照要求落实各项疫情防控措施，确保场馆开放安全有序；加强社区公共体育设施建设管理和评估，落实更新维护责任；配合做好学校体育场馆向社会开放工作；会同游泳场所开放联席单位，加强游泳等高危险性体育项目管理，保障游泳场所夏季开放平稳有序，做到夏季游泳开放零事故。

（二）坚持需求导向，办好虹口全民健身赛事活动

1. 坚持政府、社会、市场"三轮驱动"，更大范围、更深程度地调动社会组织和市场力量自主参与好全民健身

秉承"问题导向、市场驱动、融合发展、因地制宜"的原则，加强体育赛事

品牌创新,培育一批社会影响力大、知名度高的精品赛事。"虹口·谁是联赛王"系列赛事规模和项目不断扩大,既有足球、篮球、乒乓球、羽毛球、路跑等传统体育项目,也不乏电子竞技、垂直登高、橄榄球等深受中青年白领人群喜爱的项目。同时,易跑精英赛、白玉兰垂直登高大赛和"斯蒂卡杯"乒乓球巡回赛、"蝴蝶杯"乒乓球赛等赛事 IP 已逐步形成。探索后疫情时代线上引流带动体育健身消费,促进经济潜力释放,结合"五五购物节""六六夜生活"等,积极推动体育消费券配送,2020 年在全区招募了 45 家定点场馆推行体育消费券扶持政策,累计为市民配送消费券近 188 万元,约 2 万人次的市民领取消费券,拉动定点场馆直接消费约 528 万元,拉动消费比达 2.81。

2. 创新举办 2019 年虹口区运动会

通过面向社会征集会徽、口号,积极筹备各单项比赛竞赛委员会和内部人员分工,落实本届区运会各项目比赛组织工作。创新设置比赛项目和组别,将区运会与城市业余联赛、学生阳光体育大联赛相结合。区运会分别设置了学生组、成年组和老年组三个组别。在发动各单位组团中,充分发挥了区运会组委会成员单位的作用,不仅在体制内广泛发动,还通过区域化党建联席会议、区招商中心各平台、退役军人事务管理局等积极动员驻区单位、院校、部队组团参加。本届区运共计 138 支代表团、17 736 余人参赛,参赛人次达 47 950 次,创历届区运会新高。

3. 积极推进"一街一品",丰富完善市—区—街道三级全民健身赛事体系

调动街道办体育的积极性,指导街道广泛开展社区运动会。进一步培育"一街一品",让每个街道拥有自己的特色团队、"拳头产品",如嘉兴路街道的柔力球骨干曾代表上海市参加第十三届全运会群众比赛柔力球项目,江湾镇街道健身气功骨干及团队多次参加市、国家甚至国际赛事交流活动。特别值得一提的是,嘉兴路街道瑞虹社区足球队作为上海唯一代表队将参加第十四届全运会群众比赛足球项目,现已完成报名,正在积极备战中。

4. 积极探索社会化、市场化的"多元主体"办赛模式并制定相应的赛事承办办法、评估办法等

进一步规范市场,引导、吸引具有办赛资质的体育社会组织、赛事公司承接城市业余联赛、市民运动会、"虹口·谁是联赛王"等全民健身赛事活动,因地制宜,因人办赛,为市民提供均等化、便利化的赛事服务。传承和发扬好精

武武术非物质文化遗产,积极打造集精武体育博物馆、精武公园、精武产业公司、精武会馆、精武学院、国际论坛、武术表演、国际精武文化节等于一体的精武体育文化产业街区,积极促进民间体育(武术)交流,激发市民参与体育、喜爱体育的热情。

(三)抓细方式方法,提高健身指导服务水平

1. 社会体育指导员队伍发展质、量并行

组织架构上,成立虹口社区体育(社会体育指导员)协会,进一步完善社区体育健身俱乐部、社会体育指导员社区指导站的指导工作,加强社会体育指导员队伍管理。截至2019年底,全区共有各级社会体育指导员2 315人,进一步规范社会体育指导员等级培训和再培训工作机制,开展相应的培训活动;改革加强社会体育指导员管理和服务,优化社会体育指导员年龄结构、等级结构,完善社会体育指导员考核制度,提高上岗率与活跃度,加强全民健身公益性指导服务。

2. 大力实施社区体育服务配送,创新形式

进一步推进科学健身讲座、技能培训等公共体育服务进社区、进园区、进楼宇,更加注重使用健身技能的现场教育与普及推广,推广线下与线上相结合的科学健身指导,向市民传授科学健身知识,提升健身素养。组织开展国家体育锻炼标准达标测验活动。

(四)加强多方联系,推进"体医养"融合发展

1. 积极推进市民健康关口前移

与区卫健委合作,推进中西医结合医院"体医联建站"、智慧健康驿站的建设和日常运作,将体质监测与医学体检、中医养生相结合,打造虹口区首个"'国医强优'体医结合示范基地"。同时继续发挥好曲阳路街道运光新村市民健身(健康)中心服务于社区内及周边1公里内的社区老年人的功能,切实解决老年人运动健身及科学锻炼的需求,培养他们从被动医疗到主动健康的意识,提升老年幸福指数和生活品质。

2. 充分利用辖区资源,促进全民健身与全民健康深度融合

将体质监测与医学体检、中医养生相结合,建立居民健康档案,推广"三报告、两处方"工作模式,积极探索体育与卫生的数据共享互通,充分发挥体医联建站的功能。

四、全民健身工作典型案例

(一) 锐意改革,深耕群众赛事 IP

"虹口·谁是联赛王"是完善区内业余赛事体系、旨在满足区内市民多样化的健身需求的业余赛事平台,秉承上海市城市业余联赛(上海市民运动会)"全民参与、全民运动、全民健康"的理念和模式,在项目设置上与市级赛事接轨,进一步完善群众体育"社区—区—市"的三级赛事体系。平台以 2019 年虹口区运动会为契机正式上线,两年时间累计举办体育赛事 80 场次,参与人数 11 万余人次。

"虹口·谁是联赛王"注重顶层设计,对年度赛事做好顶层规划设计,既在项目上对接市级业余联赛,起到队伍选拔功能,为市民提供公正公开的参赛环境;还着力发挥虹口特色资源,打造虹口足球联赛、精武武术系列赛、白玉兰登高等项目的赛事 IP 的扶持引导,分级分项规划赛事等级和经费使用;同时强化赛事的杠杆作用,明确办赛主体,引导社会和市场参与全民健身资源配置,助推社会组织改革发展。

在实践探索中,"虹口·谁是联赛王"以群众性体育运动为主体,注重赛事的覆盖人群,以个人竞赛与群体活动相结合,兼顾传统项目(武术、广场舞、柔力球等)和新兴项目(电竞、垂直登高、城市定向等)。在"国潮文化"的大背景下,发挥体育赛事的文化传播与传承功能,充分利用区内红色资源和精武总会等独有资源,将"红色文化""四史"教育等元素融入赛事,让广大群众体验"有文化、有历史、有人文、有故事、有情怀"的全民健身赛事。

在疫情防控常态化的背景下,为了丰富参与市民的体验,提升赛事多元性,区体育局将线上和线下相结合,搭配赛事图片直播、视频直播、社群打卡等多种形式的"云上互动",满足广大群众时时刻刻的健身需求。

在开展"虹口·谁是联赛王"的过程中,区体育局坚持问题导向,着力推进供给侧改革,围绕办赛数量、办赛质量、办赛影响等几个方面持续发力。赛事 IP 建立以来,赛事种类丰富,累计举办 26 项单项体育赛事,参赛人次显著提升。

随着"虹口·谁是联赛王"赛事的持续推进,全区市民的体育技能和竞赛水平也获得了长足的进步。嘉兴路街道瑞虹社区足球队和江湾镇街道健身气功队分别代表上海代表团参加第十四届全国运动会群众比赛十一人制街道(社区)足球和健身气功比赛,进一步激发了广大群众参与体育运动的热情,打通竞技体育与群众体育之间的通道,实现了竞技体育与群众体育的全面协调发展。

(二)聚焦需求,打造锻炼新家园

"两江女子学校游泳池旧址"位于虹口区曲阳路街道邯郸路47弄8号运光新村内,因年久失修,成为小区内常年的"闲置古董"。

运光新村社区房屋密集,老年居民比例高。虹口区体育局和曲阳路街道进行了充分的调研,发现该地区很多老年人对健身场地和运动健康的诉求得不到满足。经论证并结合居民意愿,于2018年对"两江女子学校游泳池旧址"进行翻新改造,并对泳池两侧功能用房进行了加固装修,打造成集运动健身、功能康复、社交娱乐于一体的老年人活动场所,将其命名为"虹口区运光新村市民健身(健康)中心",并于2019年6月12日正式对外开放。

运光新村市民健身(健康)中心主要服务于社区内及周边1公里内的老年人,解决老年人对运动健身及科学指导方面的需求,培养他们从被动医疗到主动健康的意识,是"体医结合""体养结合"落地社区的一个创新,旨在发挥解决老年人孤独问题、提升老年幸福指数和生活品质的作用。

市民健身(健康)中心内设功能器械练习、体质健康测试、科学健身指导、知识培训讲座、健身团操课程、文化社交服务等六大类服务内容。为了更精准地服务社区群众,相关人员深入运光新村社区召开专题座谈会,开展调研工作。在广泛听取社区干部和周边居民对中心提出的意见和建议后,对中心原有的服务进一步规范细化,不断优化服务内容。中心在配备专业适老化运动器材和康复治疗师现场进行指导服务的基础上,让老年人在锻炼前先进行体质测试评估,并由康复师开具运动处方,使锻炼更具针对性和有效性,避免因为盲目锻炼引起的安全风险。

中心同时设有健身操、交谊舞等时尚健身课程,还设有太极拳、健身气功、五禽戏、易筋经、八段锦等传统养生课程。根据座谈会中听取的市民建议,中心增设了预防跌倒、疼痛缓解等专题课程,增加了运动与健康的知识讲座,为老年人讲解常见慢性病的症状和运动保健方法,强化防病意识,提高老年人健康保健意识。为了让中心可以为运光新村社区更多的老年人提供服务,区体育局除了依托曲阳路街道和区民政等部门进行动员外,还通过传统纸媒和微信公众号等方式进行广泛宣传。此外,中心结合重阳节、中秋节、国庆节、端午节等传统佳节,开展节日联欢会、健康明星评选等活动。日常组织老人进行剪纸、丢沙包、猜字谜等趣味活动,增进老人间的友谊和感情。通过这些小细节上的服务,把中心打造成一个温馨、快乐的为老服务场所。

中心尽可能地在合理范围内满足老年群体的需求,高度重视老人的意见和建议。同时不断加强工作人员的服务意识和专业培训,为老年人群体提供更优质的服务。根据老人的意见反馈,增加了阅读、座谈和棋类等内容。在为老年人提供健康服务的基础上,搭建快乐交友的平台,满足老年人的社交需求。很多老人给中心送来锦旗,感谢工作人员的辛勤付出。

中心自开放以来,平均每天服务老年人 50～60 人次,截至 2020 年 12 月底,累计服务老年人 3.51 万人次。其中以 60～70 岁老年人为主(占比 75.28%),服务年龄中最年长的老人为 92 岁,其中多数老年人每周能够保证 3 次以上的锻炼频率,平均锻炼 1～2 小时/天,均能坚持有条不紊地进行日常锻炼。在中心进行的满意度问卷调查中,有 97.8% 的老年人对中心服务表示非常满意。据统计,在中心坚持锻炼的老人中,有 11 位老人睡眠质量有所提高,9 位老人血压得到控制,5 位老人血糖得到明显改善,8 位老人体重有所减轻。还有些老人表示腰膝疼痛缓解、肌肉力量增加、自我感觉神清气爽等,绝大多数前来中心参加锻炼的老年人都觉得与之前相比,无论是身体健康还是心情方面都有了明显的改善。几位肢体不便的老年人(骨折术后、中风患者、偏瘫患者)在中心坚持锻炼,也自述身体状况得到了很大好转,由之前需要家人搀扶前来锻炼,到如今能独自行走前来锻炼。之前有的老人病后手脚不协调,到如今已看不出明显异常。

(三)体医联建,国医强优

为进一步贯彻落实《"健康中国 2030"规划纲要》《全民健身条例》,虹口区体育局、卫健委以"体医融合、部门联动、优势互补、惠及群众"为原则,将体质监测、医学体检与中医养生相结合,于 2019 年 1 月在上海市中西医结合医院内共建"虹口区体医联建站",并将该站点冠名为"虹口区'国医强优'示范点"。

体医联建站为市民提供医学体检、中医养生、体质监测三类报告及自主健康、科学运动两份处方(简称"三报告,两处方"),帮助群众了解身体体质状况,提供科学健身辅导,促使亚健康和慢性病人群遵循科学的运动处方进行运动。目的是从根源上减少慢性病的身心损伤和医疗负担,探索"体医结合"新路子,创新公共服务新功能,促进"健康虹口"建设。

在探索"体医结合"的过程中,区体育局、区卫健委将体医联建站作为平台和载体,积极开展交叉培训工作。

体医联建站特聘三位专家,在开放过程中,专家对站点工作人员、社会体育指导员、家庭医生等主要对象进行培训:一是为站点工作人员和社会体育指导员进行基本的医学常识及医疗急救方法指导;二是对站点医生和家庭医生进行科学健身知识和开具运动处方的培训,积极推动体医人才交叉培训,以点带面开展工作。通过逐步建立和完善针对不同年龄层次、不同身体状况人群的运动处方库,推动"体医结合"疾病管理与健康服务模式,发挥全民健身在健康促进和慢性病预防等方面的积极作用。

虹口区体医联建站建成开放以来,把"三报告、两处方"作为工作机制之一,积极探索和创新,并不断健全完善长效工作机制,充分发挥治未病科医生的专业性作用,正式开放以来,已为超过 5 000 人次(开放以来门诊量约为 36 000 人次)市民提供了"三报告、两处方"服务。涉及病种包括失眠(45%)、功能性便秘(38%)、慢性肌肉疼痛(15%)、中风后遗症(2%)等。结合中医体质九分类方法,体医联建站相关人员还创编了一套适合缓解九种体质的导引养生功,于 2021 年 3~5 月在全区各街道及相关企业开展了推广普及活动,申报并获批上海市体育局 2021 年度体育科研课题"导引养生功改善在职人群体质的研究"。

下一阶段,体医联建站旨在探索积极促进市民体质健康大数据的开发应用,大力推进体医联建站成为融健康教育、体质监测评估与健身指导、慢性病早期筛查、健康自我管理、运动营养和重点疾病运动干预等为一体的健身健康促进服务中心。

五、全民健身工作基本经验

(一)建立跨部门协调联动机制

全民健身是一项系统工程,许多工作不是体育局单一系统能够完成或是解决的。在新的全民健身周期中,不断完善和改进全民健身联席会议制度。在区政府统一领导下,明确各部门目标任务、职责分工,处理好体育与经济、社会、教育和文化的关系,为全民健身计划推进和解决体育发展的重点难点问题提供制度保障。

(二) 挖掘特色体育资源

凸显足球和精武等项目特色和区位优势。完善业态、配套建筑、整体环境,挖掘虹口足球场作为中国第一座专业足球场和申花俱乐部主场的历史文化价值,实现以虹口足球场为载体,打造虹口体育服务综合体;依托精武体育总会的历史积淀与文化底蕴以及在国际上的知名度和影响力,大力弘扬精武体育文化。

(三) 注重基层人才培养

优化社会体育指导员职业培训,提升其在服务配送和科学健身指导中的作用,提高职业素养和服务水平。加强竞技体育与全民健身人才队伍的互联互通,形成全民健身与学校体育、竞技体育后备人才培养良性互动的局面。动员和引导健身团队成员自治共治,激发基层全民健身组织活力和参与意愿。

杨浦区全民健身
"十三五"发展报告

杨浦区体育局

杨浦区位于上海市东北部,是面积最大、人口最多的中心城区,不仅拥有"三个百年"(百年工业、百年大学、百年市政)的历史文化底蕴,还有"游泳之乡""足球之乡"和"田径之乡"之称。在区委、区政府的领导下,在市体育局的指导下,在社会各界共同参与下,"十三五"时期,市民科学健身素养不断提升,参加体育锻炼的人数持续增加,体育健身组织体系健全,体育健身设施供给多元,体育赛事活动量质齐升,初步形成了资源配置比较均衡、服务水平显著提高、服务机制普遍健全的全民健身局面。

一、全民健身工作总体情况

"十三五"时期,杨浦区的全民健身工作以上海建设全球著名体育城市和建设体育强区为目标,贯彻实施《上海市市民体育健身条例》,紧紧围绕《上海市全民健身实施计划(2016—2020年)》和《杨浦区全民健身实施计划(2016—2020年)》,立足"三区一基地"建设,全面落实全民健身国家战略,深入推进"体教结合、体医结合、体绿结合、体旅结合"等,不断完善全民健身公共服务体系,着力提升全民健身公共服务水平和供给能力,持续推进"15分钟体育生活圈"建设,推动全民健身和全民健康深度融合,着力满足广大市民的体育健身需求,提高市民生活品质和健康水平。

到2020年底,杨浦区全民健身总体目标全面完成。其中,人均体育场地面积达到1.09平方米,学校体育场地社会开放率达到70%,经常参加体育锻炼的人数比例达到45.2%,每万人拥有体育健身组织的数量达到17个,社会体育指导员人数占常住人口的 2.7‰,市民体质达标率为 97.4%,城市社区"15 分钟体育生活圈"全覆盖,公共体育场馆设施开放率达到 100%。

二、全民健身工作主要成就

(一) 体育健身组织体系健全

建成了由体育总会、人群类体育协会、项目类体育协会和社区体育俱乐部、青少部体育俱乐部、单项体育俱乐部以及体育健身团队构成的健全的全民健身组织体系,84 个体育社会组织、50 多个体育生活化实践基地、4 000 多个体育健身团队以及健身气功大联盟和 61 个健身气功站点,覆盖全区各街道社区。城市社区"15 分钟体育生活圈"覆盖率达到 100%。完善的全民健身公共服务体系,促进了全民健身公共服务均等化和标准化进程,也提高了广大市民体育健身的参与度。杨浦区体育局获评"2017 年度全国体育系统先进集体",另有 3 家单位获得"2013—2016 年度全国群众体育先进单位"荣誉称号,3 人被评为"2013—2016 年度全国群众体育先进个人"。全民健身示范城区试点区工作也得到了国家体育总局的通报表扬。

(二) 体育健身设施供给多元

体育健身设施建设做到了"常规动作"基础扎实,"自选动作"特色鲜明。联合区绿化市容局在公园、绿地建设健身步道;科学布局杨浦滨江带体育设施设置,打造杨浦滨江跑者服务站;挖掘利用旧厂房建设体育设施,镶嵌公共体育服务理念。开创政府引导、多方合作、社会参与、共建共享体育场地设施新模式,建立了上海首家服务全人群的社区市民健身中心。积极推进符合开放条件的公办中小学校体育场地以及区域内有条件的大学体育场馆资源向社会开放,社区公共体育健身设施管理形成了区体育局监管、区社会体育管理中心巡查、各街道负责、居委会落实的四级管理模式。截至 2020 年底,建成市民健身中心 4 个、市民益智健身苑点 600 余个、市民健身步道 51 条、市民球场 18 处、市民健身房 11 处,公共体育设施基本实现全覆盖。人均体育场地面积达到 1.09 平方米,比"十二五"时期增长了近 15%,基本满足了市民健身对体育场地设施的需求。

(三) 体育健身活动量质齐升

坚持以市民健身需求为导向,推动办赛主体多元化,推进赛事活动多样化。立足区域特色和自身资源禀赋,成功举办亚洲极限滑板冠军赛、DOTA2亚洲邀请赛、澳式橄榄球超级联赛上海站等国际赛事和杨浦新江湾城半程马拉松、杨浦足球超级联赛等品牌赛事。建立区、街道、居委会多元互动的群众体育活动体系,各街道每月承办至少2项赛事活动,做到月月有比赛、周周有展示、天天有活动。"十三五"期间,先后举办了皮划艇、高尔夫、羽毛球、乒乓球、游泳、路跑、城市定向、健身操、门球、飞镖、棋牌类、壁球、健身健美以及杨浦滨江水岸线集科技、活力、文化于一身的系列体育赛事活动等近2 000场次,年均举办各类全民健身赛事活动达450多场次,覆盖了青少年、在职职工、老年人三类人群,提高了市民参与体育健身的获得感和幸福感。

2020年新冠肺炎疫情期间,杨浦区创新办赛模式,杨浦足球超级联赛首创全国11对11"云端PK"线上电竞足球赛,开展了线上竞答和线下打卡相结合的"学四史、守初心"城市定向挑战赛,"上海银行·2020杨浦新江湾城'云上跑'"等系列活动,全年以"杨浦区第三届运动会"微信小程序为载体,通过线上线下联动,共举办了近500场赛事活动,吸引了21万人次市民参与。获评上海市第三届市民运动会"最佳组织奖"和"最佳赛区奖"。

(四) 体育健身指导能级提升

加强科学健身指导,进一步夯实区级、社区、居民区三级健身指导服务网络,3 300多名各级社会体育指导员(占区常住人口的2.7‰)活跃在全区各健身站点,免费为社区、机关、企事业单位和学校开展健身大学堂、健身技能培训和课程配送,开展体质监测和体质干预。市民体质监测站覆盖12个街道,市民体质测试总体合格达标率为97.4%。联手区卫健委推广"体医融合"健康服务模式,开展减重干预、高血压、糖尿病等慢性病运动干预,促进全民健身与全民健康深度融合。还通过开展名医义诊与医学咨询、国家体锻达标赛、慢性病干预成果展示、趣味运动会嘉年华等活动,推广"运动是良医"理念,增强市民健身及健康意识,促使广大市民养成健康文明的生活方式和终身锻炼的良好习惯。发挥区域化党建的引领作用,以上海体育学院党员师生为核心团队,联合家庭医生等医疗卫生、科研科普人才,组建"社区健康师"服务团队,在全区12个街道设立3个示范服务点、9个服务点,从"吃、练、防、调"四个方面对市民运动健康进行全链条指导。

（五）体育健身环境不断优化

在区级层面建立区全民健身联席会议制度，定期召开全民健身工作会议，统筹推进全民健身工作。部门之间建立工作机制，通过"体教、体医、体绿、体文、体企、体旅"结合，在体育设施建设、体质监测、赛事活动和健身设施建设等方面，形成了协同推进的工作格局。在街道层面建有社区体育指导员站、市民体质监测站、社区体育俱乐部等，激发基层社会组织参与全民健身的动力与活力。逐步完善体育信息化服务平台，推出"韵动杨浦"电子健身地图，打造集查询、场馆预定、赛事报名、场地开放、体育配送、运动银行积分兑换等多功能的综合平台，为市民提供更多、更好的运动服务和体验。

（六）政策和经费保障有力

认真贯彻实施《上海市市民体育健身条例》，以市、区两级实事工程为抓手，出台了促进全民健身运动广泛开展的制度文件，如《杨浦区全民健身实施计划（2016—2020年）》《杨浦区体育发展"十三五"规划》和《杨浦区创建全民运动健身模范市工作实施方案（2018—2021年）》等，为基层全民健身工作提供了制度保障。同时将全民健身经费列入了区级财政预算，每年都有一定程度的增长（政府财政投入的总量较大，但由于人口基数大，人均增幅相对较小），基本保障了全民健身公共服务体系建设和运行，如人均日常工作经费从2016年的6.5元（全市平均22.7元），增长到2019年的19.8元（全市平均19.0元）；人均专项工作经费从2016年的24.7元（全市平均27.4元），增长到2019年的28.2元（全市平均99.5元）。由此可见，杨浦区全民健身工作的投入产出比相当高。

三、全民健身工作特色做法

（一）探索设施建设新路径，推动服务能级提升

2018年，与殷行街道携手尚体健康科技、乐刻运动打造了全市首家能够同时服务老年、中青年、青少年（儿童）以及残障人群的社区健身房，同时也是上海首家全民健身与健康融合的社区型市民健身中心——殷行街道市民健身（健康）中心。2020年，联合控江路街道携手尚体健康科技，打造了控江路街道

首家市民智慧健身(健康)中心,在350平方米的室内空间规划了传统的中青年健身区域和老年人运动健康促进平台——乐活空间,满足老中青不同人群的健身需求。该中心还引进了智慧管理系统,通过人脸识别、智能门禁、在线预约和支付等功能,为前来健身的居民建立个人健康档案,为社区健康管理提供数据支持。在挖潜和利用旧厂房、闲置地块和城市"边角料"地块等场地空间建设体育设施方面,将建筑面积约9 000平方米的市京工业园改造成市京体育产业园,并于2020年7月正式揭牌,目前篮球场、训练场、羽毛球场都已建成,未来还将建设体育文化众创空间、沐浴室等配套设施,打造集合现代时尚的体育生活方式示范、体育文化产业创意、现代休闲娱乐、青少年体验式教育四位一体的一站式体育生活园区,预计可辐射约40万人。积极推进区政府实事项目建设,2021年计划新建、改建45个市民益智健身苑点、2条市民健身步道、3个市民球场。

(二) 探索健康指导新模式,推动体医养深度融合

加强与上海体育学院合作,于2020年6月推出"社区健康师"项目,以上海体育学院党员师生为核心,联合家庭医生、科普专家及著名运动员、教练员组建服务团队,根据各街道实际需求,定期在杨浦滨江党群服务站、殷行市民健康中心、绿瓦体育书店等12个服务点,围绕办公室人群运动健康教育与促进、运动促进老年人防跌倒系列健身方法等,开设"办公室颈肩腰背疼痛缓解18法""增加肌肉力量,改善身体功能水平锻炼18法"等课程,面向不同人群提供运动营养、科学健身、伤病防护、心理调适等服务,指导市民"怎么吃""怎么练""怎么防""怎么调"。自项目启动以来,目前共有"社区健康师"70余名,已开展各类线下服务87次,2 800余人次参加。加强社会体育指导员队伍建设,为老百姓更好参与体育锻炼提供指导。2021年,结合上海市社会体育指导员改革工作,与体院继续教育学院合作将运动健康师和社会体育指导员培训进行对接,探索指导员发展的新路径,不断推动指导员队伍多元化、年轻化、专业化。首批培训合格的60余名运动健康师(同时也是二级社会体育指导员)即将深入社区、校区开展公益服务。

(三) 探索赛事活动新体系,推动韵动杨浦品牌打造

杨浦全民健身赛事活动在上海市体育局、上海市体育总会指导下,在社会各界支持下,近年来得到了很大的发展,建立了区、街道、居委会三级群众体育

活动体系,在"三区联动"的基础上,拓展为"社区、校区、园区、营区、商区"五区联动,形成了如杨浦足球超级联赛、新江湾城半程马拉松赛和上海共青森林体育消费嘉年华等有一定影响力的区级品牌赛事,带动了更多家庭、健身团队、园区白领及驻区官兵等参与体育健身。2021年,区体育局紧扣"人民城市人民建,人民城市为人民"的重要理念,对标"四高城区"建设要求,致力于以区级品牌赛事为龙头,围绕上海城市业余联赛,着力打造"韵动杨浦·秀出来"全民健身赛事活动体系,将全民健身赛事活动重点项目分为滨江主题秀(以杨浦滨江为主题的赛事活动)、活力赛场秀(区级以上各类各项赛事活动)、品牌特色秀(区级品牌赛事活动)和缤纷社区秀(以社区运动会为主的100余场街道级赛事活动)等四大板块、共计200余场赛事活动。其中,以习近平总书记视察过的杨浦滨江为主题的"滨江秀"板块,是"韵动杨浦·秀出来"赛事体系的重要组成部分,首次尝试推出面向全社会的12项赛事活动,动员优质社会体育组织和企业参与和积极申办。

四、全民健身工作典型案例

(一)"体医融合"助力"健康杨浦"建设

在"健康中国"建设的背景下,2017年杨浦区体育局开始在全区范围(社区、学校、企业)全面推进"体医融合"项目,推广糖尿病、高血压、肥胖等慢性病运动干预方法。2018年又在杨浦区12个街道全面开展"1+X体医融合"体质干预项目,"1"即在各街道全面开展高血压患者的慢性病干预项目,"X"即各街道再自行选择一个体质干预项目,干预周期为六个月。由区体育局负责拟定高血压慢性病干预项目方案,审核各街道拟定的"X"体质干预项目方案,并组织专家论证、培训、总结和评估。区卫健委负责对干预对象进行运动禁忌证筛查,各街道负责招募、组织干预对象,进行体质监测和后续干预活动。到目前为止,分别在东区电信局开展职工减重运动干预、与杨浦区中心医院共同开展不同强度运动处方干预糖尿病、与上海体育学院开展健身气功——帕金森慢性病干预、在开鲁二小开展明目功的推广等。通过对慢性病患者生活方式的改善以及运动健身的干预,缓解和稳定了慢性病患者的病症,提高了慢性病患者的生活质量。"体医融合"助力"健康杨浦"和"健康上海"建设,也为全市乃至全国慢性病干预提供了可复制、可落地、可借鉴的经验。

(二)"草根"足球联赛打造品牌赛事

区体育局坚持政府、社会、市场"三轮驱动",更大限度地调动社会组织参与全民健身工作的积极性,以举办"草根"足球赛事的方式践行"运动相约,健康同行,快乐长伴"的生活理念,共同打造社会足球赛事品牌,让"体育惠民"成为激发市民参加体育健身活动的动力源泉。

作为体育社会组织的杨浦区足球协会,紧扣全民健身国家战略,推动杨浦区职工足球和社会足球均衡发展。经过精心策划的杨浦足球超级联赛(以下简称"杨超联赛"),设置了"五人制"和"八人制"足球赛事,实行超级组和甲级组的升降级制度,让实力接近的球队之间竞争更加激烈,提高了比赛的观赏性和参与度。"杨超联赛"汇聚了区域内大中小学、各类企业和街道等单位的业余足球队,充分体现了校区、园区、社区的联动交流,让不同年龄、不同水平、不同国籍的足球爱好者找到了适合自己的赛事活动,形成了覆盖青少年、职工、老年人三大人群的全民健身足球赛事,让更多市民共享"草根"足球赛事的参与感、体验感和获得感,不仅提高了足球人口比例,也为广大"草根"球员搭建了"科学健身以球会友"的交流平台,有力地推动社会足球的蓬勃发展。经过三年打造的"杨超联赛",不仅逐步成为有区域特色的全民健身品牌赛事,还面向全市,吸引了沪上众多业余球队,"踢足球,来杨浦"已逐渐成为全市足球爱好者参与足球运动、体验足球氛围新的共识。

为了"杨超联赛"品牌赛事的持续发展,区体育局还大力促进青少年足球俱乐部等体育社会组织发展。在前国奥队、申花队球员姚力君成功注册上海捷希青少年足球俱乐部以后,目前共有9家青少年足球俱乐部在杨浦足协注册,并通过举办捷希亲子足球嘉年华、青少年"五人制"足球邀请赛、杨浦区中小学阳光体育大联赛暨"杨超杯"足球比赛、"新民晚报杯"暑期中学生足球赛(杨浦赛区)、"杨浦足协杯"等赛事活动,促进俱乐部间的交流与合作,不仅提高足球后备人才培养水平,也促进了青少年体育活动的广泛开展。"杨超联赛"这一全民健身品牌赛事,2018年被上海市体育局评为"上海城市业余联赛十佳赛事",上海市杨浦区足球协会也被中国足球协会评选为"全国20家优秀基层单位"。

五、全民健身工作基本经验

杨浦区全民健身事业处于全市前列,全民健身公共服务市民满意,主要在于区体育局联合多部门不断完善全民健身公共服务体系。

(一)践行全民健身"五区联动"发展理念

通过"社区、校区、园区、营区、商区"五区联动,联合举办形式多样的全民健身赛事活动,满足市民就近健身需求,有效提高广大市民对体育健身的参与度和活动的辐射力。

(二)构建全民健身"六大结合"发展模式

通过全民健身联席会议,促进"体教、体医、体绿、体文、体企、体旅"多元融合,形成多部门合作建设全民健身公共服务体系的联动机制,为市民提供精准、精细、精致的全民健身公共服务。

(三)多渠道跨领域发展体育健身组织

充分发挥区体育总会、单项体育协会、体育社会服务机构、各街道社区体育俱乐部在全民健身发展中的主体作用,主动应对健身人群需求,支持鼓励社会力量、体育爱好者团队等组建体育社团,发挥体育健身组织在提高全民健身公共服务中的作用。

(四)整合区内资源,完善体育设施布局

与区域内高校联动,建立高校体育场馆共享机制;与阿里体育合作运营体育场馆;与乐刻体育、尚体健康科技合作建立上海首家7×24小时"不打烊"的百姓健身房,以及"互联网+智能"模式覆盖全人群的社区市民健身中心;与耐克大中华区合作,在杨浦滨江带沿线建设路跑服务站等,不断完善体育场地设施多元供给布局。

六、"十四五"时期全民健身工作思路

"十四五"时期是杨浦打造"四高城区"、全面提升城区能级和核心竞争力的重要时期,为构建更高水平的全民健身公共服务体系、建设国家全民运动健身模范市和全民健身示范区,杨浦区全民健身工作以习近平新时代中国特色社会主义思想为指导,全面贯彻落实党的十九大和十九届二中、三中、四中、五中、六中全会精神,坚持"以人民为中心"的发展思想,坚持新发展理念和"人民

城市人民建,人民城市为人民"重要理念,深入实施健康中国和全民健身国家战略,推进政府、社会、市场共同参与,提高体育治理体系和治理能力现代化水平,完善全民健身公共服务体系,丰富全民健身公共服务供给,不断满足市民日益增长的多样化体育健身需求,助力"健康杨浦"和体育强区建设。

杨浦区全民健身工作将不断创新机制,营造"处处可健身、天天想健身、人人会健身"的全民健身城市环境,构建更高水平的全民健身公共服务体系,为各类人群提供均等的全民健身公共服务。完善体育健身设施体系、体育健身组织体系和体育健身赛事活动体系,率先在全市实现"10分钟社区体育生活圈"全覆盖。加强科学健身指导,深化"体医融合"模式,提高市民健康素养和体质健康水平。全区经常参加体育锻炼的人数比例达到46%以上,人均体育场地面积达到1.3平方米左右,市民体质达标率不低于96%,市民体质健康水平处于全市前列,成为上海市全民健身的标杆城区。

宝山区全民健身"十三五"发展报告

宝山区体育局

"十三五"期间,宝山区全民健身事业深入贯彻习近平总书记关于体育工作系列重要讲话以及重要批示精神,牢固树立创新、协调、绿色、开放、共享的发展理念,落实健康中国和全民健身国家战略,积极融入"健康上海"和全球著名体育城市建设的总体目标,在区委、区政府的领导下,在上海市体育局的指导下,在各街镇和相关部门的支持下,在社会各界共同参与下,区体育局紧紧围绕《上海市全民健身实施计划(2016—2020年)》和《宝山区全民健身实施计划(2016—2020年)》,坚持"幸福宝山,乐享体育"的理念,以建设"体育强区"和增强市民体质、提高健康水平为根本目标,以建成与宝山区经济社会发展水平相适应、覆盖全面、供给丰富、城乡一体的全民健身公共服务体系为核心,推动全民健身事业创新发展、协调发展、融合发展,提升全民健身现代化治理能力,不断满足市民日益增长的多样化体育健身需求,为建成"两区一体化"升级版的现代化滨江新城区作出了积极的贡献。

一、全民健身工作总体情况

"十三五"期间,宝山区全民健身事业发展水平显著提高,实施效果显著。对照《宝山区全民健身实施计划(2016—2020年)》设定的目标任务,到2020年底,宝山区全民健身总体目标全部实现。经常参加体育锻炼的人数比例不断增长,达到了45.85%(目标是45%以上);市民身体素质和健康水平稳步提高,市民体质达标率为96.44%(目标是≥96%);体育场地设施数量明显增加,常住人口人均体育场地面积达到2.2平方米(目标是2.2平方米);体育社组织活力增强,每万人体育社会组织(团队)达到了 24.5 个(目标是 20 个),每千人公益社会体育指导员数为 2 人(目标是 2‰);城市社区"15 分钟体育生活圈"全覆盖,公共体育场馆设施和学校体育场地设施开放率均达到 100%,实现了全区场地设施多样化、健身组织网络化、体育活动生活化、健身指导科学化,全民健身公共服务体系已经形成,全民健身公共服务总体状况令市民满意。委托第三方调查公司对公众满意度的调查结果显示:公众总的满意度指数为 78.48 分(中性值为 60 分)。其中,体育场地设施满意度指数是 79.83 分,体育组织满意度指数是 77.01 分,体育赛事满意度指数是 78.29 分,体育活动满意度指数是 78.99 分,体育健身指导满意度指数是 77.75 分,体育文化满意度指数是 78.85 分。6 个分项指数均超过 70 分,表明宝山区市民对全民健身各项公共服务均比较满意。

二、全民健身工作主要成就

(一)加强体育组织建设,增强健身团队活力

按照"社会化、实体化、专业化、规范化"的要求,建立了体育总会、单项体育协会、社区体育俱乐部、青少年体育俱乐部等体育类社会组织 70 多家,基本形成了覆盖面广、门类齐全的全民健身组织网络。各协会、俱乐部通过整合优质资源,开展体育健身组织负责人培训、社区体育俱乐部沙龙交流,为各类体育健身组织搭建交流平台。还积极组织或承办各类体育赛事活动,吸引广大市民积极参加体育健身,经常参加体育锻炼人数占总人口的 45.85%。城市社区"15 分钟体育生活圈"覆盖率达到 100%,行政村农民体育健身工程覆盖率达到 54.3%,每万人(常住人口)拥有固定健身团队超过 24.5 个。2017 年罗泾镇被国家体育总局授予"全国群众体育先进单位"荣誉称号。

(二)加强体育健身设施建设与管理,完善"15 分钟体育生活圈"

通过实施政府实事工程,整体规划、分步实施,进一步完善区、街镇、居住区三级"塔形"体育设施体系。建设完成近 151 公里环区城市绿道,杨行体育中心新建项目启动建设,新建张庙街道、罗店镇、顾村镇、淞南镇、高境镇等多个社区级市民健身活动中心。加强体育与绿化、旅游、水务等部门的协作,推进白沙公园、智力公园等绿地公园中足球、篮球、网球、门球等多功能社区公共

运动场建设。截至2020年12月底,全区累计建成社区市民益智健身苑点946个、各类市民球场103片、各类市民健身步道275条,总长度216公里(其中公园绿道为151公里,其他步道65公里)、百姓游泳池7个、市民健身房8个、区级和社区级市民健身活动中心11个。全区体育场地设施总面积约453万平方米,按"十三五"规划人口204.23万人计,人均体育场地面积为2.2平方米,完成了"十三五"预期目标。按现公布的第七次全国人口普查人口223.5万人计,人均体育场地面积为2.03平方米,与上一次人口普查相比增量较大。覆盖全区的"一环一核多中心+X"的体育健身场地设施网络基本形成。推动区域内商业性健身场所采取低偿服务等方式向社区公益性开放,促进企事业单位和中小学校体育场馆设施对外开放,并努力延长开放时间、拓展服务内容,公共体育场馆开放率达到100%,符合开放条件的学校体育场地社会开放率达100%。2018年区体育局荣获市"游泳场所开放优秀组织管理单位"称号。

通过委托第三方管理的模式进行健身苑点日常管理维护,改变了以往由街镇、居委专职人员管理的模式,提升了街镇健身苑点日常管理水平,确保居民参与健身活动的人身安全,健身设备、设施也得到了较好的维护,更好地保障了健身设施的完好率,满足市民开展体育健身活动需求。

(三)加强赛事活动管理,丰富市民体育健身活动内涵

坚持政府、社会、市场"三轮驱动",以上海市城市业余联赛、区群众体育大会、区第四届运动会等为平台,积极创新办赛模式,广泛组织开展适合不同人群、不同年龄、特色鲜明、内容丰富、形式多样的群众性体育赛事活动。成功举办宝山区第四届运动会,搭建全民参与、全民运动、全民健康的全民健身平台,实现单位报名、个人报名、组团报名并行,线上线下同步,市民参与热情高涨,共举办各级各类赛事1540场,其中区级赛事102场、街镇级赛事154场、青少年体育俱乐部主办赛事活动22场,参赛人数近70万人次,创下办赛主体最丰富、赛事种类最广、组织发动最广、参赛人数最多等四个历史之最,让宝山市民共同体验了家门口的体育盛会。着力扶持"一镇(街)一品"特色健身项目,大力培育元旦迎新跑、上海樱花节女子10公里路跑、上海市家庭马拉松赛、美丽乡村徒步赛等区级品牌赛事。深入推进全民健身进机关、进社区、进学校、进军营、进园区(企业),鼓励和支持各级各类机关、企事业单位和社会团体定期举办各类全民健身活动,如职工体育大联赛、机关运动会、"午间一小时"运动巡回赛等赛事活动,将赛事项目与生态、旅游、美丽乡村建设深度融合,营造了

"天天有活动、周周有比赛、月月有亮点、季季有高潮"的良好氛围。2020年宝山区在原有赛事活动的基础上建立了"战FUN宝山"赛事品牌,使宝山的赛事活动进一步提档升级。过去五年,全区共举办各级各类体育赛事活动2 506次,累计有350万人次参与体育赛事活动,进一步提升了市民参与度,体现了"幸福宝山、乐享体育"的办赛宗旨,打造宝山特色体育文化,集中展示宝山区经济与社会相协调、文化与生态相融合的形象。

(四)加强体育健身指导,提高市民科学健身意识

加强科学健身指导,进一步完善区级、街镇、社区三级健身指导服务网络,4 386名各级社会体育指导员活跃在全区众多的健身站(点),4 671个社区体育健身团队100%拥有社会体育指导员。深入机关、社区、学校、部队和企业,以市民健身需求为导向,开展赛事组织、技能培训、体质测试、器材配送、健身宣传等科学健身服务配送,建成市、区两级体育服务配送网络,开设健身技能培训871次、健身知识讲座732场,市级配送平台街镇覆盖率达到100%,街镇执行率达到100%,惠及市民18万多人次。建立区级体质监测中心、社区体质监测站和移动体质监测工作站,为市民提供便利的体质测试服务,市民体质达标率保持在96%以上。加强"体医结合",开展高血压、糖尿病等慢性病运动干预的宣传与跟踪研究,免费为市民开展骨密度、身体成分测试。在全民健身日组织开展"明星教练进社区""冠军面对面"等活动24场,通过明星效应带动全民健身,提高市民对于体育健身的热情和积极性。

(五)加强社会各方联动,不断优化体育健身环境

建立区全民健身联席会议制度,不定期召开全民健身工作会议,推进全民健身工作。结合重大体育赛事活动专项协调工作平台,建立区发改委、公安、财政、教育、文化、旅游、绿化、体育以及街镇等多部门协同的联动机制,支持体育社会组织和体育企业落户宝山。建立体育赛事多元化投入制度,为社会力量举办体育赛事提供服务平台。加快体育信息化建设,建立公共体育场馆开放信息平台,并与市平台实现信息对接,实时提供场馆开放、活动开展、健身培训及其他相关体育健身服务信息。建立"宝山体育"官方微信平台,整合区域内各类体育信息资源,提供"互联网+科学健身"便民信息即时查询及线上互动服务。建立有效的社会监督机制,加强对全民健身政策落实和执法的检查,不断优化全民健身环境,使全民健身工作走上规范化、法制化管理的轨道。

（六）加强政策经费保障，提升全民健身公共服务水平

以市、区两级政府实事工程为指导，统筹布局区内公共体育设施，编制完成《宝山区公共体育设施专项规划（2017—2035年）》。为进一步加强社区公共体育设施建设与管理，在对全区公共运动场进行实地调研排摸的基础上，编制完成《关于进一步加强宝山区社区公共体育设施建设与管理的实施意见》。还根据全民健身发展的实际需要，制定《宝山区社区市民体质监测站（队）建设管理办法》《宝山区社区体育服务配送工作方案（试行）》，不断提高全民健身公共服务水平。

区、街镇两级政府都将全民健身纳入各级经济和社会发展规划，纳入政府目标考核体系，把全民健身日常工作和体育设施建设经费列入本级财政预算和基本建设投资计划，并逐步增加对全民健身事业的经费投入，保持经费投入水平与全民健身发展水平的平衡，2020年全民健身日常工作经费和专项经费人均达44.9元。此外，还建立了政府主导、社会力量广泛参与的全民健身经费投入机制，进一步拓展经费来源渠道。

三、全民健身工作特色做法

（一）推进宝山"篮球城"建设

"十三五"期间，宝山区以打造特色篮球文化为目标，积极推进宝山"篮球城"建设。成功举办篮球顶级赛事，如"世界杯"男篮预选赛、CBA夏季联赛、WCBA主场赛事等，让国内外、区内外的优秀篮球运动员集聚宝山，市民在家门口就能观赏到高水平篮球赛事。打造具有全市影响力的"草根"篮球赛事，如"街球风暴"擂台赛、"罗泾杯"篮球联赛、"体彩杯"5V5业余篮球挑战赛、EBA企业篮球超级联赛等，2020年为加速宝山"篮球城"建设，进一步整合资源，推广篮球文化，以2020年"战FUN宝山"全民健身品牌发布为契机，创建了"宝山区业余篮球联赛"（简称BABL），打造一个专属于市民的业余篮球平台，极大地激发了篮球爱好者的参赛热情，提升了不同年龄、不同职业市民篮球运动的参与度，使篮球成为宝山市民参与体育健身的重要方式。支持"学校篮球联盟"发展，举办海峡两岸篮球高中赛、上海青少年体育俱乐部篮球联赛等，普及青少年篮球运动。积极投入建设社区公共篮球场，构建亲民、利民、便

民的社区篮球活动空间,让篮球成为连接居民和社区的桥梁。宝山区已经形成包括体育中心篮球公园、社区公共篮球场、农民健身家园篮球场、学校篮球场四位一体的公共篮球设施体系,为社区居民参与篮球运动提供了基础保障。

(二)推行社会化办赛模式

坚持政府、社会、市场"三轮驱动"的原则,推行社会化办赛模式,即改"政府一家办"为"社会共同办"的模式,政府投入扶持资金,而更多的办赛资金依靠社会和市场,使有限的政府资金发挥更大的办赛效应。体育局通过委托第三方评估赛事等级和所需资金,再给予适当的经费支持,既提高了办赛的效率,也提高了政府扶持资金使用的合理性,达到了政府小投入撬动社会资本大投入的效果。区体育局推行社会化办赛模式,成功举办了宝山区群众体育大会开幕式、上海10小时超级马拉松赛、迎新定向赛、罗泾美丽乡村挑战赛等品牌赛事。正是社会化办赛模式,进一步完善了"四季路跑"赛事体系,使早春浪漫樱花女子跑、初夏亲子绿道健康跑、晚秋美丽乡村徒步赛、暖冬滨江迎新定向跑的影响力不断扩大,吸引全市和周边城市数万市民参加。在社会化办赛多元投入的基础上,进一步明确投资各方的责、权、利,明晰体育主管部门在社会化办赛模式中所应承担的监督与管理职能,更大程度地调动社会组织和市场力量投入体育赛事的积极性。

(三)体育设施供给多元化

区体育局在推进社会化办赛的基础上,还引进社会力量投入体育场地设施的建设与管理,实现体育设施供给的多元化。一是与社会投资方合作,申报并新建市民足球场8片,以及其他多个体育场地设施项目;二是主动与"美丽乡村"建设和"五违四必"整治、中小河道治理等工作相结合,引导社会资本加快农村地区体育健身设施升级改造,在整治区域、公园绿地、河道沿岸、社区角落因地制宜建设了一批市民看得见、用得上的健身场地设施;三是引入社会资本实施老旧厂房改造,自建、租建、改建各类健身房、游泳馆、足球场、运动场、羽毛球馆、乒乓球馆等体育健身设施约10.5万平方米,解决政府资金不足的困境;四是与区域内多家健身企业合作,推进经营性体育健身场所向市民公益性开放;五是围绕体育设施"属地管理"和"建管并重"责任,委托第三方管理公司进行健身苑点日常管理维护,改变以往由街镇、居委专职人员管理的模式,提升了街镇健身苑点日常管理水平,确保市民健身的人身安全,健身设施也得到了较好的维护,满足了市民开展体育健身的场地设施需求。

(四)创建宝山全民健身品牌

为打造宝山区全民健身赛事活动品牌,不断提升群众参与全民健身的热度,努力形成具有宝山特色的全民健身品牌大格局,2020年7月8日下午在宝山体育中心举行了"宝山区全民健身品牌发布会暨2020年全民健身赛事活动推介会",宝山区副区长陈筱洁和乒乓球世界冠军、上海曹燕华乒乓培训学校校长曹燕华等领导嘉宾出席活动,品牌发布会首次用线上直播与线下活动相结合的形式开展,扩大宝山全民健身品牌的影响力。

宝山区推出了"战FUN宝山"全民健身品牌,其Logo含义:"战"是挑战的战,表示系列赛中的"四季路跑""四球系列"等重点赛事有着相当的挑战性;"FUN"是英文趣味的意思,表示系列赛事富含趣味性,适合全民参加;"战FUN"二字组合,和花开"绽放"同音,又突显了宝山区"钢花、浪花、樱花、文艺之花"在市民们的共同簇拥和呵护下处处绽放,也预示着宝山的全民健身工作将全面开花;Logo用大面积的金色作为底色,象征着每一位参加全民健身赛事的市民都是光荣的、闪耀的,愿意走出家门,参与锻炼增强体质,就是自己的冠军;Logo里的运动元素是一个跑步的人,象征着宝山区的"四季路跑",波浪线如同球反弹的轨迹,象征着宝山区代表性的篮球、足球、乒乓球、羽毛球的"四球"运动,既体现了体育精神、赛事活力,又彰显了宝山区独有的特色。

四、全民健身工作的基本经验

(一)以市民需求为导向,搭建体育赛事平台

着力打造全民参与、覆盖各年龄阶层,兼具全民性、竞技性和趣味性的体育健身嘉年华。整合各街镇的优质资源,发挥工青妇等社会团体的组织优势,发挥各单项体育协会的专业优势,通力合作,举办形式多样的小型赛事活动,掀起全民健身热潮,形成全区上下共建共享"幸福宝山,乐享体育"的良好氛围。

(二)以市民参与为根本,举办路跑运动汇

紧跟社会发展和市民健身需求,将传统与时尚的各类路跑、定向、主题健

康走等活动进行整合,围绕宝山特色,突出全民参与,着力打造具有一定影响力的系列路跑赛事,赛事品牌的社会效益持续扩大。

（三）以市民便捷为原则,提高市民参与率

在宝山环区绿道建设中植入自行车健身绿道和人行健身步道等体育设施建设,建设三个拥有室内综合体育馆的区级体育中心,初步形成宝山区"一环一核三中心"的体育健身场地设施网络。以品牌特色赛事、业余联赛、项目联赛和系列赛为平台,把赛事服务送入社区、送进企业、送到市民身边,提升赛事的影响力,激发市民参与热情,提高市民参与体育健身和赛事活动的参与率。

五、"十四五"时期全民健身工作的思路

"十四五"时期是宝山区打造上海科创中心主阵地的开局起步期,也是创建国家全民运动健身模范市(区)的关键时期。为发挥全民健身在建设社会主义现代化国际大都市主城区、建设长三角一体化协同创新发展枢纽中的重要作用,"十四五"时期,宝山区全民健身工作将以习近平新时代中国特色社会主义思想为指导,全面贯彻落实党的十九大和十九届二中、三中、四中、五中、六中全会精神,坚持"以人民为中心"的发展思想,坚持新发展理念和"人民城市人民建,人民城市为人民"重要理念,深入实施健康中国和全民健身国家战略,深化改革,激发新发展活力,推进政府主导和市场机制相结合,构建更高水平的全民健身公共服务体系,满足市民日益增长的多样化体育健身需求,为上海全球著名体育城市建设和全民健身活力城市建设贡献宝山力量。

通过五年的努力,完善全民健身公共服务体系,实现"15分钟体育生活圈"全覆盖,营造"处处可健身、天天想健身、人人会健身"的全民健身城市环境,为各类人群提供均等的全民健身公共服务。加强科学健身指导服务,深化"体医养融合",强化全民健身智慧管理,提高全民健身治理水平。到2025年,全区经常参加体育锻炼的人数比例达到47%,人均体育场地面积力争达到2.6平方米,市民体质达标率不低于97%,市民体质健康水平和健康素养处于全市前列,建成国家全民运动健身模范区,让市民的获得感更足、幸福感更浓、安全感更强。

闵行区全民健身"十三五"发展报告

闵行区体育局

发展群众体育,推进全民健身是促进全民体育发展、拉动内需和形成新的经济增长点的动力源,对于落实全民健身国家战略,提升人民身体素养和健康水平具有重要意义。"十三五"以来,在区委、区政府的领导下,在上级体育部门的指导支持下,全区全民健身工作深入贯彻健康中国、全民健身国家战略,坚持以不断满足人民群众日益增长的体育健身需求为出发点和落脚点,让经常参加体育锻炼成为一种生活方式。

一、全民健身工作总体情况

《全民健身实施计划(2016—2020年)》评估核心指标共有9项一级指标、18项二级指标,截至2020年各项指标完成情况如表1所示。

表1 2016—2020年各项指标完成情况

一级指标	二级指标	实际值
体育锻炼参与	每周参加1次及以上体育锻炼的人数比例(%)	67.7
	经常参加体育锻炼的人数比例(每万人)(%)	45.1
体质健康水平	《国民体质测定标准》总体合格达标率(不含学生)(%)	96.77
	学生《国家学生体质健康标准》优秀达标率(%)	27.6
体育健身设施	人均体育场地面积(平方米)	2.05
	行政村农民体育健身工程覆盖率(%)	100
	"15分钟健身圈"在城市社区的覆盖率(%)	100

续 表

一级指标	二级指标	实际值
体育健身设施	公共体育设施免费或低收费开放率(%)	100
	学校体育场地设施开放率(%)	90
	每万人足球场地数(块)	1.09
体育健身组织	每万人体育社会组织数(个)	0.33
体育健身指导	每千人公益社会体育指导员数(人)	2.64
	《国家体育锻炼标准》达标测验活动覆盖率及测试人次(%,人)	100,131
体育健身活动服务	每年举办区级及以上全民健身赛事和活动次数(次)	45次以上
体育信息化	以提供健身服务为主要功能的互联网平台(个)	16
政策保障	出台促进全民健身运动实施的相关政策(个)	14
经费保障	彩票公益金投入全民健身经费的比例(%)	79
	财政资金(包括彩票公益金)人均全民健身经费投入(元)	55元

二、全民健身工作主要成就

(一) 体育健身组织

全区共有社会体育指导员6 015人,占全区常住人口的2‰以上,其中国家级50人、一级262人、二级1 072人、三级4 631人;共有健身团队4 609支、品牌健身团队135支,覆盖全部街镇;共有22家体育协会、67家体育俱乐部。

搭建基层展示平台。进一步探索"政府主导、社会协同、市场参与"的体育供给与服务模式,举办"乐动云分享 全闵e起来"2020年闵行区社会体育指导员和健身团队交流展示活动,通过线上直播、抖音短视频集赞等形式,集中展示14支特色健身团队、14名优秀社会体育指导员,吸引近6万人参与。

(二) 体育健身设施

全区拥有各类体育场地5 943个,体育场地总面积5 216 671平方米(含可利用体育场地面积），人均体育场地面积2.05平方米（按2019年度常住人口总数计算）。目前全区共有16个社区市民健身中心、55条健身步道、200公里健身绿道、1 562个健身苑点，基本形成通达便利、覆盖全面的体育设施布局。

全面推进社区体育设施建设。2016年以来，全区新增市民健身中心7个、市民健身步道31条，新增体育场地面积逾39万平方米，超过"十三五"规划新增30万平方米的目标。完成浦江郊野公园28公里自行车骑行道建设工作并向市民开放，推进生态慢行绿道配套健身步道规划建设，推动华翔绿地水域水上基地建设，参与规划苏州河南岸滨江休闲生态廊道10.5公里生态健身步道。结合绿地资源，推进60公里生态慢行绿道配套健身步道规划建设。针对老旧小区、农村地区体育设施现状，完成206个美丽家园改建小区、58个美丽乡村改建村配套体育设施验收。夏季游泳场所每年接待健身市民逾90万人次。2016—2020年，区体育局每年被评为"上海市游泳场所夏季开放服务优秀管理单位"。

进一步完善学校场地开放。105处学校体育场地对外开放，开放率达90%，年接待健身市民近300万人次。

（三）体育健身活动

广泛开展体育赛事和活动。2016年以来结合全民健身日、四季主题活动、特色品牌赛事等内容，共举办赛事逾1万场次，吸引近132万人次参与；积极承办"爱在每步"社区健康跑嘉年华、场地高尔夫球公开赛、皮划艇邀请赛、职工羽毛球联赛、健身气功星级站点交流赛等市级赛事。

做精做强全民健身品牌赛事。形成以上海马桥国际半程马拉松赛、新民晚报"红双喜"杯乒乓球公开赛为代表的全民健身品牌赛事；2020年上海马桥国际半程马拉松赛吸引了来自美、法、英、德、日、意等20个国家以及香港、台湾等31个地区的4 978名长跑爱好者参与；新民晚报"红双喜"杯迎新春乒乓球公开赛连续举办16年，吸引了近3 000名来自长三角及海外的选手参与。全民健身赛事在品牌赛事的带动下得到蓬勃发展，首届"莘动上海"2019上海闵行10公里精英挑战赛的举办，吸引了3 000名长跑爱好者参与。

充分发挥国际大赛辐射带动作用。马桥网球公开赛充分利用"上海ATP1000大师赛"的带动作用，将群众赛事与重大国际体育赛事有机结合，通过八年的发展，成为上海市影响力最大、参赛人数最多的业余网球赛事之一。充分发挥第十五届世界武术锦标赛的辐射效应，2019年开展以"相约武年，运动助推美好生活"为口号的闵行区第六届运动会,积极推动了全民健身项目的多样性。

(四)体育健身指导

不断完善区镇两级体质监测网络。2016—2020年,累计完成47 525人体质监测工作,将体质监测工作与"智慧健康小屋"工作有机结合,促进市民体质健康,市民体质监测健康达标率达到96.77%。积极开展基层培训指导和专题授课,提升基层站点服务水平。有序推进吴泾镇体质监测站"体医结合"慢性病运动干预试点,累计为4 334名市民提供干预服务。2019年,与区总工会合作推出首批职工体育体验基地,并为10家企业的1 000余名职工提供免费体质监测服务。

完成第五次国民体测。配合落实全国第五次国民体质监测任务,包含3个年龄段、16个年龄组,涉及样本量2 800人。全面了解掌握本区市民的体质现状和变化规律,为制订新一轮全民健身实施计划提供依据。

开展全民健身活动调查。加强与街镇沟通,开展全国全民健身活动状况调查,通过现场访问和电话访问相结合的形式,抽样调查9个街镇、26个村居委,完成6个年龄段、574个样本的问卷调查,系统掌握市民参加体育健身活动的行为,及时了解居民健身素养的状况。

持续丰富体育培训服务内容和体系。积极开展太极健身、武术推广等活动,建立14个街镇练习区、301个太极健身练点、410个武术练点,举办培训、辅导讲座共1 700余次;举办太极赛事活动20余次,并承办"中华武魂"上海市民武术主题展演、上海市民武术节武术大比武,其中区级赛事8场、镇级交流活动38场,共吸引逾3万名市民参与。搭建基层体育培训服务体系,建立市—区—街镇—村(居)委四级体育配送网络,开展科学健身知识讲座与健身技能培训,配送辅导讲座1 433场,吸引47 520人次参与。

实施"会游泳、学打球"项目。小学三年级游泳普及教育累计惠及11万余名学生,现有足、篮、排三大球校园联盟校100余所,13所学校网球项目进校园,24所学校足球项目进课程,52所学校围棋项目进课堂,全区中小学生体质健康优秀率达27.6%。

(五)体育健身环境

不断完善公共体育设施布局,公共体育场地全部推出免费或公益低价的开放项目和时段,并通过不断丰富赛事与活动供给,培养市民的观赛兴趣和科学健身习惯。

完善体育信息服务。创建"闵行体育"微信公众号,及时发布设施开放、赛事、活动、培训、讲座等信息,方便市民实时查阅资讯;开通线上慢性病运动干预报名通道,建立体育配送服务线上端口,形成体育配送"你点我送"线上线下互动效应;借助区内媒体平台配合市体育局加强泳客健身承诺卡线上办理途径推广宣传,为市民提供便捷、安全、高效的健身环境。

(六)政策和经费保障

为切实保障全民健身事业持续发展,将全民健身发展经费纳入区、镇(工业区)两级一般公共财政预算和体育彩票公益金预算。各级财政在"十三五"期间全力保障全民健身工作开展,保持经费投入水平与全民健身发展水平相平衡,让市民充分享受到运动健身带来的健康效益。

修订了《闵行区建立国民体质监测网络的实施方案》《闵行区学校体育场馆向社会开放管理办法》《闵行区学校体育场馆向社会开放经费管理办法》《闵行区社会体育指导员管理工作暂行办法》《闵行区品牌健身团队创建与管理暂行办法》,先后制定了《闵行区建设健康城区三年行动计划(2018—2020年)》《关于加强闵行区健康教育与促进工作的实施意见》《闵行区体育场地设施建设三年行动计划(2017—2019年)》《闵行区乡村振兴战略规划(2018—2022年)》《闵行区乡村振兴战略实施方案(2018—2022年)》《闵行区文化发展体育专项资金使用管理实施细则》《闵行区体育馆租借使用管理暂行办法》《闵行区体育产业集聚区建设实施计划(2018—2022年)》《闵行区关于加快体育产业创新发展的实施意见》等政策,切实保障我区全民健身事业有据可依,有章可循。

三、全民健身工作特色做法

(一)创新社区市民健身中心功能设置与管理模式

自2008年起,率先开展社区市民健身中心建设,并遵循"社会化运作、专业化管理、大众化服务"的理念,由体育部门负责统筹规划,街镇作为建设与管理的主体,再由受托管理单位直接实施社区市民健身中心开放与管理。社区市民健身中心均具有"5+X"综合功能,基本配置为乒乓房、篮球馆(综合球类)、羽毛球馆、健身房、游泳池五项,并因地制宜增设桌球、网球、棋牌室、足球等项目。"5+X"综合功能设置和委托运营管理模式为社区市民健身中心高质量推广建设提供了功能及机制保障;社区市民健身中心以公益、低价原则向市民开放,满足市民就近健身的需求,提升人民的获得感、幸福感,不断满足人民对美好生活的需要。

(二)全力打造全民健身品牌赛事

广泛开展全民健身活动,打造多项全民健身品牌赛事,充分发挥品牌优势助推全民健身工作的开展,培育了以上海马桥国际半程马拉松赛、新民晚报"红双喜"杯乒乓球公开赛为代表的全民健身品牌赛事。借助上海ATP1000大师赛的市场影响力和群众基础,打造马桥网球公开赛,积极研发自主品牌赛事,举办2020"一球致胜"网球大奖赛——上海劳力士大师赛系列赛,实现了国际大赛和群众体育赛事的有机结合。

(三)"体医融合"与智慧体育促进公共服务品质提升

慢性病运动干预试点建设推动"体医融合"。与吴泾镇、区卫计委合作探索开展"体医结合"体质监测慢性病运动干预试点,并于吴泾医院体检中心建成吴泾镇体质监测站,通过与区总工会合作深入企业开展免费体质监测及慢性病运动干预服务。

"智慧健康小屋"工程助力"医养结合"。配合区卫健委在浦江、马桥、吴泾、七宝、古美五个街镇建设智慧健康小屋,为市民提供健康自助检测、健康自我评估与健康指导干预等相关服务,依托"健康云"和"闵行区家庭医生工作平台"等载体动态更新居民电子健康档案,促进居民健康检测数据在各类医疗机构间的利用,提升公共服务品质与效率。同时"智慧健康小屋"与社区养老机构、家庭医生工作室的有机结合也进一步推动了本区"医养结合",体现全民健身在养老健康方面的重要协调作用。

四、全民健身工作基本经验

(一)建立明确有效的工作机制

在全区范围内建立职责明确、层次清晰的全民健身工作机制。一是在社区市民健身中心工作的开展中,明确了体育部门统筹规划、街镇建设与管理、受托管理单位直接实施的三级工作机制。二是在智慧体育配送服务过程中建立市—区—街镇—村(居)委四级配送网络,同时协调市社区体育协会、街镇文体中心、社区邻里中心、社区体育俱乐部建立合作关系,确保体育配送服务高效专业开展。三是健全基层培训网络,定期开展基层人员培训指导工作,针对体质监测基层分中心、"体医结合"慢性病运动干预点、基层社会体育指导员每年定期开展培训,不断提高基层骨干公共服务水平。

(二)强化部门联动

建立健全多部门联动协调工作机制,充分发挥全民健身多元功能。一是与吴泾镇合作开展"体医结合"试点,为慢性病市民提供运动干预服务,进一步深化"体医融合"。二是与区总工会合作,推出职工体育体验基地,同时为部分公司员工提供体质监测服务,进一步完善体质监测工作网络。三是配合区卫健委实施"智慧健康小屋"工程,深化"体医融合",充分发挥全民健身工作在卫生、养老等事业发展中的协调和积极作用。

(三)激发市场主体活力

积极探索政府和社会资本合作模式(PPP),吸纳社会优质资源进入体育公共服务供给市场,投资建设公共体育设施,在满足公益性开放服务的同时减少政府资本投入,实现双赢。目前,社会资本投建的体育设施占比14.3%。在梅陇、吴泾、华漕等地相继建成PPP模式足球场地26片,累计达4.5万平方米。由仲益体汇+投资建设的体汇+名都体育公园,占地面积1.86万平方米,建有3片7人制足球场、6片篮球场、2片网球场、1片棒球场、1片轮滑场。莘庄工业区创业产业园建成近4 000平方米的屋顶足球场。上港集团、踢咖体育在浦江郊野公园合作建设上港青训踢咖足球公园,占地面积约3万平方米。江川体育中心改造工程引入建工集团参与,计划打造南部地标性体育综合体。

华漕镇拆违后建设的足球场通过社会化运作,与范志毅领衔的老克勒明星足球俱乐部合作,借助俱乐部的专业优势培育校园足球项目。五星体育在七宝等地投资建设的五星足球公园,将线上线下平台相连,提供比赛训练及互动。街头篮球公园品牌洛克公园在莘庄镇(凯德龙之梦商场)、七宝镇(凯德七宝购物广场)推出2家洛克公园篮球运动体验馆,打破传统体育场馆模式,与商业中心融合,形成运动购物中心。金虹桥公园足球场由吴金贵团队管理,主球场每年举办虹桥镇足球比赛,儿童足球训练场每周定时免费向青少年开放,周末开设青少年足球培训课。

为进一步激发市场主体活力,扶持体育社会组织发展,鼓励各类市场主体参与举办全民健身赛事活动,目前全区80%以上的群众体育赛事活动均由市场主体协办。

嘉定区全民健身"十三五"发展报告

嘉定区体育局

"十三五"期间,嘉定区全民健身事业深入贯彻落实习近平总书记关于体育工作系列重要讲话以及重要批示精神,积极融入上海建设全球著名体育城市的总体目标,遵照区委、区政府"努力打造创新活力之城,全力提升城市能级和核心竞争力"的要求,牢固树立"大体育"观念,在区委、区政府的领导下,在上海市体育局的指导下,在各街镇和相关部门的协同下,在社会各界共同参与下,区体育局紧紧围绕《上海市全民健身实施计划(2016—2020年)》和《嘉定区全民健身实施计划(2016—2020年)》,以构建与嘉定经济社会发展水平、人口状况、市民体育需求相匹配的全民健身公共服务体系为核心,以"健康嘉定"和体育强区建设为目标,坚持"全民健身拉长板,公共体育设施补短板,慢性病运动干预争样板"的工作理念,对标上海建设全球著名体育城市的要求,对标《嘉定区体育事业与体育产业发展"十三五"规划》的定位,全民健身各项工作取得了优异成绩。

一、全民健身工作总体情况

对照《嘉定区全民健身实施计划(2016—2020年)》设定的目标任务,到2020年底,嘉定区全民健身总体目标全面实现,"核心指标"也都超额完成。其中,户籍人均体育场地面积达到4.08平方米(目标是2.3平方米以上),常住人口人均体育场地面积为1.62平方米(目标是0.9平方米以上,除高尔夫和F1场地面积),学校体育场地对社会开放率达到100%(目标是86%以上),每万人(常住人口)拥有体育健身组织数量达到24.34个(目标是20个),社会体育指导员人数占常住人口的3.12‰(目标是2.5‰),市民体质达标率为98.98%(目标是96%以上),社区"15分钟健身圈"全覆盖,公共体育场馆设施开放率达到100%。体育锻炼参与达到了既定目标,即经常参加体育锻炼的人口比例达到45%以上。

二、全民健身工作主要成就

"十三五"时期,嘉定区全民健身事业发展水平,从每年发布的《上海市全民健身发展报告》中可以得出"连年名列前茅"的结论。由此可见,嘉定区全民健身事业总体发展状况令人满意:市民科学健身素养不断提升,体育健身设施不断完善,体育赛事活动丰富多元,健身组织活力显著增强,全民健身公共服务体系已经形成。

(一)体育健身设施大幅增长

截至2020年12月31日,嘉定区通过政府投入和引导社会资金投入,共建有7大类、64种、4056个体育场地(包括280个可利用体育健身场地),总面积748.37万平方米,人均体育场地面积4.08平方米。新建翻建了方便居民锻炼的健身步道80条、市民球场38处82片、市民益智健身苑点533个、市民健身房8个和获得"魔都最美步道"称号的6.5公里嘉定环城河步道等,完善了2个区级体育中心(嘉定体育中心、嘉定同济全民健身活动中心)和4个街镇全民健身活动中心的功能,完成了5个体育休闲公园建设及公共体育设施配套,初步形成了布局合理、覆盖嘉定区中心城区、中心镇和村居委会的体育场地设施三级网络。尤其是占地面积2.8平方公里的上海市民体育公园,设有11人制足球场18片(含天然草皮足球场4片)、5人制足球场32片、篮球场25片、停车位800余个以及配套用房、生态跑道、休闲广场等设施,为广大市民运动、健身、休闲提供了又一处环境优美的新空间。这些公共体育场馆开放率达到100%。

(二)体育健身组织活力增强

区体育局通过规范管理和正确引导,建立了健全的全民健身组织体系。在体育项目协会、人群体育协会、行业体育组织、社区体育俱乐部、健身团队和其他民间体育健身组织的凝聚下,组织或承办多项体育赛事活动,提高了广大市民对体育健身的参与度,经常参加体育锻炼人数达到了45%。城市社区"15分钟健身圈"覆盖率达到了100%,行政村农民体育健身工程覆盖率也达到了60%。区内有已在民政局注册的体育社会组织50余家,每万人(常住人口)拥有固定健身团队超过24个。2017年嘉定区体育局等三家单位被国家体育总局授予"全国群众体育先进单位"荣誉称号,有三位嘉定居民获得"全国群众体育先进个人"称号。

(三) 体育健身活动丰富多元

区体育局坚持政府、社会、市场"三轮驱动",以市民健身需求为导向,推进赛事活动多样化。区体育局以市民运动会、城市业余联赛等"市民系列赛事"为主线,构建"区—街镇—社区"三级全民健身活动体系,开展"一区一品""一街(镇)一品"等群众体育活动,推动赛事活动覆盖各层面,提升市民的参与度。以"汽车城"特色资源为平台,打造"元旦蒸蒸日上迎新跑""国庆HEROS自行车嘉年华"和"汽车行业精英跑"等品牌赛事。全区共承办市级及以上赛事138项,参加各类市级及以上赛事793项,举办各类区级赛事129项,承办及指导委、办、局及企事业单位赛事活动99项,指导街镇开展各类镇、村级赛事、活动3 785项,四年来总计有100多万人次参与了各层级各类型体育健身活动。

(四) 体育健身指导效果显著

区体育局加强科学健身指导,进一步夯实区级、街镇、社区三级健身指导服务网络,4 974名各级社会体育指导员活跃在全区众多的健身站(点)。依托具有技能推广职能的嘉定市民健身中心,从场地、人员和经费保障三方面入手,实现市民体质测试全覆盖以及运动健身指导全方位个性化服务。通过行业互动、共建共享的方式,加强"体医结合"人才队伍交叉培训,培养复合型"城市健康使者",并通过实施"运动健康共享计划",试点体医联建站"运动健康JIA"项目,巩固"体医结合"慢性病运动干预,完善"1+1+2"慢性病运动干预模式,增强市民防未病意识,引导广大市民养成健康文明的生活方式和终身锻炼的良好习惯,市民的科学健身素养明显提高,年均体质达标率为98.9%。

(五) 体育健身环境明显优化

区体育局不断强化全民健身公共服务体系建设,优化大众体育健身环境。

建立区全民健身联席会议制度,不定期召开全民健身工作会议,谋划推进全民健身工作。实现"放管服"改革,推进政事分开、政社分开,加快运动项目协会改革。建立体育赛事的多元化投入制度,为社会力量举办体育赛事提供公共服务平台。深化场馆运营机制的创新,采取混合所有制形式,对体育场馆实行企业化改造,鼓励社会资本参与体育场馆建设和运营管理。打造体育信息化服务应用支撑平台和安全服务平台,"上海嘉定体育"微信公众服务平台实现了场馆信息、健身指导、赛事服务等便民信息即时查询及线上互动服务。与《中国体育报》《解放日报》、五星体育广播等媒体签订合作协议,加强对嘉定全民健身活动的外宣和报道。

(六)政策和经费保障有力

区体育局以市、区两级实事工程为指导,统筹布局区内公共体育设施,盘活存量资源,编制完成《嘉定区体育事业与体育产业发展"十三五"规划》,牵头编制完成《嘉定区体育局公共体育设施2040规划》和《嘉定区自行车慢行系统规划》,为全民健身工作提供了制度保障。

为了更好地贯彻落实"长三角一体化发展"国家战略,推动长三角地区全民健身工作的融合发展,嘉定区体育局、昆山市文体广电和旅游局、太仓市文体广电和旅游局三方签订了《"嘉昆太"体育发展战略合作框架协议》,围绕体育强国建设和全民健身国家战略,发挥上海建成全球著名体育城市的辐射作用,借助"嘉昆太"资源优势,全面推进全民健身深度交流与合作,推动区域内全民健身工作水平再上新台阶。

区、街镇两级政府都将全民健身经费列入了各级财政预算,保障全民健身公共服务体系建设和运行。财政资金(包括彩票公益金)人均全民健身经费投入从2016年的69.9元增长到2019年的144.7元,增幅较大。此外,还建立了政府主导、社会力量广泛参与的全民健身经费投入机制,进一步拓展经费来源渠道。

三、全民健身工作特色做法

嘉定区全民健身常规工作基础扎实,自选工作特色鲜明。除了建设覆盖全体城乡居民的全民健身公共服务体系外,还着力拓展服务内容,形成了嘉定全民健身工作的特色和亮点。

（一）体育信息化服务高效

嘉定区体育局围绕健康上海和全球著名体育城市建设的目标，推动体育信息化建设，成为开创新时代上海市全民健身工作的新亮点。区体育局整合现有信息管理应用系统，建立统一的数据采集和共享平台，升级改造全民健身管理系统，提升用户体验度。拓展"上海嘉定体育"微信服务平台功能，为市民提供场馆信息、场馆预订、健身指导、赛事观赏等全民健身公共信息便民化服务。还通过网络、微信等新媒体平台，与参加全民健身运动的市民开展线上互动，增强市民的获得感和体验度。体育微信公众号作为一种依托社交媒体应用进行信息发布的制度化端口，是实现体育信息化建设、拉近体育主管部门与市民距离的重要渠道。区体育局的"上海嘉定体育"微信公众号，立足嘉定，面向上海，注重从日常体育健身着手，紧扣受众关心的健身内容，努力实现贴近生活、服务市民的工作目标，积极推送具有区域特色的体育新闻、体育赛事活动、科学健身常识等文章，是嘉定区最具权威的体育信息发布平台。同时，充分发挥微信公众号特有的社交平台优势，将信息发布与全民健身工作开展情况相结合，讲好区里的体育故事，弘扬体育文化，传递主流价值观，充分发挥微信公众号的舆论引导功能，打造更加优质的体育信息生态，提升市民获得体育信息和参与体育健身的喜悦感和幸福感。据市体育局的相关统计，"上海嘉定体育"的各项指标指数均位居全市前列。由此可见，区体育局将体育信息化和新媒体平台建设融入市民日常体育参与和活动中，有效提升了体育信息化平台建设质量和水平。

（二）政府小投入撬动社会大资本

嘉定区体育局坚持政府、社会、市场"三轮驱动"全民健身事业发展，即政府以少量资金保底，引导优质社会资本投入，产生小投入大产出的效应。

1. 吸引社会资金投建体育综合体

政府将闲置的工业用房进行基础加固改造，吸引有运营能力的市场主体，按照既满足当地市民健身的基本需求又符合体育市场消费需求的双重要求，进行带资改造。改造后的体育综合体由市场主体负责运营，实行公益性开放和市场化运作结合的方式。这类综合体在嘉定，最具代表性的就是翔立方体育综合体，正是有社会资本的进入，完成厂房改造，才解决了政府资金不足的困境。该项目被评为"上海市体育产业示范项目"。类似的还有国金体育中心,也是社会资本投入的厂房改造,完成网球馆、篮球馆、棋牌训练场、跆拳道馆、马场等体育设施建设,弥补了嘉定室内场馆的不足。

2. 利用社会资源打造精品赛事

利用F1赛车场坐落于嘉定的得天独厚的条件,嘉定区于2015年起与上海报业集团旗下蒸蒸日上赛事公司开展合作,共创"蒸蒸日上"赛事品牌。该赛事开展六年以来,吸引逾7万人次参加,赛事规模盛大,赛道体验独特,跑步服务专业,现场共鸣强烈。目前,该项赛事正在申请中国田协A1类赛事,而嘉定区财政每年仅投入40万元,就支撑起了这项成本近400万元的精品赛事。同样方式,嘉定还顺利举办了CTCC中国房车锦标赛、汽车行业精英跑、羽毛球业余联赛、HOROS自行车赛等,都是依靠社会资本参与体育赛事举办的成功案例。

3. 政府有限扶持激发全民健身活力

嘉定区持续多年投入有限资金扶持博击长空足球俱乐部,每年拨付240万元用于支持成年足球队的发展、220万元用于青训梯队的培养和足球项目的推广,却吸纳了每年3000万元的社会资本投资这家俱乐部的运作。多年的坚持使得这支自2012年致力于青少年足球培训的"草根"俱乐部,于2019年实现了成人业余足球队冲乙成功,成为上海本土第三支职业足球俱乐部。由此可见,政府的小投入,撬动了社会大资本,社会效益和经济效益十分显著。

(三)提供全民健身智慧服务

嘉定全民健身事业坚持以人为本,以市民需求为导向,不断升级"全民健身一卡通"系统,形成了以"一网两台三系统"("一网"即嘉定体育门户网站,"两台"即"上海嘉定体育"微信平台和"全嘉云动"公共体育服务平台,"三系统"即全民健身一卡通系统、"来沪动"小程序系统和"活力嘉定"小程序系统)为主体的全民健身现代信息应用系统,集资讯、健身、比赛、培训、指导、娱乐、休闲、社交、福利等多功能于一体,形成了嘉定智慧体育发展新格局,将传统的体育赛事、活动和服务向网络化、智能化、大众化、娱乐化、数据化演进,形成线上线下融合发展,实现了数据、网络、应用、技术和产业的良性互动,以及资源配置与信息共享的最优化效果。

1. "全嘉来学"科学健身指导

科学健身是市民健身的重点,如何高效指导大众科学健身则是一个难点。嘉定区体育局特邀国家一级运动员、80后社会体育指导员张思远创编了一套

《室内徒手健身计划》,开启了"全嘉来学"线上居家健身指导模式。此后,公益型社会体育指导员、健身房教练、太极拳高手、体育干部等也纷纷制作健身指导视频,目前共有80多期线上居家健身指导视频,帮助市民学习科学健身方法。

2. "全嘉乐跑"云定向融合

以体育为纽带,与文化、商业、旅游、饮食、制造等各圈联动,开发专属系统,通过线上打卡、线下活动的云定向形式,开展异业合作实现双赢。首场活动以"上海55购物节"为契机,引导参与者探寻、发现、体验嘉定55家商店魅力,通过强化聚合效应、集群效应、联动效应,打造体商跨界融合,助力全民健身多部门融合发展。

3. "全嘉公益"体育服务配送

为完善嘉定全民健身公共服务体系,提高区域公共服务辐射面,2020年特设立"体育公益配送开放补贴项目",旨在通过公益性开放补贴,促进区内各类体育场馆公益性开放,为全体市民提供优惠服务,吸引更多生活或工作在嘉定的市民参与健身,提高市民身体素质。

4. "全嘉企动"园区体育定制

以嘉定工业区和南翔镇为试点,整合体育场馆、体育组织、体育指导、体育赛事、体育活动和体育文化资源,以"定向、定点、定制"服务模式,为园区企业提供精准全民健身公共服务。

四、全民健身工作典型案例:"全嘉来赛"线上运动会

(一)背景

2020年新年伊始,受新冠肺炎疫情影响,以侧重线下、聚集性较强的体育健身行业被迫踩下"刹车",体育赛事活动取消、体育培训暂停。2020年3月初,上海市嘉定区体育局主动"转危为机",利用互联网平台的跨时间跨地域优势,联合每步科技(上海)有限公司,打造"全嘉云动"嘉定公共体育服务平台,开发全市首个线上运动会——"全嘉来赛"线上运动会,将健身爱好者通过网络集聚起来,鼓励大家按照规则将居家开展的体育活动以视频的形式上传,利用AI人工智能技术打分,获得一定数量的健康值,并可用健康值免费兑换各种体育福利。

（二）做法与亮点

"全嘉来赛"线上运动会的设计雏形诞生于嘉定区体育局内部工作群2020年2月的一次讨论。如何为疫情防控期间沉寂的体育健身打开一扇门，让全民健身活动更亲民、更便利、更普及？如何开发一些低门槛运动项目，让各类人群随时随地都能参与，让"宅家做贡献"的人们不再沉寂？用什么样的平台运行规则，将零星的、短期的、无记忆的线上单个比赛体验转型升级为具有多种项目、能达到长期参与并拥有完整参赛历程记忆的体验效果？

一直以组织线下赛事活动、鼓励市民积极参加的嘉定区体育局积极应变，在不到一个月的时间里，即完成了从创意到策划、从立项到研发、从内部测试到上线的全过程，3月初"全嘉来赛"线上运动会在"上海嘉定体育"微信平台上正式与市民见面。

69岁的朱蕴翡是拥有30多年拳龄的太极拳爱好者，最早看到线上运动会推出太极拳项目后，立刻兴致勃勃录制了一段视频上传，2分钟后，后台便传来她的"健康值"。坚持锻炼几天后，健康值持续上升，还能兑换礼品，这令她更有了动力。一个人打拳不过瘾，她随即将"搞一场不见面的拳友大挑战"在朋友圈发布，她的号召得到了广大太极拳爱好者的响应，太极拳线上项目热闹非凡。

上海市公用事业学校工会借助"全嘉来赛"线上运动会平台，组织了一场教职工线上运动比拼，先后吸引了108位教职工积极参加。校工会体育委员王智平表示，在全民抗疫的特殊时期，"全嘉来赛"线上运动会可谓是雪中送炭。一些街镇也搭上了线上平台的便车，不仅拓展了参赛人群，也丰富了市民的文化生活。

作为全市首创线上运动会，不仅参赛项目"花样多"，而且连给参赛者打分也别出心裁，整个运动会没有人工裁判，仅靠一台拥有人体骨架智能提取技术的计算机进行评分。参赛者在线上传参赛视频后，系统就会自动提取用户运动过程中身体的骨架信息，再将该信息与标准示范视频里的模型骨架进行比对，通过判定动作的匹配程度来计数、打分，最快2分钟就能获得打分结果。如遇选手反馈计数存在误差时，后台还会通过人工方式进行核实，以保证比赛的公平公正。

（三）成效与反响

"云"上竞技，"疫"决高下。嘉定区首创"全嘉来赛"线上运动会项目，在疫情防控阻击战中唱响体育声音,凝聚体育抗疫正能量,演绎全民健身新时尚。

自上线至3月底,"全嘉来赛"线上运动会共为大家提供了展示类、运动类、趣味类、创意类四个大类和广播操、武术、太极拳、瑜伽、跳绳、仰卧起坐、俯卧撑、深蹲、创意小运动等9个小项的参与体验机会,吸引了大批体育爱好者积极参与,上海、北京、合肥、太原等全国16个城市、上海市16个区,共6 005人、12 165人次参与,总视频量13 652条,9 335人次参与投票,免费兑换体育福利154单。线上运动会平台拥有开放式端口,已有6项镇级线上赛事在平台上同台共赛。

嘉定区体育局联合联合每步公司进一步优化智能打分系统,不断推陈出新,打造"全嘉来赛"线上运动会永久版,为嘉定打造"创新活力之城"注入新动力,为全民健身事业发展和嘉定区全民运动健身模范区创建贡献力量。

五、全民健身工作基本经验

嘉定区地处上海西北部,下辖3个街道、7个镇,另设1个管委会、1个工业区,人均国内生产总值处于上海市中位。但是,全民健身工作水平却处于全市前列,这得益于区体育局卓有成效的工作,也积累了丰富的经验。

(一)始终坚持大体育观,推进多部门联动

在区全民健身联席会议的基础上,建立区发改委、建管委、财政、规划、体育以及街镇等多部门合作的联动机制,实施"体绿结合""体医结合""体教结合"工程,结合文明城区创建,开展场地设施日常巡查,努力为市民提供精准、精细、精致的体育健身产品和服务。

(二)始终坚持以人民为中心的发展理念,以市民需求为导向

努力满足群众就近健身锻炼需求,完善公共体育设施网络布局,提高公共体育设施的综合利用率,把公共体育设施建在市民身边,打造"15分钟体育生活圈",助推城市功能的提升和生活环境的改善。还为全区公共体育设施建立电子档案,方便市民随时选择使用。

(三)始终坚持便民利民的工作思路,提高市民参与率

以品牌特色赛事、业余联赛、项目联赛和系列赛为平台,打造市民喜爱的

赛事活动，营造全民参与的氛围，并下沉赛事活动重心，把赛事服务送入社区、送进企业、送到市民身边，提升赛事的影响力，激发市民参与热情，扩大市民参与赛事活动的覆盖面。

六、"十四五"时期全民健身工作思路

"十四五"时期，嘉定区全民健身工作以习近平新时代中国特色社会主义思想为指导，全面贯彻落实党的十九大和十九届二中、三中、四中、五中、六中全会精神，坚持"以人民为中心"的新发展理念和"人民城市人民建，人民城市为人民"重要理念，深入实施健康中国和全民健身国家战略，构建政府主导、社会协同、公众参与、法治保障的全民健身工作大格局，增强发展动力，完善发展机制，提高体育治理体系和治理能力现代化水平，丰富全民健身公共服务供给，不断满足市民日益增长的多样化体育健身需求，推动全球著名体育城市重要承载区和"健康嘉定"建设，为嘉定打造"创新活力充沛、融合发展充分、人文魅力充足"的现代化新型城市（区）作出积极贡献。

积极营造"处处可健身、天天想健身、人人会健身"的全民健身城市环境。到 2025 年，基本建成与全球著名体育城市重要承载区和"健康嘉定"相适应的更高水平全民健身公共服务体系，推动全民健身公共服务均等化、标准化、融合化和智慧化，基本实现全民健身治理体系和治理能力现代化。推动体育健身设施更为优质、体育健身指导更加专业、体育健身组织更具活力、体育赛事活动更加多元、全民健身发展更加融合、全民健身服务更具智慧、全民健身治理更加协同，争取创建成为国家全民运动健身模范市（区）。

金山区全民健身"十三五"发展报告

金山区体育局

金山区全面贯彻落实《金山区全民健身实施计划（2016—2020年）》，积极推进公共体育设施建设，广泛开展各类体育健身活动，不断完善全民健身指导服务保障体系，进一步增强市民体质健康水平，在"十三五"末期基本实现目标任务。

一、全民健身工作总体情况

核心指标完成情况良好，其中，经常参加体育锻炼的人数比例43%，《国民体质测定标准》合格达标率97.2%，学生体质优秀达标率18.7%，人均体育场地面积3.3平方米，农民体育健身工程覆盖率、"15分钟健身圈"在城市社区的覆盖率、公共体育设施免费或低收费开放率均达到100%，学校体育场地设施开放率93.8%，每万人拥有足球场1.08块，每千人公益社会体育指导员数2.3人，每万人拥有体育社会组织0.98个，《国家体育锻炼标准》测试人数200人，每年举办县级及以上全民健身赛事和活动40次，以提供健身服务为主要功能的互联网平台2个，出台促进全民健身运动实施的相关政策3个，彩票公益金投入全民健身经费的比例28.16%，人均全民健身经费投入38.23元。

二、全民健身工作主要成就

（一）体育健身组织

体育健身组织覆盖村居，实现了每万人拥有体育健身组织不少于20个的目标。"十三五"期间,金山区建有80个社会体育组织,包括19个体育协会、61个民办非企业组织。社会体育指导站、健身气功站点建设实现街镇全覆盖,共建有11个社会体育指导站、37个健身气功站点。一镇一品、一村(居)一队全覆盖,登记在册的10人以上体育健身团队1 945个,每万人拥有健身团队23.6个。体育健身组织形成区、街镇、村(居)三级网络结构,为群众体育健身活动的有序开展提供有力支撑。

(二)体育健身设施

体育健身设施不断健全,人均体育场地面积达到3.3平方米,实现了人均体育场地面积2.95平方米的目标。因地制宜,圆满完成市民球场、市民健身步道、健身苑点、百姓健身房、百姓游泳池等各项实事工程项目建设目标任务。"十三五"期间,全区建成社区市民健身中心2个、社区活动分中心5个,新建、改建市民球场37处,新建健身苑点139个、市民健身步道24条、百姓健身房6个、自行车健身绿道2条(共20.8公里)。根据金山区实际,有2项指标进行调整,分别是社区市民健身中心由5个调整为2个,自行车健身绿道由3条调整为2条。截至2020年底,金山区建有7处区级体育场馆、23个社区公共运动场、448个健身苑点、119项农民体育健身工程、45条市民健身步道、14个百姓(市民)健身房、2条自行车绿道、3个百姓游泳池、3个体育类健身休闲运动基地,实现了社区公共运动场街镇全覆盖、健身苑点村居全覆盖、农民体育健身工程村村全覆盖,"15分钟健身圈"社区覆盖率达到100%,公共体育设施免费开放或低收费开放率达到100%。全区57所学校,符合开放条件的学校49所,实际开放46所,开放率93.8%。公共体育设施逐年增加,全部实行免费或低收费开放制度,基本满足本区市民体育健身需求。各体育场所以及公园、绿地、广场等晨晚练点为市民日常体育健身提供场地保障。

(三)体育健身活动

体育健身活动蓬勃开展,经常性参加体育锻炼人口占比为43%,距45%的目标值略有差距。每年举办综合性体育运动会和群众性体育精品赛事,"十三五"期间,成功举办金山区第二届市民运动会、金山区第五届运动会、金山区全民健身大会、金山区第三届市民运动会、金山城市业余联赛等综合性体育赛事5次。"十三五"期间,举办了4届金山城市沙滩铁人三项赛、3届廊下半程马拉松赛和"金山杯"国际风筝邀请赛暨全国运动风筝锦标赛、农耕运动会等群众性精品赛事共12次,每年举办区级以上全民健身赛事和活动近40次。全民健身赛事活动区、街镇、村(居)三级联动,每年举办各级各类体育赛事活动约560次,参与人数达到40多万人次。

(四)体育健身指导

体育健身指导内容丰富,市民体质达标率达到97.2%,实现了不低于96%的目标。全区共有社会体育指导员1 895人,占常住人口比例为2.3‰,其中经常服务的社会体育指导员占总数的90%以上。公共体育设施管理实行区、街镇、村(居)三级管理网络,各街镇选聘1～2名社会体育指导员负责所辖区域公共体育设施的日常巡查管理。"你点我送"体育配送实现街镇全覆盖,并逐步向村居、学校、企事业单位延伸,2020年体育配送服务335次。市民体质监测与运动干预成效显著,建立区级市民体质监测中心1个、街镇体质测试服务队6支,每年开展市民体质监测1万人。加强"体卫结合",开展糖尿病运动干预,2018年实现糖尿病运动干预街镇全覆盖。加强社会体育指导员队伍建设,定期组织开展等级社会体育指导员、等级裁判员培训、轮训,选派体育骨干参加上级部门组织的广场舞、广播操、健身气功等业务培训,稳步提升社会指导服务能力。

(五)体育健身环境

体育健身环境不断改善,落实公共体育场地、器材设施管理制度,公共体育器材设施投保率达到100%、完好率保持在98%以上。公共体育设施免费或低收费开放率达到100%。鼓励社会体育场馆进行公益性开放,制定相关扶持补贴政策,目前进行公益性开放的社会体育场馆23家。重视体育信息化平台建设,建立以健身服务为主要功能的互联网平台2个,即"金山体育"微信公众号、"健身金山"APP。其中"金山体育"微信公众号日均推送量为0.96篇,增加了市民获取信息途径。

(六)政策和经费保障

"十三五"期间,金山区先后制定出台了《金山区人民政府关于印发〈金山区全民健身实施计划(2016—2020年)〉的通知》《金山区人民政府办公室关于调整金山区全民健身联席会议组成人员的通知》《中共金山区委办公室金山区人民政府办公室印发〈"健康金山2030"规划纲要〉的通知》等重要文件,区体育局制定了《金山区自行车健身绿道建设指导意见》《金山区健身苑(点)器材更新经费补贴办法》《金山区群众性体育竞赛活动组织管理办法》《金山区社会体育指导员管理办法(试行)》等文件,建立区、镇两级全民健身联席会议工作制度,保障群众性体育工作全面深入开展。

全民健身工作经费,由区、镇两级财政安排专项经费,做到专款专用。2016—2020年,金山区财政拨款41 424.18万元,年均8 284.84万元,人均全民健身日常经费19.1元/年,体育彩票专项拨款1 590.34万元。

三、全民健身工作特色做法

(一) 赛事活动多样化

一是区、街镇、村(居)三级联动,自上而下开展全民健身活动。群众参与度高的赛事活动形成村居选拔赛、街镇分区赛、区级总决赛,扩大参与人群。二是鼓励社会化办赛,积极引进社会第三方力量。遵循政府、社会、市场"三轮驱动"发展要求,积极探索社会化办赛模式,采用政府购买服务的形式,部分体育赛事活动委托第三方承办,逐步转变政府职能。将能由社会组织、专业赛事公司承办的赛事活动,通过政府购买服务的形式委托第三方承办。三是打造体育精品赛事。利用金山体育中心足球场、金山城市沙滩、廊下郊野公园等现有体育设施和本土资源为条件,组织了中国上海金山国际青少年足球邀请赛、金山城市沙滩铁人三项、廊下乡村半程马拉松赛等,品牌效应逐步显现。

(二) 体育阵地多元化

一是整合社企资源,引导体育品牌创建。协助上海"红双喜"股份有限公司获得上海市级和国家级体育产业示范单位称号,上海夏海趣城市沙滩管理有限公司获得上海市4星级体育旅游休闲示范基地称号,上海廊下郊野公园获得上海市3星级体育旅游休闲示范基地称号。二是主动对接形成合力。"体教结合",成立全市首家区级青少年体育工作办公室,建立"资源共享,人才共育,特色共建,成果共有"工作机制,推动青少年体育工作全面开展,建有足球、排球、篮球等校园联盟。"体卫结合",联合开展市民慢性病运动干预、体质监测、科学健身指导培训等,共同推进健康金山建设。"体旅结合",结合旅游节、百花节等重要节庆,开展市民群众乐见的体育健身活动和科学健身知识宣传,营造"体育生活化,生活体育化"氛围。"体绿结合",在公园、绿地嵌入式建设体育设施。结合乡村振兴,推进新农村建设,推出"埭上健身点"项目,村民健身便捷化。三是探索体育社会组织逐步与政府部门脱钩,把能够由行业协会承办的体育赛事活动、健身指导服务放手由行业协会操办,引导支持体育社会组织发展。

(三)指导服务便民化

一是加强区级体育骨干队伍建设,依托本区卫生、教育、体育行业协会等部门资源,选拔骨干人才,形成区级师资库,提高师资自我调节能力。二是形成两张清单,即需求清单和服务清单,根据街镇、村居以及学校、企业需求,有针对性的提供体育健身指导服务。三是建立公共体育设施巡查制度,每个街镇配有1~2名巡查员。巡查员每周1次对辖区内的公共体育设施进行巡查,一旦发现损坏等情况及时上报维修,确保器材设施的安全使用。

(四)联动发展一体化

一是树立"大体育"发展观,积极推动长三角一体化发展,促成长三角交界处的江浙沪14个城市(区)(金山、松江、青浦、嘉定、嘉兴、嘉善、平湖、太仓、吴江、昆山、张家港、常熟、吴中、芜湖)一体化发展全民健身示范区联盟成立。二是积极探索,建立联盟工作机制,搭建长三角区域间全民健身工作合作与发展平台,开启长三角区域城市间体育一体化发展新模式。

四、全民健身工作基本经验

(一)领导重视,制度措施有保障

区委、区政府制定了《金山区人民政府办公室关于调整金山区全民健身联席会议组成人员的通知》《金山区全民健身实施计划(2016—2020年)》《"健康金山2030"规划纲要》等文件,依法、依规推进实施,从组织、人员、经费、制度措施等方面提供了有力支撑。

(二)部门配合,持续发展有基础

全民健身已上升为国家战略,没有全民健康就没有全面小康。在区委、区政府的领导下,区、镇两级全民健身联席会议成员单位以及社会体育协会、俱乐部、健身团队等社会组织力量密切配合,积极投入,为全民健身工作全面、协调、可持续发展打下了坚实基础。

(三)创新思路,突破瓶颈有提升

简政放权,转变政府职能,积极响应"放管服"改革,积极探索"体育+"发展模式,引进公共体育设施 PPP 模式、体育赛事活动市场化运作机制,为进一步完善公共体育服务保障体系、大力推动体育产业发展改善了环境。

五、"十四五"时期全民健身工作思路

以办人民满意的体育为目标,以完善城市功能、优化公共体育设施布局为着力点,以满足人民群众日益增长的多元化体育健身和服务需求为出发点,坚持"大体育"发展理念,打造"大体育"发展格局;紧扣"体育+""+体育"两条主线,打造群众体育和竞技体育优势特色和地方精品;建立层次分明、布局合理的区、街镇、村(居)三级健身服务体系,努力建设健康金山,打造全民健身普惠之城。

(一)进一步推进社区公共体育设施的布局发展

一是重点推进"11157"工程建设,即各街镇(金山工业区)建设 1 个市民健身中心,全区范围内建设 1 个综合性室内体育场馆、1 个体育公园、5 大训练活动基地、7 大智能型健身广场。其中,社区市民健身中心建设,按照规模适度、因地制宜原则,综合考量,分步实施。计划按照每年建成 2~3 个社区市民健身中心的进度推进,到 2025 年实现社区市民健身中心街镇全覆盖。二是挖掘特色,培育创建体育特色小镇,打造集运动休闲、旅游文化、农耕教育于一体的基地,形成富有金山城市沙滩水域特色的运动基地等。

(二)进一步扩大全民健身活动覆盖面,提高参与率

一是群众性体育赛事多样化,增强体育场馆的开放服务功能,打造"相约星期三,健身在金山"的浓厚健身氛围。二是打造"龙文化"等城市沙滩系列体育运动特色品牌,形成"体育来赛"活动嘉年华模式。

(三)进一步完善体育健身指导服务体系

一是加强社会体育指导员的培训管理,优化结构比例,建立评价激励长效机制。激活社会体育指导员协会的社会作用,提高社会体育指导员一线指导率,完善体育健身指导与配送服务功能。二是推进智慧体育建设,建设金山体育一站式平台,优化体育公共服务网络建设。

(四)进一步集聚区位优势形成联动发展效应

立足当前,抓住金山区"两区一堡"战略定位("上海制造"品牌的重要承载区、实施乡村振兴战略的先行区、长三角高质量一体化发展的桥头堡),打响"上海湾区"城市品牌,创造"健康金山"高品质生活,以助力、嵌入全球著名体育城市建设为共同目标,发挥区位优势,推动长三角一体化体育赛事联盟建设,形成城市联动效应。

松江区全民健身"十三五"发展报告

松江区体育局

"十三五"期间,松江区全民健身工作坚持以习近平新时代中国特色社会主义思想为指导,深入贯彻习近平总书记关于全民健身工作的系列重要讲话精神,大力实施全民健身国家战略,推进健康中国建设和体育强国建设。区委、区政府高度重视全民健身工作,提出了"体育惠民,健康松江"的总体目标,大力推进《上海市市民体育健身条例》《上海市全民健身实施计划(2016—2020年)》和《松江区全民健身实施计划(2016—2020年)》的贯彻落实。发挥松江区山水资源和人文优势,推进全民健身与科技、教育、文化、卫生、旅游、养老、绿化等行业的深度融合,整合政府、高校、社会资源,完善全民健身公共服务体系,加大体育健身设施建设力度,广泛开展群众性体育活动,持续推进城市社区"15分钟健身圈"建设,满足市民对美好生活的向往,为建设科创、人文、生态的现代化新松江作出积极的贡献。

一、全民健身工作总体情况

松江区位于上海市西南部,辖区总面积604.64平方公里,有11个镇、6个街道,历史文化悠久,有着"上海之根"的美誉,2019年9月入选首批国家全域旅游示范区。"十三五"期间,松江区全民健身事业发展水平显著提高,《松江区全民健身实施计划(2016—2020年)》实施效果显著。市民健身环境不断优化,全民健身活动蓬勃开展,全民健身组织体系不断健全,科学健身指导务实高效。参加体育锻炼人数持续增加,市民身体素质和健康水平稳步提高,体育场地供给数量和质量明显提升,体育社会组织活跃度显著增强。特色鲜明、覆盖城乡、可持续发展的全民健身公共服务体系初步形成,政府引导、部门协同、市场推动、全社会共同参与的全民健身事业发展格局更加明晰。

根据国家体育总局和上海市体育局要求,松江区对照《松江区全民健身实施计划(2016—2020年)》设定的目标任务,开展《松江区全民健身实施计划(2016—2020年)》实施效果评估工作,对各项目标任务完成情况和实施效果进行了全面评估。截至2020年12月31日,松江区全民健身"核心指标"完成情况如下:

每周参加1次及以上体育锻炼的人数达到85万人,超过了既定目标。按照松江区常住人口176.22万人测算,经常参加体育锻炼的人口占常住人口总数的48.24%,达到了既定目标。根据市民体质监测数据显示,《国民体质测定标准》总体合格达标率为98.63%,超过了96%的既定目标。学生《国家学生体质健康标准》优秀达标率为16.8%,超过了上海市15.6%的平均水平。人均体育场地面积达到2.77平方米,超过了2.4平方米的既定目标(共有135块足球场地,每万人足球场地数0.75块)。行政村农民体育健身工程覆盖率达到了100%。"15分钟健身圈"在城市社区的覆盖率达到了100%,公共体育设施免费或低收费开放率达到了100%,学校(公办中小学)体育场地设施开放率达到了90%以上,达到了90%既定目标。体育社会组织发展到了68个。全区共有4 473名社会体育指导员,每千人公益社会体育指导员数达到2.4人,超过了2‰的既定目标。每年举办区级及以上全民健身赛事和活动50次以上。以提供健身服务为主要功能的互联网平台达到2个(微信、微博)。彩票公益金投入全民健身经费的比例为70.84%。财政资金(包括彩票公益金)人均全民健身经费投入63.58元。

二、全民健身工作主要成就

(一)全民健身体制机制不断完善

将全民健身工作列入政府重要议事日程,成立了以区长为总召集人,分管副区长为召集人,各街镇、委办局主要领导为成员的区全民健身联席会议工作机制,明确部门职责,形成了齐抓共管的组织保障机制。体育部门力量充实,机构完善,经费有保障。推进体育社会组织改革,提高社会组织承接全民健身服务的能力,社会体育俱乐部数量充足,工作活跃。

(二)体育健身设施统筹建设

以便民利民为宗旨,以市民需求为导向,统筹推进公共体育设施建设,形成基础体育设施有保障、热门体育项目有场地、品牌体育活动有特色的体育场地供给格局。新建了2个集室外体育场所及室内健身场馆为一体的综合性市民健身活动中心(佘北大居市民体育中心和泗泾镇新凯体育中心),松南郊野公园、广富林郊野公园也已建成并对外开放。全区建成市民健身益智健身苑点1001个、市民健身步道86条、市民球场102片、市民健身房15处,实现全区街、镇市民健身房、市民健身步道全覆盖,全区共有各类游泳场所62个。人均体育场地面积达2.77平方米,位列全市第五,与第六次全国人口普查时期的数据相比,新增体育场地面积114万平方米。此外,还切实提高学校体育场地开放率,并促进民营场地设施的公益性开放,有效提高了各类体育场地设施的供给水平,基本满足了市民对体育场地的需求。

(三)体育健身活动蓬勃开展

坚持"市场主导、分类推进、融合发展、重点突破"为原则,丰富和完善全民健身活动体系,覆盖青少年、在职职工、老年人等各年龄阶层。以"全民参与、全民运动、全民健康"为宗旨,搭建市民交流展示的平台,积极承办市级赛事、认真组织区级竞赛、动员指导基层办赛。如举办了"百城千村"健身气功交流展示活动,承办了"名豪杯"全国桥牌邀请赛、长三角城市龙舟邀请赛等全国性赛事;打造了一批有一定社会影响力和美誉度的区域性品牌赛事,引导市民积极参与体育健身,提高市民参与健身的获得感和幸福感。

五年来,全区共承办市级及以上赛事85项,参加各类市级及以上赛事1500项,举办各类区级赛事250项,指导街镇开展各类赛事活动近1500项,总计有45万人次参与了各层次各类型体育健身活动。组队参加全国健身气功比赛多次斩获桂冠,广播体操、广场舞、排舞、手杖操也屡次获得市级比赛金奖。

(四)体育健身指导科学有效

全区共有4473名(占常住人口的2.4‰)各级社会体育指导员活跃在全区各健身站(点)。建立了国家级和一级社会体育指导员师资库,为市民配送健身技能指导、知识普及和赛事组织等奠定了基础。优化社会体育指导员年龄结构,拓宽社会体育指导员培养途径。开展社会体育指导员和村居体育干部培训,尤其是加强健身操、健身气功、瑜伽类社会体育指导员技能培训,并承办了全国第六套健身秧歌和健身气功骨干培训班。创造性地为市民提供航空模型、卡丁车、滑冰、花式足球、亲子桥牌等多项运动技能公益性培训。

为建设健康松江、普及健康生活、提升市民体质健康水平,基于全区"1+17"的体质监测网络,积极推进体质监测进机关、进企业、进园区、进社区,为广大市民提供优质的免费体质测试和健康管理服务。高质量完成第五次国民体质监测(松江片区)工作,发挥国民体质监测在科学健身指导、非医疗健康干预中的作用。整合专家资源、数据资源、组织资源和场馆资源,推进"体卫结合"试点,从综合测评、处方开具、健身指导和科普宣传等方面形成闭环运行的路径,探索"体卫结合"新思路。

(五)体育健身组织不断壮大

加强市民身边体育健身组织建设,推动体育总会、其他体育社会组织向街、镇延伸发展,并推进体育社团实体化建设,体育社会组织独立运行能力不断提高。至2020年底,全区共有体育社会组织68家(其中体育社团14家,民办非企业单位54家),健身团队数量突破2 500个,活跃性健身团队数量达到1 000个,覆盖全区各街镇社区。以"一街一镇一品"为抓手,形成了20余个区级优秀健身团队,引领广大市民积极参与体育健身。城市社区"15分钟健身圈"覆盖率达到100%,经常参加体育健身人数达到了48.24%。

(六)体育健身环境不断优化

松江区体育局不断强化全民健身公共服务体系建设,优化市民体育健身环境。推进全民健身多元供给,即在政府主导全民健身公共服务的基础上,激发各类社会组织和市场力量参与全民健身的积极性。一是鼓励街镇承接市、区赛事活动,在社区、行政村举办市民身边的高水平赛事活动;二是发挥体育社会组织的专业优势,采用政府购买服务的方式,扶持体育社会组织承接各类赛事活动,服务市民;三是积极与市场主体合作,利用市场主体的优势资源,丰富全民健身活动供给。此外,还开展"健身气功在中老年骨密度改善中的应用研究"和"体育锻炼对糖尿病患者改善作用"等相关研究,为中老年人健身和慢性病防治提供科学方法。

三、全民健身工作特色做法

(一)健全体制机制,为全民健身工作提供制度保障

松江区体育局以市、区两级实事工程为指导,统筹布局区内公共体育设施,制定了《松江区社区公共体育健身设施建设与管理办法》,为基层全民健身工作提供了制度保障。

松江区、街镇两级政府都将全民健身经费列入各级财政预算,财政经费有了一定程度的增长,人均日常工作经费从2016年的17.9元增长到"十三五"末的20.6元;人均专项工作经费从2016年的42.5元增长到"十三五"末的74.4元,基本保障了全民健身公共服务体系建设和运行。

(二)结合全域旅游特点,积极打造全民健身赛事体系

积极组织开展丰富多彩的群众体育活动,提升全民健身热情。区级层面每4年组织一次区级运动会,各街、镇根据区域特点每2~4年举办街镇运动会,并指导村、居委会开展形式多样的全民健身活动。以每年的全民健身日、市全民健身节、区全民健身年为抓手,开展形式多样的全民健身活动;协助和指导区总工会、共青团、妇联、残联等社会团体开展适合其组织成员特点的全民健身相关活动。进一步完善佘山登高、天马赛车、华亭龙舟、健身气功、松江排舞等品牌活动的组织工作,提升市民参赛体验,通过"两微一网"加大宣传力度,充分发挥活动的示范作用,提升市民参与体育健身的热情,培育松江区群众体育活动的特色品牌。同时,积极挖掘、整理、保护、继承和推广松江区优秀民间传统体育项目,着力打造"一街一镇一品"活动。

1. 办赛模式更加多元

朝着政府、社会、市场"三轮驱动"方向转变和发展,实现了政府搭台、社会参与、企业唱戏的良性局面,进一步扩大了市民的参与面和社会、企业及体育社团的参与度,提高了活动的知晓率和知名度。

2. 报名方式更加便捷

兼顾传统并融合科技新理念,不仅可通过松江区旅游局官网报名,而且增加了活动定制的电子计步系统报名。

3. 活动内容更加丰富

通过各种形式展示和宣传松江旅游文化,包括松江特色民俗展示、互动活动以及公益品义卖等,义卖所得将全部用于支持公益事业发展。

4. 活动保障更加到位

为了确保各项工作的有序推进,确保活动安全有序,在保障工作各个方面作了全面而又细致的分工,设置了起点/终点组、物品补给组、机动组、活动生命保障组、应急救援预案组、活动宣传招募组、活动场地保障组。

(三)创新思维,构建"互联网+体育"体系

积极开拓思维,研究梳理"互联网+体育"的切入点,打造松江区"互联网+体育"新模式。新冠疫情期间,探索线上体育指导和培训;利用互联网社交平台打造松江群众性体育活动社区,比如佘山登高社区、龙舟社区等,将互联网社交植入具有松江特色的体育活动,扩大和延续活动的影响力、提升活动参与者的归属感;通过信息化平台建设,打造"无纸化"办公模式,构建体育发展的大数据,进而为优化全民健身服务和推动体育产业发展提供依据。

(四)融入科创元素,提升体质监测科学水平

充分发挥区级市民体质监测指导中心的作用,帮助和指导街镇开展市民体质监测工作,全区17个街镇市民体质监测站每年为市民开展免费体质监测人数达到1万人次以上,并有50%以上的街、镇建立与社区卫生服务中心相结合的市民体质监测服务机制,完善社区体育服务配送制度,开展体质监测、健身指导和运动干预相结合的市民体质干预工作,定期公布市民体质和全民健身活动现状调查结果。

(五)打造街镇全民健身赛事活动品牌

松江下辖17个街镇,既有高度城市化的浦北地区,又有区域型中心松江新城,还有以农业农村为主的浦南地区,各镇、街道全民健身的基础和发展情况差异较大。区体育局采用分类指导、一地一策的办法,重点培育适合区域特点的品牌活动,精心打造"一街一镇一品"品牌,使松江区全民健身发展示范带动效应明显。区体育局按照"锻炼有人群、村居有团队、习练有指导、街镇有活动、全区有比赛、发展有平台"的六有标准,高质量地推动"一街一镇一品"品牌建设,各村(居)实现了健身团队的全覆盖,各街镇凝聚了一批较为固定的锻炼

人群,培养了一批有较强指导能力的社会体育指导员队伍并围绕品牌项目定期开展活动,区体育局每年举行全区"一街一镇一品"展示活动并积极搭建平台、推荐优秀项目参与全国、全市的比赛。在这个过程中,形成了岳阳街道的健身气功、广富林街道的水兵舞、中山街道的广场舞、车墩镇的手杖操、叶榭镇的草龙舞、新浜镇的花篮马灯等在全市范围内有较大影响的品牌项目。品牌项目的形成助推松江区全民健身发展,通过项目培育,带动了市民健身热情、调动了社会体育指导员工作的积极性,推动了全民健身团队可持续发展,丰富了全民健身活动的内容,促进了全民健身工作的全面提升,在区域内营造了浓厚的全民健身氛围。

（六）拓展全民健康健身服务项目

通过"松江体育"微信公众号推送体育配送清单,以"你点我送"的服务形式扩大体育培训配送范围。2018年起,继续围绕"300指数",有计划地开展市民体质测试和慢性病干预等"体医结合"工作,不断提升市民科学健身水平。结合党政机关、产业工人、G60科创走廊开展培训配送,依托"三进"活动,将体质测试和技能培训同步同时配套开展,促进体测服务更有抓手、技能培训更趋科学。实施"体卫结合"健身指导工程,发挥区级体质监测指导服务中心的作用,带动社区体质监测站（队）、智慧健康驿站服务群众,推进体质健康促进工程。进一步加强课题研究,继续做好社科调研课题和运动干预课题的申报和组织实施,为松江体育事业发展提供理论支撑和政策依据。

四、全民健身工作典型案例

（一）依托优质资源,打造山水运动之城

依托松江独特的山水优质资源,打造松江地域特色的品牌赛事。佘山是上海唯一拥有自然山体的地区,具有得天独厚的地域优势,每年举办的上海佘山元旦登高活动、九九重阳登高活动已经在全市享有一定的知名度,将上海欢乐谷、月湖雕塑公园、林荫新路、东佘山国家森林公园等旅游景点有机地串连起来,打造"远看青山绿水、近看人文天地"的人文生态旅游新松江,谱写"佘山大境界、问根广富林"的全域旅游新篇章,对松江区打造"环佘山休闲体育圈"、发展体育休闲产业、推进"体旅结合",培育体育产业新的经济增长点具有极大的带动作用。松江端午龙舟赛作为传承中华文明的载体,经历经多年的精心培育,已发展为区域性的代表性品牌赛事,也成为端午节庆期间,松江市民休闲旅游观摩的重要传统节庆活动。已举办12届的端午龙舟赛不断创新求变,逐渐成为一项亲民、聚民、乐民的商旅文体相融合的节庆活动,知名度不断提升,成为一张向世界展示城市形象和松江文化的全民健身名片。

(二)立足区位优势,打造休闲运动之城

近年来,松江区以长三角体育赛事为切入点,先后举办了"G60杯"全国桥牌团体赛,"G60杯"第十一届长三角龙舟赛、"G60杯"长三角风筝大赛、"垍楗杯"长三角职业农民乒乓球赛、长三角广场舞大赛(西南片区)等长三角体育赛事,并先后赴南京、湖州、嘉兴等地参加全民健身赛事,发挥了G60科创走廊的区位优势,促进了长三角各城市之间的体育文化交流。松江具有典型的江南水乡特征,水系资源十分丰富,依托区内河网密集的特点,充分挖掘水上运动内涵和特色,形成了积极开展龙舟、帆船、帆板、皮划艇等休闲运动的良好氛围。通过举办佘山半程马拉松赛、帆船帆板大师赛、汇丰高尔夫冠军赛、CTCC中国房车锦标赛等国际国内大赛,搭建了城市之间体育文化交流的平台。利用浦南地区田园乡村自然风光,以乡村民宿、郊野鱼塘、露营营地为依托,将乡村旅游与体育休闲相结合,在松江农村地区举办了村级运动会、田园亲子路跑、泥地足球、乡村骑行、乡村定向、垂钓等体育赛事和活动,让更多生活在城市中的市民走进了农村,感受运动与大自然融为一体的情趣,不仅提升市民的获得感和幸福感,也对乡村旅游有较大的推动作用。

(三)深化"体医融合",打造健康活力之城

依托区级市民体质监测中心、17个街镇级市民体质监测站,形成了方便市民就近、便捷的体质监测网络体系。加强各类社区健康服务资源融合共享,为提升居民自我健康管理能力,区体育局、区卫健委共同做好了健康驿站的建设,至2020年,实现街镇智慧健康驿站全覆盖。通过"万步有约"健走激励活动,为特定人群开展体质健康现状和变化规律的调查。深入社区、园区、企业开展体质监测活动,为市民提供健身指导服务,在20多个社区、企业园区组织开展体质监测服务,覆盖人群针对各类慢性病人群,开展"慢性病干预"。区体育局与区爱卫办联合开展的针对糖尿病初期和中期的患者的运动干预,累计开展服务300余次,服务人数600余人,通过长期坚持运动干预,200位长期坚

持运动的患者健康情况得到了不同程度的改善,使受众意识到体育锻炼在改善慢性病方面的重要作用,激发了居民参与全民健身的积极性。

五、全民健身工作基本经验

(一)坚持以市民需求为中心

遵循"建管并重,以管为主"的思路,以满足市民就近健身锻炼需求为导向,完善公共体育设施布局,把公共体育设施建在市民身边,打造"15分钟体育健身圈";为了方便市民就近健身,为全区公共体育设施建立电子档案,提高公共体育设施的利用率。

(二)坚持整合区域特色资源

依托国家全域旅游示范区和佘山国家森林公园旅游度假区,整合松江特有的体育、文化、旅游等优势资源,实施"体旅融合"新战略。如连续三年举办城市定向挑战赛、半程马拉松赛、户外大型瑜伽展示活动以及农民体育健身系列比赛等,打造了富有松江特色的全域"体旅融合"平台。

(三)坚持健身培训常态化

建立国家级和一级社会体育指导员师资库,为市民配送体育健身技能培训;开展社会体育指导员和村居体育干部培训,提高健身指导技能;举办全国第六套健身秧歌和健身气功骨干培训班;依托区域内体育社会组织和市场主体的资源,创造性地为市民提供多项运动技能公益性培训。

六、"十四五"时期全民健身工作思路

"十四五"时期是上海基本建成全球著名体育城市的关键时期,是松江区践行"体育惠民,健康松江",实现高质量发展、高品质生活的重要时期,为创建国家全民运动健身模范区,助力体育强区建设,松江区全民健身工作将坚持以人民为中心的发展思想,坚持创新发展理念和"人民城市人民建,人民城市为人民"重要理念,围绕上海建设全球著名体育城市的目标,服务于G60科创走廊建设、长三角一体化高质量发展战略,深入实施健康中国和全民健身国家战

略,以深化改革激发创新发展活力,充分发挥松江地域资源优势,推进政府、社会、市场共同参与,完善全民健身公共服务体系,丰富全民健身公共服务供给,不断满足市民日益增长的多样化体育健身需求,增强人民群众的获得感和幸福感,为建设"健康松江"和体育强区发挥积极的作用。

  深化全民健身工作机制改革,不断完善全民健身公共服务体系,实现"15分钟社区体育生活圈"全覆盖,为各类人群提供均等的全民健身公共服务,使全民健身发展成果惠及松江全体人民。优化全民健身场地设施体系,完善全民健身组织体系和健全全民健身赛事活动体系,加强科学健身指导服务,强化全民健身智慧服务,提高全民健身治理水平,立足松江区自然资源禀赋,促进全民健身与全民健康深度融合,引导更多市民经常参加体育锻炼,培育市民体育健身习惯,增强市民身体素质和健康水平。到 2025 年,建成上海市领先的全民健身活力城区和国家全民运动健身模范区。

青浦区全民健身"十三五"发展报告

青浦区体育局

一、全民健身工作总体情况

截至2019年12月31日,青浦区经常参加体育锻炼人数比例达43.7%,《国民体质测定标准》(不含学生)总体合格达标率达95.59%,学生《国家学生体质健康标准》优秀达标率10.4%,人均体育场地面积达2.48平方米(含高尔夫球场),行政村农民体育健身工程覆盖率100%,"15分钟健身圈"在城市社区的覆盖率100%,公共体育设施免费或低收费开放率100%,学校体育场地设施开放率100%,每万人足球场地数0.74块,每万人体育社会组织数0.67个,每千人公益社会体育指导员比例2.74‰,全民健身发展纳入政府工作报告、经费纳入财政预算报告,彩票公益金投入全民健身经费的比例达60%,财政资金(包括彩票公益金)人均全民健身经费投入为60.37元(表1)。

表1 青浦区全民健身实施计划发展指标完成情况

序号	指标名称	单位	"十二五"末	"十三五"末
1	经常参加体育锻炼的人数比例	%	42.8	43
2	人均体育场地面积	平方米	1.45	2.48
3	社会体育指导员占本区常住人口比例	‰	1.83	2.74
4	市民体质监测(不含学生)合格达标率	%	98.2	95.59
5	学校体育场地开放率	%	87.0	100

续　表

序号	指标名称	单位	"十二五"末	"十三五"末
6	万人体育社会组织数量	个	0.26	0.67
7	每周经常参加体育锻炼的人数比例	％	/	43
8	学生《国家学生体质健康标准》优秀达标率	％	/	10.4
9	行政村农民体育健身工程覆盖率	％	/	100
10	"15分钟健身圈"在城市社区的覆盖率	％	/	100
11	公共体育设施免费或低收费开放率	％	/	100
12	每万人足球场地数	块	/	0.74
13	《国家体育锻炼标准》测试	人次	/	1 408
14	举办县级及以上全民健身赛事和活动	场次	/	365
15	以提供健身服务为主要功能的互联网平台	个	/	3
16	出台促进全民健身运动实施的相关政策	个	/	5
17	彩票公益金投入全民健身经费	％	/	60
18	财政资金(包括彩票公益金)人均全民健身经费	元	/	60.37

二、全民健身工作主要成就

(一) 体育健身组织

1. 完善和优化全民健身骨干队伍

全区共有体育社会组织82个,健身团队2 585支,社会体育指导员3 352名。万人体育社会组织数量较"十二五"时期由17.2个增加至21.2个,社会体育指导员占本区常住人口比例由"十二五"时期的1.8‰提高至2.74‰。

2. 持续推进管办分离工作

研究制定《青浦区体育赛事举办指导意见》《体育类社团管理办法》等管理制度,对社会体育组织开展分类管理,切实深化体育赛事领域"放管服",加强监督管理,基本实现由"办体育"向"管体育"的转变。

（二）体育健身设施

1. 全民健身设施网络不断优化

2019年全国体育场地调查报告数据显示，全区体育设施场地面积约为300.9718万平方米（含高尔夫球场），按2018年末全区常住人口121.9万人计算，人均体育场地面积约为2.48平方米，较"十二五"末的1.45平方米，人均新增1.03平方米。全区公共健身设施，累计建有体文中心1个、体育中心1个、综合健身训练馆1座、市民健身步道55条、市民游泳池4个、市民球场151片、健身苑点770个、市民健身房7家。

2. 公共体育场馆公益性开放力度持续加大

区级公共体育场馆免费开放时间每天不少于3小时，寒暑假期间，设立免费专场向中小学生开放，针对老年、青少年、残疾人等群体实行优惠或免费开放。区属场馆为公安分局、消防支队等部门常年训练提供保障；积极为区内残联、总工会以及机关、学校、企事业单位提供健身场地设施服务保障工作。全区50个游泳场所夏季开放年平均接待泳客21万余人次。全区47所中小学校体育场地向社区开放，开放率达100%。全区各公共体育场馆年均接待健身群众160余万人次。

3. 社会力量参与不断扩大

按照"招商引体"思路，积极探索社会组织、个人等社会资本参与青浦体育事业发展，在区政府的大力支持下，2016年研究出台了青浦区体育产业扶持政策（健身设施建设、社会经营性场馆公益性开放、社会资本举办体育赛事等）。支持社会组织、个人或企业资本利用各类老旧工业厂房和商业设施改建室内外体育健身设施，"十三五"期间先后引进建成了哈灵击剑馆、移动智地健身中心、一兆韦德、MAX体育公园、洛克体育公园等一批体育健身服务企业，新增体育场地面积4万余平方米，基本实现了设施投资建设多元化、健身服务多样化、设施运营市场化的新格局，基本形成了上海国际交互绳大赛、上海新能源汽车定向赛等一批社会品牌体育赛事活动。

（三）体育健身活动

1. 全民健身运动热情持续高涨

以青浦区第五届运动会、上海城市业余联赛等平台为抓手，广泛发动、精心组织、积极开展丰富多彩的全民健身活动。年均举办各级各类体育赛事活动约366余项。经常参加体育锻炼的人数持续增长。各类公共健身设施开放安全有序,区体育中心年均接待健身群众160余万人次。成功举办青浦区第五届运动会,共55个代表团1.6万余人次参加,在规模和参赛人数上均创历史新高。

2. 体育赛事影响力持续增强

立足实际,充分发挥"中国龙舟之乡"的品牌效应,坚持打造以龙舟运动为主的品牌赛事,已连续成功举办了11届世界华人龙舟邀请赛,大力弘扬青浦龙舟文化,赛事的知名度和影响力享誉国内外。在此期间,还连续多年举办了国际交互绳大奖赛、上海市舞龙舞狮锦标赛、上海市社区市民健身操大赛。2020年成功引入了环意RIDE LIKE A PRO长三角公开赛、昆仑决格斗俱乐部职业联赛等大型体育赛事,引起了越来越多的国内国际主流体育媒体的关注。

3. 校园足球开创新局面

按照"全面普及、层层衔接、重点推进、社会参与"的工作思路,"十三五"期间建立青浦校园足球联盟,足球联赛竞赛机制日趋完善,积极探索精英足球训练营,与可可维奇足球学院建立长期合作关系,确定6所重点足球学校的发展目标,有力推动区校园足球运动项目的普及与水平提高。此外,积极组织开展寒暑假期间的足球培训活动100余项次,有25 000余名学生参加。

(四)体育健身指导

1. 科学健身服务有新突破

以全民健身与全民健康深入融合为切入点,积极探索"体医结合"新模式,开辟了科学健身服务新阵地。2017年,区体育局与区卫健委共同建成了全市首家市民健身与健康促进中心,配备了专业社会体育指导员和医疗服务人员,向市民开放体质监测和健身干预、名医义诊咨询等活动,中心全年开放350天,年均举办科学健身讲座、沙龙、培训80余场次,组织名医义诊及健康咨询等1 700人次,服务健身群众2万余人次,组织开展慢性病运动干预跟踪研究393项次,惠及7 130人次。

2. 体育志愿服务能力不断提高

全区共有社会体育指导员3 352名(其中国家级18名,一级75人、二级590人、三级2 669人),年均举办不同级别社会体育指导员培训班7期以上,社会体育指导员专业技能和服务水平不断提高。市民科学健身热情不断高涨,组织开展了"十大健身民星""十大健身家庭"的评选活动。2016年,成立了以社会体育指导员为骨干的"青浦全民健身志愿服务队",在各类大型区级活动中参与健身志愿服务90余次,服务2.5万余人次。

3. 市民体质监测网络不断完善

共建有区级国民体质监测中心1家、市民体质测试站8家,基本达到全覆盖。建立了"体卫结合"联席会议制度,增强了区级市民健身与健康促进服务中心的服务功能,中心新增室内用房200余平方米作为健身与健康促进中心的科学健身宣传新阵地,添置了体育与医疗设备26件,年均开展国民体质监测15 000余人次,市民体质监测达标率为95.59%。

（五）体育健身环境

"十三五"期间,区体育局切实加大体育改革力度,不断优化大众体育健身环境。积极推动"放管服"改革,加快体育总会和体育单项协会改革步伐,积极推进政事分开、政社分开,为社会力量参与举办体育赛事提供创造了良好的环境,基本实现体育赛事活动主体多元化格局。体育宣传不断加强,扩大《青浦体育》报刊栏目,提高发放覆盖面和受众面。2015年开通"青浦体育"微信公众号,每周组织不少于5次宣传发布,并增加了体育赛事、培训、咨询等活动信息栏目。进一步扩大全民健身体育宣传阵地和宣传内容,新增体彩网点26处电子显示屏作为全民健身宣传阵地,每年安排专用经费拍摄全民健身宣传片,并及时更新宣传内容,宣传频率和宣传效果得到明显加强。

（六）政策和经费保障

区委、区政府高度重视全民健身事业的投入,在健身活动、健身组织建设和健身设施建设、管理等方面的经费逐年增长。截至2019年末,财政资金(包括彩票公益金)全民健身经费五年合计投入36 798万元,彩票公益金五年合计投入4 915万元。

体育法规制度是保障全民健身计划得到有效落实的重要手段,区先后制定了《青浦区街镇体育工作评估制度》《青浦区人民政府办公室转发区经委关于青浦区加快发展现代服务业实施细则的通知》(青府办发〔2016〕79号),编制完成《青浦区公共体育设施及体育产业功能区布局专项规划(2017—2040)》《青浦区体育赛事举办指导性意见》《体育类社团管理办法》等,确保了全民健身工作的有效落实。

三、全民健身工作特色做法

区体育局围绕健康上海与全球著名体育城市建设的目标,大力推进重大体育设施项目建设。一是新建区体育文化中心,总投资3.5亿元,一期工程用地面积23 600平方米,拥有4 000个座席,该项目已于2019年9月全面竣工,建成后将极大改善区内群众健身环境,成为青浦新城最具活力的地标性建筑之一。二是全面完成环城水系公园项目建设,环城水系公园全线布局篮球、足球、网球、门球、羽毛球等22片运动场地、30个健身点以及总长约43公里的健身步道。三是环淀山湖区域建设,依托青西三镇联动发展机遇,区体育局积极对接环淀山湖、青西郊野公园建设,将体育设施融入生态发展,目前已建成环淀山湖自行车骑行道约15公里,青西郊野公园自行车、慢步道4.5公里。下一步,将以打造"世界著名湖区"的发展定位,高标准推进建设青西郊野公园户外运动综合功能区以及环淀山湖生态廊道等,构建环淀山湖户外运动体育生活圈。

顺应长三角一体化示范区建设,率先组织发起建立环淀山湖体育联盟,并与昆山市、吴江区、嘉善县体育部门签订《环淀山湖体育联盟战略合作框架协议》,与嘉兴市体育局签署《体育工作全面战略合作框架协议》,旨在通过项目合作、人才互训、赛事联动、设施共享等措施,全面推进核心示范区体育工作区域联动、合作共赢。

2016年,在区委、区政府的高度重视下,率先将社会资本投资体育设施,社会经营性体育设施公益性开放,社会组织、个人和企业组织举办体育赛事等三项内容纳入青浦现代服务业扶持政策目录,共有21家次企业先后获得累计约500万元的专项资金扶持,有力推动社会力量投资兴办体育的积极性,受到了广大社会体育组织、个人和企业的一致好评,闯出了一条体育改革的新路。

四、全民健身工作基本经验

区委、区政府高度重视全民健身工作,日常全民健身经费逐年增长,并每年安排专项设施建设资金,各部门相互支持配合,工作合力得到有效加强。

（一）政府重视是根本

区委、区政府十分重视社区健身设施的建设,每年都将社区公共体育设施建设列为政府实事工程,坚持以民心工程、满意工程为建设目标,始终把社会效益放在首位,突出公共体育设施的公益性开放原则。注重资源整合,发挥体育设施叠加功能,在青西郊野公园、环城水系公园等重大工程项目建设中积极推动各类市民多功能运动球场、健身步道、自行车绿道、市民智慧健身苑点等健身项目的建设。

（二）市民参与是基础

以城市业余联赛、全民健身日活动为平台,开展各类徒步、篮球、龙舟、足球、篮球、门球、乒乓球、羽毛球等群众喜闻乐见、丰富多彩的传统体育赛事活动,丰富人民群众的体育文化生活;以开展"一镇一品""一村（居）一品""一企一品"等创建为抓手,充分调动各街镇、企事业单位、体育社会组织和驻青企业的积极性,重点培育和扶持一批有特色、有市场、有影响的时尚品牌健身活动并进行推广;鼓励支持体育单项协会、俱乐部等组织兴办体育活动,形成了"全民办体育、群众齐参与"的良好健身氛围。

（三）组织健全是关键

一是找准"着力点"。社会体育指导员是科学健身的指导者、健康生活方式的引领者。通过骨干带教、技能培训等形式,团结和吸引更多的群众参与全民健身。二是理顺"串联线"。体育社团是自发性的群众体育组织,是群众参与体育活动纽带,为此,青浦区不断加强社会体育组织建设,推行年度工作评估激励机制,提高社会体育组织工作积极性工作能力。加大体育组织扶持力度,完善政府购买服务方式,提升协会自身建设和"造血"功能。加强社团党建覆盖,提升社团自我完善自我管理能力。三是推进健身项目化,健全"四固定"活动机制。健身项目是群众参与健身活动的基本要件,为此,青浦区积极推行固定活动项目、场地、时间和人员的团队建设。近年来,通过推动健身团队项目化、精英化、注册制等措施,不断完善社区健身团队的自我管理,有效提高社区体育人口率。

奉贤区全民健身"十三五"发展报告

奉贤区体育局

一、全民健身工作总体情况

"十三五"期间,奉贤区积极贯彻落实《上海市市民体育健身条例》《上海市全民健身实施计划(2016—2020年)》,紧紧围绕建设"体育强区"和"健康奉贤"的目标,逐步升级完善全民健身公共服务体系,大力推动全民健身与全民健康深度融合,有效满足了广大市民日益增长的体育健身需求。通过全区上下的共同努力,先后荣获"2013—2016年度全国群众体育先进单位""2010—2016年度上海市全民健身先进单位""2010—2016年度上海市社区体育设施建设与管理先进单位"等称号。2010—2020年,连续11年荣获"上海市社区公共体育设施开放管理优秀单位"。

二、全民健身工作主要成就

(一)体育健身组织

借"体育+"和"+体育"激发体育社会组织的活力,打通联系健身群众、服务健身群众的"最后一公里"。2019年,通过"补贴+奖励+购买"的方式,完成20个体育社会组织17个类别30个项目的资金扶持。立足于2019年的试行经验,2020年区体育局修订并出台了《奉贤区扶持体育社会组织管理办法》,延续"补贴+奖励+购买"的方式,完成22个体育社会组织19个类别的31个项目的资金扶持,进一步助力提升区内体育社会组织承接全民健身服务的水平。

至2020年底,全区共有体育社会组织69家,其中,体育协会19家、分会7家、民办非体育俱乐部43家,每万人拥有体育健身组织数量约0.61个。以星级评比为抓手,加强对全区健身气功站点、健身团队的管理和指导。目前,全区登记在册健身团队2 243个、健身气功站点100个。定期举办社会体育指导员培训班和技能素质大赛,提升健身指导能力和素养。目前,全区共有社会体育指导员3 254人,每千人拥有公益社会体育指导员2.8人。

(二)体育健身设施

1. 设施建设有序推进

积极推行"15分钟体育生活圈"建设,进一步加强社区公共体育设施建管力度。2018年,编制了《奉贤区公共体育设施布局专项规划(2018—2035年)》,出台了《关于做好社区公共体育设施相关工作的指导意见》。2016—2020年,新建市民健身步道59条、市民健身房5个、市民球场4片、健身苑点100个、市民棋苑19个。至2020年底,共有体育场地2 572片、面积382.626 7万平方米,人均体育场地面积3.35平方米,每万人足球场地数1.24块,基本实现镇、村(居)社区公共体育设施全覆盖。

2. 设施管理规范到位

为推进社区公共体育健身设施网格化管理,构建长效管理机制,2017年起创新推行"点长制",目前已有493名点长经培训上岗。为确保"点长制"的实施履职,专门制定了工作流程、岗位职责、考核机制等,并定期召开点长例会、举办点长培训班,互通信息,交流经验。2016年至今,各类社区公共体育设施及器材完好率常年保持在99%以上,多年名列全市年度综合评估第一。

(三)体育健身活动

依托市民运动会和城市业余联赛,以"快乐运动·幸福贤城"的主题,积极组织发动各行各业开展丰富多彩的全民健身活动,不断吸引各级各类人群广泛参与,营造浓厚的健身氛围。一是成功举办奉贤区第四届运动会。以"美丽奉贤 健康生活"为主题,创新性地引入"全民体育嘉年华"理念,将体育元素与城市文化相融合,吸引近5万人次市民参与。二是用心打造各项精品赛事活动。成功举办国际友人风筝会、上海海湾半程马拉松赛550乡村马拉松、《国家体育锻炼标准》达标测验活动等市级以上赛事和活动;2020年创新打造"悦动贤城"奉贤区全民健身运动"荟",吸引了32家体育社会组织及体育公司参与,完成了27个项目35场次赛事活动举办,累计参与达5万余人次;创新打造"千人"系列活动、全民健身"狂欢夜"、元旦迎新跑(骑行)等精品区级赛事活动,呈现全民健身新亮点。据不完全统计,平均每年举办各级各类全民健身精品赛事活动600余场,参与市民达30万人次。

(四)体育健身指导

积极打造市、区、镇三级配送网络,普及推广健身技能和科学健身知识,带动奉贤区体育人口的稳步增长。

1. 深入推进"一镇二品"五进工作

以"因地制宜,发展优势,普及提高,形成特色"为宗旨,实现20个品牌健身项目进社区全覆盖,进机关14家、进学校25所、进企业16家、进商圈2家,进一步扩大了区特色品牌健身项目的辐射范围。每年开展培训和展示活动50余场,参与人数近万人次。2019年,创新开设了"一镇二品村居课堂",建立区级专业师资团队,采用"你点我送"模式,将17个健身项目配送到了94个村居,受益群众近万人次。2020年,持续稳步推进"村居课堂"项目配送工作,将17个健身项目配送至全区92个村居,累计授课900多课时,受益群众近5 000人次。

2. 扎实开展科学健身指导工作

2016年与《新闻晨报》合作,打造了"名医进奉贤"奉贤区全民健身科学指导大讲堂,邀请三甲医院的运动康复权威专家进社区、机关、学校、企业开展专场讲座12场,并在《新闻晨报》开辟专栏,通过微信公众号等形式进行广泛宣传。此外,以区"宣传大篷车"巡回下乡活动为契机,送体育下乡,引导市民科学健身,每年印发健身宣传手册约5 000份。

3. 加强实施体质监测服务工作

2016年起,依托区市民体质监测中心,积极推进镇级市民体质监测中心规范化建设工作,完善监测网络,实现街镇全覆盖。积极探索"体医结合"工作新模式,定期开展体质测试和慢性病运动干预,并形成分析报告。推进标准化"智慧健康小屋"建设,2019年首批完成3家。每年开展体质监测服务20场左右,受益近2万人次。2020年开展第五次国民体质监测工作,在6个监测片街镇完成3 120份监测数据,其中国家片基础数据864份。同时完成区级年度监测任务约1万人次,开展肥胖干预100人次。

(五)体育健身环境

体育场地数量和场地规模均明显增长,城乡分布日趋均衡,场地种类日益丰富,彰显了区体育健身环境又好又快发展的趋势。

1. 积极推进体育设施公益开放

按国家体育总局《体育场馆运营管理办法》的要求,根据市体育局每年各类公益性开放文件精神,积极落实区体育场馆公益性开放工作,坚持做到在每年节假日、全民健身日、全民健身月等重要时间节点向市民免费或低收费开放,开放率达到100%,受到市民广泛欢迎。年均受益健身市民达15万人次。

2. 积极指导学校体育场地开放

为进一步贯彻落实《关于推进学校体育场馆向社会开放的实施意见》和《上海市体育设施管理办法》精神,结合区实际,积极配合区教育局,加强学校体育设施开放的指导监督,并发动街镇协同做好开放管理和健身指导服务,保障市民科学健身。全区学校体育场地设施开放率达到90.2%。

(六)政策和经费保障

1. 政策措施及时有效

以满足广大市民的需求为出发点和落脚点,以"开门办体育"的方式充分激发社会和市场主体的活力,面对体育强区建设的新形势和新任务,紧紧围绕"十三五"各级全民健身实施计划的内容要求,及时出台促进全民健身运动实施的相关政策8条,加快促进各项工作有序开展。

2. 财政经费逐年递增

全民健身工作经费每年按计划列入区、镇两级财政预算,并逐年加大投入。2016年为742.85万元,达到人均6.44元;2017年为1 042.52万元,达到人均8.93元;2018年为1 420.72万元,达到人均12.33元;2019年为1 790.912万元,达到人均16.34元;2020年为3 545.47万元,达到人均31.07元。虽然逐年有递增,但相比其他区还处于较低水平。

三、全民健身工作特色做法

"十三五"期间,坚持"创特色、树品牌、抓示范"的原则,积极创新工作方式,探索推进全民健身工作。例如,打造了区全民健身科学指导大讲堂、"悦动贤城"全民健身运动"荟",建立了公共体育设施"点长制"管理模式,完成了公共体育设施专项布局规划的编制,开展了体育社会组织扶持等工作。

四、全民健身工作典型案例

(一)以"点长制+智能化",破解全区健身点管理难题

区体育局以"小型、多样、实用、就近"为特色,创新采用"点长制"、智能化等举措,着力破除公共体育设施年久失修、人为破坏、过度使用等问题,提高体育设施便民性和利用率,持续推行公共体育设施精细化管理。

1. "点长制"创新管理模式

2017年以来,全面推行健身点"点长制"工作模式,落实493名健身苑点"点长责任制",对全区所有体育设施点位点长"定人、定岗、定责",着力探索体育设施的"动态化管理";制定《奉贤区社区公共体育设施点长工作制度》《奉贤区社区公共健身点点长岗位职责》等制度,规范"点长制"工作流程,明确点长岗位职责,不断完善点长考核机制;组织各街镇成立"1+1+N"专业管理团队,即一名体育干部、一名专业维护人员、N名健身点点长,建立健全巡查日志,定期对辖区内健身点位进行全覆盖巡查维修,有效排除设施安全隐患,为社区公共体育设施提供有力的组织保障。

2. "智能化"实现实时跟踪

通过智能化系统对原有场地升级改造,为全区各健身点位安装独立"二维码",方便锻炼。居民通过扫描"二维码",可实时查看场所类型、投资性质、器材信息等相关内容,并可一键报送相关问题,同时各点长每周通过"二维码"进行现场签到巡查,区体育局作为主管部门,通过网络信息化管理平台,监管获取相关信息并通知各街镇进行处理,确保做到"简单问题三天结、工程问题一周结",为群众妥善解决器械存在问题、报修程序繁琐、维修等待时间长等一系列难题。

3. "常更新"优化设施布局

在维护原有体育设施基础上,进一步丰富"区—镇—村居—点"四级"15分钟体育生活圈",2018—2020年三年间,新建市民健身步道24条,改建市民球场3片,新建市民健身房1家,完成市民益智健身苑点更新96个。2020年计划更新市民益智健身苑点87个,投入资金860万元。

截至 2020 年底,全区共有区级体育中心 1 个、健身苑点 647 个、社区公共运动场 23 片、农民体育健身工程 194 处、市民健身房 20 个、健身步道 95 条、百姓游泳池 3 个、市民球场 5 片、市民棋苑 19 个。全区社区公共体育设施已连续多年做到投保率 100%、开放率 99% 及完好率 99% 以上,为广大参与健身锻炼的市民朋友提供了一个安全、舒适、整洁、有序的健身环境。

(二)"悦动贤城"全民健身运动"荟"

2020 年"悦动贤城"全民健身运动"荟"是奉贤区开展的首次以全民健身特色项目为主体、以"政府主导、部门协调、社会参与、全民共享"为办赛模式、着重突显"人文荟萃"理念的一次综合性全民健身体育盛会,不仅得到了多行业、多领域、多层次市民的广泛参与,也达到了"精彩、多样、节俭、安全"的办赛目标,充分展示了近年来区全民健身工作和社会事业发展的丰硕成果,为全区广泛开展全民健身赛事活动增添了新的动能。该届运动"荟"各项工作呈现以下五个特点:

1. 项目设置亲民,全民参与程度高

本届"悦动贤城"全民健身运动"荟"启动于 2020 年 3 月,为突出体育惠民,结合区全民健身工作的开展实际,项目设置以群众体育健身项目为主,共设竞赛、活动、展示三大板块,含广播操、太极拳、机身气功、打莲湘、广场舞、扁鼓、木兰拳、瑜伽、乒乓球、羽毛球、拔河、农民体育系列赛等 27 个群众喜闻乐见的健身项目,参与人群涵盖青少年、青年、中老年全年龄段,累计参与达 5 万余人次,参与市民借助运动"荟"的平台,充分展示自身技艺水平,彰显出了新时代贤城市民热爱生活、积极向上、欢乐健康的精神面貌,展现了"全民体育、全民健康、全民共享"的全民健身氛围。

2. 赛事申报规范,办赛标准严格

运动"荟"以"你办赛我扶持"的形式鼓励社会力量办赛,吸引了区内外 50 多家社会力量听取运动"荟"项目推介会,最终收到了 32 家单位(协会、俱乐部、体育公司)有效标书 73 份,经市专业赛事评估公司对申办单位资质、办赛经验、办赛方案等方面综合评估后,最终有 17 家办赛单位及项目入围。同时,为提升各项赛事活动办赛水平,特邀上海体育学院教授卫志强为各入围单位骨干授课,使运动"荟"整体赛事活动进一步规范化、标准化、合理化,各办赛单位在后续的赛事活动组织过程中精心组织、精细谋划、精益求精,确保了各项赛事活动承办高标准。

3. 安全保障到位，办赛模式创新

为严守各项赛事安全底线，运动"荟"组委会特制定《工作指南》《疫情防控办法》等相关文件，各办赛单位根据要求从组织人员、场馆设施、疫情防控、安全保障、宣传等方面做了周密细致的安排，并首次委托第三方专业评估公司对各项赛事活动实时把控、跟踪评估，确保了各项赛事活动的安全、顺利、圆满。

此外，在疫情常态化的形势下，为避免人群聚集性防控风险，运动"荟"在办赛模式上创新性地引入"线上广播操""线上太极拳"等利用互联网技术的AI挑战赛，取代了传统大型聚集性体育活动，吸引了全区3万多人次进行线上互动，为广大市民提供了多渠道、宽领域的展示、竞技、交流的平台。

4. 助力产业复苏，彰显"大体育"格局

为应对新冠肺炎疫情对体育产业的影响，促进体育消费回补和潜力释放，运动"荟"以绩效奖励的形式助力办赛单位，通过各项赛事的成功举办，助力区体育产业自我"造血"功能恢复，加快了体育周边产业循环，促进了消费，加速了回暖。

通过社会组织办赛，持续推动从办体育向管体育、从"小体育"向"大体育"、从体育向"体育+"转变；通过赛事活动对区内人文地标、明星本土产品的宣传、推广，一定程度上推动了体育与文化、旅游、休闲等领域深度融合，促进了运动消费、商业消费、文化消费等多元协同发展，逐步显现了"政府主导、社会参与、充满活力、高效有序"的"大体育"格局。

5. 拓展宣传途径，增强健身意识

本次运动"荟"在宣传上也下足了功夫，联合市区两级媒体、自媒体、新媒体合力造势，利用微信平台、网络、场馆等宣传媒介，拓宽宣传途径，期间采用视频直播、照片直播等形式使参与市民取得第一手参赛资讯，并通过个人的微信、抖音、快手等自媒体平台传递现场热烈氛围，加强了主动传播、实时传播、互动传播，以全民健身活动作为轴心绘织了一张信息网。

为了全面展示本次运动"荟"成果，奉贤区还携手上海东方广播电台五星体育进行专题报道，让媒体跟进宣传，充分发挥了新媒体和自媒体的力量，展现了奉贤人民对体育运动的热情，让全区广大市民更加了解了体育的魅力和意义，大大提高自觉参加体育锻炼的意识，感受体育所带来的惠民成效。

五、全民健身工作基本经验

为进一步加快"体育强区"建设步伐，根据《上海市全民健身实施计划

(2016—2020年)》要求,奉贤区的全民健身工作始终做到"六个加强",不断完善本区全民健身公共服务体系。

(一)加强组织领导

依托全民健身联席会议制度,定期组织相关委办局、街镇、体育社会组织召开工作例会,研究部署实施全民健身计划,做到工作有计划、有步骤、有措施、有落实。

(二)加强宣传力度

在市体育局及相关部门的指导下,借助各类新闻媒体,依托现有网络平台,积极报送全民健身工作相关信息,多渠道加大宣传力度。

(三)加强建管并举

结合奉贤实际,围绕市民需求,科学规划,合理布局,建管并举,进一步丰富设施种类、功能和受众面,设施网络、环境和管理不断优化。

(四)加强资金投入

在积极争取上级资金扶持的同时,坚持每年按计划纳入区、镇两级财政预算,并做到逐年有递增,保障全民健身事业的健康、有序、稳步发展。

(五)加强队伍建设

围绕群众体育"强基层、求跨越"的总目标,每年按计划组织社会体育指导员、街镇体育干部、体育社会组织骨干等人员进行培训与再培训。

(六)加强制度规范

调整并建立了由区发改委、区财政局和区规资局等32个成员单位组成的奉贤区全民健身工作联席会议制度,明确职责,齐抓共管。全民健身工作做到"三纳入"。

六、"十四五"时期全民健身工作思路

"十四五"时期,正值奉贤建设上海南部中心城市和杭州湾北岸综合性服

务型城区的重要时期。奉贤区将以习近平新时代中国特色社会主义思想为指导，按照党中央、国务院关于加快推进体育强国建设的决策部署，紧紧围绕市、区两级"十四五"规划，从打造"南上海运动休闲之城"的高度出发，持续提升体育发展的质量和效益，大力推动全民健身与全民健康深度融合，不断满足人民对美好生活的需要。

到2025年，基本形成政府主导有力、社会规范有序、市场充满活力、人民积极参与、社会组织健康发展、公共服务完善、与基本实现现代化相适应的全民健身发展新格局，全民健身更亲民、更便利、更普及，经常参加体育锻炼人数比例达到46%以上，人均体育场地面积达到3.4平方米以上，城乡居民达到《国民体质测定标准》合格以上的人数比例超过99%。为实现既定的目标，奉贤区设定了完善全民健身公共服务体系、统筹建设全民健身场地设施、广泛开展全民健身赛事活动、优化全民健身组织网络结构、促进重点人群体育活动开展和推进全民健身智慧模式发展等六大任务，并提出加强政府组织领导、加大政策支持力度、促进区域协调发展、加快人才培养引进、优化体育行政服务和加强政策规划制定等六项保障措施。

崇明区全民健身"十三五"发展报告

崇明区体育局

"十三五"期间,崇明区全民健身工作以满足健身需求、提升健身意识、增强市民体质、提高健康水平为目标,以推进全民建设公共服务体系建设为基础,不断完善政府主导、部门协同、全社会共同参与的全民健身事业发展格局。

一、全民健身工作总体情况

"十三五"期间,在区委、区政府的正确领导下,崇明体育工作持续推进,在从办体育向管体育、从"小体育"向"大体育"、从体育向"体育+"转变的五年中,体育发展改革各项工作取得显著成效。五年来,市民健身意识和科学健身素养不断增强,经常参加体育锻炼的人数从"十三五"初期的38%上升到如今的43%。人均体育场地面积由2.2平方米增加到6.07平方米,基本形成"15分钟体育生活圈"。体育健身组织活力显著增强,健身气功站点实现乡镇全覆盖,拥有社会体育指导员1 800名,占常住人口的2.58‰。各类社会体育组织91个,各类体育健身团队800支,学校体育场地开放率达到88.7%。健身休闲运动产业快速发展,与本区经济社会发展水平、人口状况、市民健身需求相匹配的全民健身公共服务体系日趋完善。

二、全民健身工作主要成就

为落实全民健身国家战略,推动健康崇明建设,把"健身强体"真正纳入"促进人的健康和幸福"工作体系,作为社会和谐发展的一项利国利民的全民事业来抓,让体育成为崇明市民的生活方式,将全民健身事业融入世界级生态岛建设的总体规划、融入区发展规划,努力锻造生态崇明体育品牌,提升崇明体育的竞争力、影响力和对整个社会事业的贡献率,更新工作理念,创新发展模式,引领崇明全民健身事业向社会化、规范化发展,调动全社会支持和参与全民健身事业的积极性。

(一)夯实组织领导机制

充分发挥区全民健身工作联席会议作用,统筹推进全民健身各项工作,定期召开联席会议,研究全民健身工作,有效强化了政府主导全民健身事业发展的主体责任,形成全民健身事业齐抓共管合力。各乡镇、相关部门也成立了相应的工作机构,把创建工作摆上重要议事日程,实行"一把手"负责制,区人大围绕创建实行全民健身工作常委会专项审议,监督工作的落实,形成了"党委领导、政府主导、人大监督、部门联动、全民参与"的工作格局。

(二)完善体育健身设施

坚持体育设施和城市建设互补共促,以全民健身为轴线,尽力为市民创造更多更方便的体育健身活动空间,全民健身场地设施更加完善。"十三五"期间,完成建设市民健身步道73条,改建灯光球场80座,新建更新全民健身路径470条,改造文体广场17个,贯通"一环五圈"自行车绿道500公里,基本形成了社区健身中心为核心,健身苑点为基础,健身广场、健身公园为基点,健身步道为连线,健身活动室为补充的完整"15分钟体育生活圈",全区人均体育场地面积6.07平方米,全市排名第一。"体育生活圈"内的田径场、篮球场和室内羽毛球、乒乓球、游泳池、百姓健身房等所有设施实现全年向社会免费或公益性收费开放。体育设施管理在强化属地化职责的同时,区体育局通过购买服务的形式,构建了365天无休待命维修的市场化服务队伍。实施信息化专项建设,完成体育设施数据库、体育场馆云监控、体育器材二维码、全民健身互动平台等项目建设。结合智能化设施与信息化工程,实施了"绿华半马"与"明珠湖铁三"等赛事的5G直播。

(三)丰富群众体育赛事

以各级各类全民健身赛事活动为载体,不断提升群众参与体育锻炼的积极性,开展内容丰富、形式多样的创新性、品牌性、传统性、经常性的全民健身活动,不断扩大"烈士杯"篮球赛、"瀛洲杯"足球赛、崇明休闲体育大会等区级品牌赛事的影响力,大力开展群众喜闻乐见的运动项目,积极培育具有休闲消费引领特征的时尚运动项目,重点扶持、推广民族传统体育活动,每年开展区级赛事活动50多场,乡镇赛事活动200多场,社区赛事活动超过1 000多场。高效率养成市民自觉参与健身的素养,在2019年区运动会中,有36支代表团、1万多名运动员参加了30项的体育比赛,20多万人次观看了体育比赛,全民运动蔚然成风。农村地区的大妈跳起了广场舞,大爷打起了太极拳,每个乡镇都举办起了广场舞大赛,每个村居社区每年都举办了不少于2场的社区运动会,全民健身已经成为街坊邻居的热门话题。持续打造"一镇一品"等品牌赛事活动,初步形成了"群众天天有活动、村居月月有赛事、乡镇年年有运动会"的生动局面。

(四)完善体育健身组织网络

以培育社会体育指导员队伍为载体,激发基层全民健身的内生动力。行政管理网络、社会团体网络、体育协会网络、基层体育组织网络建设和管理进一步提升,覆盖面广、包容量大的社会化全民健身组织构架基本形成。区级体育总会发挥"枢纽型"体育社会组织作用,推动各类单项、行业和人群体育组织实体化改革,促进全民健身工作开展。发挥单项协会服务社会的作用,出台《关于在新形势下加强社会体育组织建设的实施意见》,明确单项协会的公益性属性,明确要求单项协会赛事举办、会员招募、项目培训等工作,鼓励基层健身团队依法依规进行登记备案。"十三五"期间,有区级体育社会组织24个,民非体育组织67个,固定健身团队拥有数量每千人1.98个。

(五)提升体育服务配送能力

加强全民健身与全民健康的融合作用,推动健康智慧小区建设,发挥社会体育指导员科学健身的核心作用,出台社会体育指导员管理意见,实现每个村居配置2~3名社会体育指导员,将社会体育指导员充实到社区体育俱乐部,发挥好俱乐部的组织指导作用。构建金字塔形的社会指导构架,完成"你点我送"体育配送服务,引导群众自发加入社会体育组织,提高体育人口的数量和质量。

(六)落实"管办分离",实施社会化办赛

出台《加强赛事管办分离实施意见》,坚持政府、社会和市场"三轮驱动"的办赛理念,打破传统的"管办一体"的思维方式,形成体育主管部门对赛事监管指导,通过政府购买服务,由具备办赛资质和能力的体育社会组织,如体育单项协会、体育赛事公司、体育俱乐部等承接赛事,千方百计地吸引、调动市场和社会主体承办赛事的积极性,极大地激发了一批体育社会组织活力,为培育体育市场、提高体育产业的运营水平发挥了重要作用。目前,区体育休闲大会、区运动会、"烈士杯"篮球赛、社会足球赛、青少年足球赛、青少年乒乓球赛、自行车骑游、青少年田径运动会、冬季长跑赛等各类全民体育比赛和健身活动全部实施政府采购,均交由符合资质的公司、社会团体举办,实现了体育赛事管办分离的目标。

(七)发挥社会体育指导员骨干作用

组建社会体育指导员协会,加强社会体育指导员选拔、培训和管理,落实培训经费,每年举办社会体育指导员、广场舞、健身气功、健身操舞等培训班,组织参加市级以上社会体育指导员培训。目前,全区社会体育指导员数量位居上海市前列。组建乡土专家库,制定专家库指导服务补贴办法,提升高等级社会体育指导员比例。制定《崇明区社会体育指导员管理实施意见》,实现每个村居、每个队组社会体育指导员的全覆盖。完成社会体育指导员志愿者库录入工作,夯实百姓身边健身指导,与体育设施管理的一一对应,与健身团队一一对应。每年开展优秀社会体育指导员的评比活动,宣传他们的先进事迹,加强社会体育指导员的社会责任感和使命感。

(八)提倡科学健身指导

积极融入"体医融合"新模式,促进全民健身与健康实现新飞跃,坚持"大健康"理念,推动健康关口前移,深化"体医融合",与卫健委联合推广慢性病干预联合服务模式。开展全民体质测试工作,面对群众对体质测试认知度低、自觉性差的现实,区体质测试中心广开思路,广泛动员,以慢性病干预的实效宣传为突破口,让群众认识体质测试的重要性。组织测试人员携带设备入社区、到单位,区体测中心实行全天候服务,全区每年参加人数超过1万人。目前全区共有国民体质测试站点11个,市民体质测试总体达标率达97.4%。

(九)发展体育特色产业

陈家镇自行车小镇和绿华镇马拉松小镇入选国家首批体育特色小镇试点

名单。成功举办环崇明岛国际自行车联盟女子公路世界巡回赛、十六届县运会、首届区运会、"烈士杯"篮球赛、红土网球公开赛;新增 IRONMAN 70.3、摇滚马拉松、昆仑决世界极限格斗赛;创办了崇明休闲体育大会、全国钓鱼比赛、全国风筝精英赛、全国健身健美大赛等新品牌。五年来,举办国家级及以上体育赛事 22 次,区级体育赛事 90 场次,社区体育赛事 3 000 多场次。体育企业由 320 家增加到 1 061 家,30 家入选上海体育 500 强;体育产业总营收由 2015 的 18 亿元增长到 2020 年的 50.6 亿元,增长速度和增长幅度均为全市第一。

(十)建立考核评估机制

将年度重点工作纳入区政府重点实事项目进行推进和考核,全民健身工作相关经费纳入各级财政预算,加大公共体育服务供给,带动群众健身消费。建立多元化资金筹集机制,在体育场馆设施运营、公益健身服务体系、群众性体育赛事活动等领域推广政府和社会合作模式。建立以公共体育服务为导向的政府业绩评价体系,区委、区政府年终考核各乡镇给予专项 2 分,高于教育、卫生等社会事业 1 分的考核分。

三、全民健身工作特色做法

(一)努力开拓"生态+体育"路径,体育设施建设突飞猛进

对标崇明世界级生态岛建设,充分发挥崇明生态优势,围绕崇明体育需求,挖掘生态资源,建设全民健身场地。挖掘林地与江堤资源,大力推进自行车绿道与步道建设。"十三五"期间,全区建设贯通了"一环五圈"共计 500 公里的自行车绿道。整合生态廊道,完成了 73 条百姓健身步道建设。融合绿地建设,完成了 6 片足球场地建设。结合水资源禀赋,相继建设了明珠湖体育公园、瀛东村水上运动中心等,人均体育场地面积达到 6.07 平方米,位居全市第一。

(二)积极举办"户外运动"赛事,"运动天堂"的目标初具雏形

创新举办两年一届的崇明休闲体育大会,打造崇明户外运动的品牌。积极举办马拉松、健身跑(走)、自行车、赛龙舟、皮划艇、定向越野、钓鱼、铁人三项、足球、风筝等户外体育赛事活动,其中铁人三项、马拉松、钓鱼、风筝和"真人 CS"等均上升至国际和全国级别。大力推进的户外运动也成为全市市民户

外锻炼的新供给,为市民提供具有崇明特色的体育产品,不断满足广大人民群众日益增长的、多样化的体育健身需求,把崇明建设成有较强知名度和影响力的"运动休闲岛"的目标初具雏形,"运动天堂"成为崇明又一个响亮的品牌。

四、全民健身工作典型案例

(一)围绕世界级生态岛建设,发展环岛自行车绿道项目

积极探索"生态+体育"路径,加快群众身边的体育设施建设,在充分考虑崇明地域情况和群众健身需求的基础上,区政府重点布局自行车生态绿道项目,主要构建"一环、五圈、十五纵、多点"的布局形态,贯通环岛自行车绿道500公里,包括由崇明岛防汛大堤组成的环岛绿道一环(分大环、小环),崇明新城地区、西沙明珠湖地区、东平森林公园地区、陈家镇地区和环横沙岛的五个绿道圈层,崇明岛南北走向的十五条主要公路的十五纵绿道,并逐步向周边辐射。随着自行车绿道的日渐完善,每年到崇明进行绿色骑游的上海市民及周边地区的骑行爱好者超10万人次,各类自行车骑游活动常年举办,崇明自行车生态绿道已成为市民休闲健身的第一选择,自行车成为崇明的第一运动。

(二)推动足球区建设,营造健身氛围

早在2015年,崇明已正式启动足球县建设工作。"十三五"期间,根据区政府足球区创建实施意见,实施全社会动员机制,区体育局采取队伍补贴机制,乡镇委局、驻崇单位响应号召自发成立足球队伍,广大足球爱好者自发组织成立21支社会足球俱乐部。加快场地建设,挖掘潜力,新增7片社会足球场。现共有足球持证裁判43名、社会足球队95支和足球俱乐部21个,每年组织开展"瀛洲杯""聚训杯""富盛杯"等社会足球赛事400场次。目前,崇明有85%的学生经常踢球,90%以上的小学和初中都配备了一个7人制以上的球场,高中配有标准11人制足球场。全区所有中小学开设每周一节的足球课,每年举办5个年龄段10个组别百余支校园足球队参加的校园足球联盟片区赛和联盟总决赛。

(三)以崇明休闲体育大会为平台,释放全民健身溢出效应

基于"全民健身""健康中国"和大力发展体育产业促进体育消费的国家战

略背景,人民群众对幸福的追求呈现多样化的特点。因此,崇明区举办休闲体育大会,推出丰富的体育产品,满足人民群众不断增长的多层次、多样化的健身需要,还能促进全民健身活动的广泛开展,提高人民的健康水平和生活品质。在赛事活动的设计上及挖掘利用自然资源方面,崇明的田林水系、湿地湖泊、郊野公园、生态廊道都是举办户外体育赛事的良好资源,结合以上资源,大会举办了环岛自行车系列赛、水上系列赛、路跑系列赛和田野系列活动,崇明的体育赛事突显自然生态特色。在各类赛事活动中,崇明区结合中华鲟保护区、绿华果园、开心农场等具有崇明乡村特色的地点,真正实现"体育+"和"+体育"的办赛理念。每届休闲体育大会都将吸引约 7 万人次来崇明直接或间接参与活动,深受群众喜爱。2016 年以来,以举办崇明休闲体育大会为契机,形成休闲体育产业的多元化发展态势,让人们享受科技带来的"体育便捷",享受到具有崇明地域特色、充满趣味性的优质休闲体育活动。在围绕"生态+体育"发展战略基础上,逐步把崇明休闲体育大会办成全国具有较强知名度和影响力的群众体育赛事,为上海打造全球著名体育城市提供崇明智慧。

五、全民健身工作基本经验

(一)积极实施"体育+",构建全民健身融合发展模式

实施"体育+旅游",与旅游部门合作,以星级体育旅游基地建设为抓手,推动长兴郊野公园、东平森林公园的健身设施建设,为市民提供优越的全民健身环境。实施"体育+城建",与规土部门合作,以体育小镇建设为抓手,打造全民健身的运动基地。目前,完成了陈家镇体育小镇专项规划、绿华体育小镇专项规划和崇明区健身休闲中心的专项规划。实施"体育+卫生",与卫生部门合作,以体质健康为目标,开展体质测试活动,进行慢性病干预,实现全民健身的科学化。实施"体育+赛事",成功举办环岛世巡赛、世界铁人三项赛和摇滚马拉松赛等体育大赛,办赛能力、组织水平和市场化程度稳步提高。

(二)狠抓单项协会发展,夯实全民健身的社会基石

一是规范体育协会换届程序,对重点协会,区体育局派人全程参加换届大会,保证协会稳定发展。其中 2018 年初成立的路跑协会、老年人体育协会、社会体育指导员协会、游泳救生协会都是按照崇明体育发展现状的需求成立,一

经成立,便受到群众欢迎,注册会员数多,承办活动积极。二是协会扶持力度大。区级全民健身赛事活动,由单项体育协会牵头组织和承办,政府部门主要负责赛事计划和监管工作,在培养体育协会能力建设的同时,也充分激发体育组织的活力。

（三）注重品牌建设,扩大全民健身的社会影响力

"三轮驱动"推进足球区建设。一是建立市级层面联席会议制度和相关培训、经费投入等保障机制,联合市体育局、市教委和崇明区政府推动崇明足球区建设。二是校园足球在教练队伍、足球场地、课程体系、教学体系和赛事体系建设等方面取得重大进展,每年举办 300 多场校园足球联盟片区赛和总决赛,被命名为全国首批"校园足球试点区",民本中学等 19 所学校被评为"全国校园足球特色学校";社会足球从无到有、从小到大,三年来共培训足球持证裁判 43 名,成立 95 支社会足球队和 20 个足球俱乐部,每年组织开展"瀛洲杯""聚训杯""富盛杯"等社会足球赛事 400 场次左右,组建上港崇明球迷会;职业足球主要在梯队建设方面为上海乃至全国足球事业发展作出重要贡献,以崇明根宝足球俱乐部队员为主要班底的球队在第十三届全运会 U18 男子足球赛中勇夺冠军,为上海争得了荣誉,目前俱乐部已成为上海申花的后备梯队。

第四篇
文件选编

上海市人民政府关于印发《上海市全民健身实施计划(2016—2020年)》的通知

沪府发〔2016〕96号

各区、县人民政府,市政府各委、办、局:

现将《上海市全民健身实施计划(2016—2020年)》印发给你们,请认真按照执行。

上海市人民政府
2016年11月11日

上海市全民健身实施计划(2016—2020年)

全民健身是全体市民增强体质、健康生活的基础和保障,是上海在更高水平上建成小康社会的重要方面,是上海建设全球著名体育城市的核心内容。"十二五"期间,本市积极推进天天运动、人人健康的"全民健身365"建设,体育公共服务水平显著提升,市民健身意识显著增强。"十三五"时期,上海进入创新驱动发展、经济转型升级攻坚期,需要更加重视发挥全民健身在经济社会发展中的支撑作用,开创全民健身发展新局面。为进一步提高市民身体素质、生活质量和幸福指数,根据国务院发布的《全民健身条例》

《全民健身计划(2016—2020年)》和《上海市市民体育健身条例》,制定本实施计划。

一、指导思想

全面贯彻落实党的十八大和十八届三中、四中、五中、六中全会精神,以邓小平理论、"三个代表"重要思想、科学发展观为指导,深入学习贯彻习近平总书记系列重要讲话精神,按照"四个全面"战略布局和创新、协调、绿色、开放、共享的发展理念,以增强市民体质、提高健康水平、丰富精神文化生活为根本目标,坚持创新驱动、激发活力,补足短板、强化基层,整合资源、互促发展,积极培育和践行社会主义核心价值观,提升全民健身现代治理能力,展示体育独特魅力,促进市民体育兴趣养成,吸引市民广泛参与,不断满足市民日益增长的多样化体育健身需求,为建设社会主义现代化国际大都市作出积极贡献。

二、发展目标

围绕健康上海和建设全球著名体育城市的总目标,推动全民健身和全民健康深度融合,力争到2020年,市民科学健身素养不断提升,参加体育锻炼的人数持续增加,本市经常参加体育锻炼的人数比例达到45%左右;体育健身设施更加完善,体育赛事活动丰富多元,健身组织活力显著增强,健身消费支出明显提高,构建与上海经济社会发展水平、人口状况、市民体育需求相匹配的现代全民健身公共服务体系;全民健身整体水平位居全国前列,打造充满时尚活力的运动之城。

三、主要任务

(一)强化基层体育发展

1. 实现基本公共体育服务均等化。按照"保基本、补短板、兜底线"的要求,推进基本公共体育服务,增强市民共享体育发展成果的获得感。加强全民健身设施服务,公共体育场馆、社区体育设施每周累计开放时间不少于56小时,全民健身日免费开放;学校体育设施开放率不低于86%,每周累计开放时间不少于21小时;健身苑点、健身步道常年免费开放,其他公共体育设施公益开放。市民享有公益健身技能指导,每千人配备2名社会体育指导员。

2. 全面推进社区体育生活圈建设。坚持重心下移、活动下移、资源下移,促进社区体育发展,充分发挥体育在社会治理中的作用。制定社区体育工作标准,实施"社区主动健康计划",在社区建设"15分钟体育生活圈",积极创建体育生活化社区。推动街镇集中设置或分散设置综合性、多功能的市民健身活动中心,市民健身活动中心街镇覆盖率达到40%。在新城和新市镇建设中留出空间,提高市民参与体育活动便利性。建立健全社区体育组织网络,整合社区体育设施和服务资源,提高资源共享利用水平。

(二)转变服务供给方式

1. 推进全民健身互促融合发展。全面落实全民健身国家战略,将全民健身作为城市发展战略,结合科技、教育、文化、卫生、养老、商贸、绿化、旅游等领域的发展,统筹谋划全民健身重大项目工程,发挥全民健身在促进素质教育、文化繁荣、社会包容、民生改善、民族团结、健身消费、大众创业、万众创新等方面的作用,形成融合发展、互促并进的生动局面,助力城市经济社会全面协调可持续发展。

2. 推进全民健身多元供给发展。坚持政府、社会、市场"三轮驱动",更大范围、更深程度地调动社会组织和市场力量自主参与全民健身的积极性。政府主要提供基本公共体育服务、制定全民健身公共政策、加强全民健身宏观管理、开展全民健身监督评估等职责;社会组织在日常体育健身活动的引导、培训、组织、交流、项目普及和体育赛事活动的承办等方面发挥作用,参与全民健身公共服务体系建设;市场在资源配置中起决定性作用,企业自主经营、公平竞争,市民自由选择、自主消费,积极扩大体育服务和产品供给,促进全民健身市场繁荣发展。

3. 推进全民健身开放联动发展。加强国际大众体育对外交流,支持各级各类体育社会组织、科研院所、体育企业等,拓展全民健身理论、项目、人才、活动、设备等国际交流渠道,推动全民健身向更高层次发展。加强全民健身活动和重大国际体育赛事、重大节庆活动等有效联接,引领全民健身新时尚。鼓励在国际化程度较高的社区、园区组织开展国际特色鲜明的全民健身赛事活动。鼓励国际体育组织落户上海。

（三）促进市民经常参与

1. 扎实推进青少年体育发展。充分发挥体育育人功能，促进青少年身心健康成长。贯彻实施国家"青少年体育活动促进计划"，推进青少年体育公共服务建设，构建"学校、社区、家庭"三位一体的青少年体育发展模式。建设300所以上国家级和市级青少年体育俱乐部。推进"草根教练"计划，加强青少年体育健身指导人员培养。推进公共体育场馆向青少年免费或优惠开放，建设青少年校外体育中心。打造青少年体育活动品牌，大力推进青少年"未来之星"阳光体育大会、阳光体育大联赛、人人学游泳、暑期青少年体育赛事、青少年体育俱乐部联赛等青少年品牌体育赛事活动。深化体教结合，大力发展学校体育，强化体育课及课外锻炼，加强各级体育传统项目学校及校园三大球联盟建设，推动校园足球全面普及。学生掌握两项体育运动技能，养成终身锻炼习惯，青少年体质健康水平不断提高。

2. 吸引在职人群主动参与。充分发挥各级工会、各类职工体育协会作用，广泛开展职工体育健身活动和市、区两级竞赛，促进职工体育蓬勃开展。推广楼宇体育、园区体育的有效做法，支持工业园区和商务楼宇开辟体育健身活动场地，体育部门根据实际情况配备体育健身器材。评选体育健身活动开展示范企业，鼓励企业举行职工运动会。支持引导健身俱乐部的标准化、规范化、品质化发展，大力发展互联网健身市场。鼓励各类资本进入健身休闲业，扶持培育"专、精、特、新"的健身休闲市场主体。

3. 巩固提高老年健身条件。加强社区养老服务设施与社区体育设施的功能衔接，支持社区利用各类场所组织开展适合老年人的体育健身活动，为老年人健身提供便利和科学指导，发挥全民健身在健康老龄化方面的独特作用。健全和壮大市、区两级老年人体育协会，完善街镇老年人体育组织。鼓励推广适合老年人特点的门球、太极拳、健身气功等运动项目，开发针对不同疾病和体质状况老年人的专门健身项目。组织开展老年人体育健身比赛。

4. 推动群众体育全面发展。挖掘美丽乡村文化内涵，升级改造农村体育设施，大力开展农民体育健身活动，评选"农村体育健身示范区"，促进农村体育快速发展。加强残疾人健身与康复的分类指导，完善残疾人体育设施，推进社区残疾人健身点建设，为残疾人健身提供便利。积极开展妇女、幼儿体育，将外来务工务商人员公共体育服务纳入属地供给体系。推广少数民族传统体育项目。支持驻沪部队体育事业发展。

四、重点工程

(一)健身场地达标工程

到 2020 年,体育场地面积达到 6 100 万平方米,人均体育场地面积达到 2.4 平方米(按照 2 500 万人口计算)。

1. 新建改建健身场地设施。合理布局全民健身场地设施,基本实现市、区、街镇和居村四级健身场地全覆盖。科学规划,统筹利用绿化空间、楼宇、学校体育设施,重点新建一批便民利民的市民健身活动中心、中小型体育场馆、市民多功能运动场、市民健身步道等全民健身设施。新建改建一批益智健身苑点、市民健身房。新建居住区和社区要严格按照"室内人均建筑面积不低于 0.1 平方米或室外人均用地不低于 0.3 平方米"标准配建全民健身设施的要求,确保与住宅区主体工程同步设计、同步施工、同步验收、同步投入使用,不得挪用或侵占。老城区与已建成居住区无全民健身场地设施或现有场地设施未达到规划建设指标要求的,要因地制宜配建全民健身场地设施。到 2020 年,建成区级体育中心 23 个,新建市民健身活动中心 50 个、市民多功能运动场 150 个、市民足球场 100 个、市民健身步道 300 公里。将体育设施融入生态发展,重点建设环崇明岛"一环五圈"、环淀山湖、外环绿带、郊野公园自行车健身绿道等项目,自行车健身绿道达到 600 公里。推进徐家汇、崇明自行车、长兴岛、前滩、南桥、松江、罗店、长宁等体育主题公园,以及沿江、沿河、沿湖体育休闲设施建设。

2. 开发各类场地健身功能。加强学校内体育设施建设的达标管理,推进新建学校体育设施相对独立建设,开展存量学校体育设施的分隔工程。新建、改建、扩建市民健身活动中心、益智健身苑点等全民健身设施时,要根据青少年身心特点,配备相应体育设施,设立青少年体育活动功能区。挖掘专业类体育场地设施的体育健身功能,实现公益性开放。清理腾退违规占用的体育场地资源,实现提供体育健身场地服务的功能回归。充分利用商业设施、旧厂房、仓库、公共绿地、楼顶、沿江和人防工程等资源进行改造,增加体育健身功能。采取优惠政策,鼓励引导社会力量建设体育活动场馆和健身设施。

3. 加强场地设施开放管理。进一步盘活健身场地设施存量资源,公共体育场馆要严格遵守相关开放时间、开放项目、优惠措施等规定,并做好相应的安全保障和维护维修工作。积极推进公共体育场馆管理体制改革和运营机制创新,引入和运用现代企业制度,推广"所有权属于国有、经营权属于公司"的分离改革模式,激发场馆活力。完善政府购买体育场馆公益性服务的机制和标准,健全体育场馆公益性开放评估体系,鼓励民建民营体育场馆开展公益性开放服务。

(二)健身组织培育工程

到2020年,形成以各级体育总会、体育协会、体育社会服务机构、基层体育健身组织为支撑的架构清晰、类型多样、服务多元、竞争有序的全民健身组织网络体系。每万人拥有体育健身组织数量达到20个。

1. 推进体育社会组织调整改革。按照社会组织改革发展的总体要求,加快推动体育社会组织成为政社分开、权责明确、依法自治的现代社会组织,引导体育社会组织向自生力强、行业影响大的独立法人组织转变。对各级体育总会进行结构性、功能性改革和创新,完善内部组织机构,提升体育总会作为枢纽性体育社会组织的管理服务能力,带动各级各类体育社会组织蓬勃发展。积极发挥体育社会组织在开展全民健身活动、提供专业指导服务等方面的作用,承接好政府职能转变而转移的社会职能。通过委托、公助民办、购买服务等方式,提高体育社会组织服务会员、服务社会的效率和效果。健全注册招募、服务记录、管理评价和激励保障机制,广泛吸纳社会各界人士参与,激发体育社会组织发展活力。

2. 扶持各类体育健身组织发展。整合各类体育社会组织资源,发挥社区、社会组织和专业社工的合力,成为基层全民健身事业发展的主体。扶持和引导基层体育健身组织发展,大力培育青少年体育俱乐部、社区体育健身俱乐部、社区体育健身团队等形式的体育健身组织。重视发挥网络体育健身组织、草根体育健身组织和健身骨干在开展全民健身活动中的作用,引导、服务、规范全民健身活动健康发展。鼓励有市场潜力的健身项目积极发展项目联盟。

(三)健身消费促进工程

到2020年,体育产品和健身服务供给丰富,体育消费成为市民日常消费的内容之一,年人均体育消费支出位居全国前列。

1. 广泛开展健身活动。因时、因地、因需开展群众身边的健身活动,分层分类引导运动项目发展,丰富和完善全民健身活动体系。政府主办的全民健身活动,要不断创新方式,积极吸引社会组织和市场参与;社会组织和市场依法自主举办的全民健身活动,政府要积极提供指导服务。加大创新力度,办好市民运动会、市民体育大联赛等品牌赛事活动。加快发展足球运动和冰雪运动,着力增加足球场地供给,推进校园足球、社会足球、职业足球联动发展,全市参与足球活动的人数达到100万人。大力发展篮球、排球、路跑、自行车、网球、游泳、帆船、航空、赛车、跆拳道、马术、飞镖、击剑、射箭、攀岩、定向、极限运动、房车露营、电子竞技、智力运动等群众喜闻乐见和具有前沿、时尚、消费引领特征的运动项目。支持、培育和传承武术、健身气功、龙舟、龙狮运动等民族、民俗、民间传统特色的体育健身项目和示范队伍。

2. 积极拓展健身业态。注重满足更加便利化、多样化和个性化的体育消费需求,推动体育健身消费转型升级。积极发展"体育+",推动体育与健康、养老、文化、教育培训等融合,鼓励企业开发体育领域产品和服务,促进体育旅游、体育传媒、体育会展、体育广告、体育影视、运动康复等相关业态的发展。推动体育与住宅、休闲、商业综合开发,鼓励和引导有条件的地区根据资源和产业优势,打造一批城市体育服务综合体。鼓励可穿戴式运动设备、运动健身指导技术装备、运动功能饮料、营养保健食品药品等研发制造营销。加强互联网技术的运用,推动形成健身消费新热点。

3. 营造良好消费氛围。充分发挥全民健身对发展体育产业的动力源作用,把发展全民健身产业、促进健身消费作为新的经济增长点加以培育,扩大与全民健身相关的体育竞赛表演活动、体育场馆服务、体育培训与教育、体育用品及相关产品制造和销售等体育产业门类规模,大幅提升健身服务业在体育产业中的比重。制订实施体育健身企业创新扶持计划,深入挖掘体育健身资源,开发更多适应市场需要、满足现代化消费需求的健身创意产品。加强扶持小微体育企业发展,营造体育健身领域创新、创意、创业的良好环境。引导发展户外营地、徒步骑行服务站、汽车露营营地、帆船游艇码头等设施。

(四)健身素养提升工程

到2020年,市民科学健身意识和自主健身能力普遍提高,健身知识和体质健康教育广泛开展,体育健身成为市民生活的组成部分。市民体质监测达标率达到96%。

1. 弘扬体育健身文化。把身心健康作为个人全面发展和适应社会的重要能力,充分发挥体育在健身、健脑、健心、育人等方面的功能。将体育文化融入体育健身的全周期和全过程,深入挖掘健身项目文化内涵,发挥体育健身对形成健康文明生活方式的作用,树立爱锻炼、会锻炼、勤锻炼、争贡献、乐分享、重规则、讲诚信的良好社会风尚。充分利用各类传统和新兴媒体,开辟体育健身专题、专栏,树立体育健身榜样,讲好体育健身故事,宣传体育健身效果,提高市民体育健身意识,激发"人人运动、天天运动"的健身热情。

2. 促进康体融合发展。推进健康关口前移,发挥全民健身在健康上海建设中的基础性作用。建立针对不同人群、不同身体状态的运动处方库。建立上海运动健康研究与指导中心,加强体质监测和健身指导服务,推广高血压、糖尿病、肥胖症等慢性病运动干预。大力发展运动医学和康复医学,积极研发运动伤病防治和运动康复技术,鼓励社会资本开办康体、体质测定和运动康复等各类机构。发挥中医药在运动康复、养生等方面的特色作用,提倡开展健身咨询服务。

3. 加强科学健身指导。广泛开展公益性社会体育指导员专项化健身技能培训,建立公益性社会体育指导员积分激励制度,提高公益性社会体育指导员的上岗服务率和指导市民专项化健身的水平。引导职业社会体育指导员规范健康发展。深入实施"你点我送"社区体育服务配送,继续推进健身技能培训、健身知识讲座等公共体育服务进社区、进园区、进校园、进楼宇、进军营。推行《国家体育锻炼标准》,推广运动技能的业余等级制,颁发体育锻炼标准证书、证章。

(五)健身服务智慧工程

到2020年,借助大数据、移动互联网等新兴技术,构建便捷、高效的信息感知和数字化服务体系,使上海全民健身信息化服务水平处于国内领先。

1. 建设全民健身服务信息平台。以移动互联网、云计算、物联网等现代信息技术为依托,全面提升全民健身信息服务能级,提供场馆预定、场馆地图、健身指导、体质监测、信息咨询、赛事观赏、网上互动等多种信息服务。实现大中型公共体育场馆Wi-Fi全覆盖。鼓励发展健身信息聚合、健身APP、智能健身硬件、健身在线培训教育等,积极建设"智慧场馆"。整合体育热线、体育网络、公共微信等平台资源,拓宽手机APP服务人群的覆盖面。

2. 集成全民健身大数据。实现对全市体育场馆数据、市民体质数据、运动处方数据、体育社会组织,以及经常参加体育健身人群的健身习惯、消费习惯、社交信息等数据的采集、加工、处理和存储,建成上海全民健身公共服务数据库。运用大数据对动态信息进行统计、分析与深度挖掘,建立个性化指标,为市民提供精准化体育健身服务。

3. 强化全民健身科技创新。制订并实施运动促进健康科技行动计划，推广"运动是良医"等理念，提高全民健身方法和手段的科技含量。发挥科技在全民健身创新发展中的引领作用，推动全民健身理论、实践创新。制定全民健身重点项目目录和相关扶持政策，鼓励企业、高校和研究机构协同创新，开发科技含量高、拥有自主知识产权的健身产品。推进全民健身场地设施创新，促进全民健身场地设施升级换代。积极支持体育用品制造业创新发展。

五、保障措施

（一）加强组织领导

各级政府要加强对全民健身事业的领导，把全民健身公共服务体系建设摆在重要位置，纳入当地国民经济和社会发展规划及基本公共服务发展规划，把相关重点工作纳入政府年度民生实事推进，纳入社会主义精神文明、文明城区、社会事业发展评价体系等各类社会建设指标，确保全民健身国家战略的深入推进实施。充分发挥"全民健身联席会议"作用，各级工会、共青团、妇联和各行业协会等要各司其职，全面推进。各级发展改革、规划国土资源等部门要完善规划与土地政策，将体育设施用地纳入城乡规划、土地利用总体规划和年度用地计划，合理安排体育用地。街镇要配备配齐全民健身工作人员，形成上下互动、左右联动的良好格局。

（二）增加经费投入

建立政府主导、社会力量广泛参与的全民健身经费投入机制，创新公共体育服务投入方式，进一步拓展经费来源渠道，推广政府和社会资本合作模式（PPP）。各级政府要将全民健身经费列入本级财政预算，保障全民健身公共服务体系建设和运行。通过政府购买服务、消费补贴等途径，支持市民健身消费。制定政府购买全民健身公共服务的目录、办法和标准，加大对基层健身组织和健身赛事活动等的购买比重。鼓励社会力量对全民健身事业进行捐赠，符合税法规定的部分，可在计算企业所得税和个人所得税时依法从其应纳税所得额中扣除。

（三）推进依法治体

认真贯彻实施《全民健身条例》《国务院关于加快发展体育产业促进体育消费的若干意见》和《上海市市民体育健身条例》等，修订《上海市体育场所管理办法》，不断完善上海市全民健身法治体系，保障市民平等享有全民健身公共服务的权益。加快完善与全民健身相关的保险政策，确保举办和参与全民健身活动的安全。进一步规范政府部门职责，依法行政，建立健全全民健身执法机制和执法体系。加强体育设施建设、健身类企业、商业性赛事等行业自律，制定完善相关标准规范。

（四）加快人才培养

树立新型全民健身人才观，发挥人才在推动全民健身中的基础性、先导性作用。将全民健身人才培养与综治、教育、人力资源社会保障、农业、文化、卫生计生和工会、残联等部门、单位的人才教育培训相衔接，畅通各类人才培养渠道。加强竞技体育与全民健身人才队伍的互联互通，形成全民健身与学校体育、竞技体育的后备人才培养工作良性互动的局面，积极引导退役运动员从事全民健身工作。稳步推进基层体育管理人员、社会体育指导员、志愿者队伍培训，健全培训上岗制度，完善公共体育服务人才特别是基层人才的激励和保障机制。积极促进全民健身智库发展，建立健全全民健身专家委员会。

（五）强化监督考核

各级政府要高度重视全民健身工作，将其纳入政府重要议事日程和目标责任考核内容；探索"管办分离"的有效形式和基层体育团体自治制度，将全民健身服务纳入社区服务网格进行管理。完善全民健身公共服务第三方评价机制、市民评价和反馈体制，定期向社会公布结果。建立体育健身激励机制，对全民健身工作成绩突出的单位和个人予以表彰奖励。2020年，由有关方面组织对本实施计划执行情况进行全面评估，评估结果向同级政府报告。

上海市人民政府关于印发《上海市全民健身实施计划（2021—2025年）》的通知

沪府发〔2021〕21号

各区人民政府，市政府各委、办、局：

现将《上海市全民健身实施计划（2021—2025年）》印发给你们，请认真按照执行。

上海市人民政府
2021年9月18日

上海市全民健身实施计划（2021—2025年）

全民健身是人民群众对于美好生活向往的重要方面，是广大市民增强体质增进健康的重要途径，是上海建设全球著名体育城市的重要内容。"十三五"时期，上海全民健身公共服务体系实现城乡社区全覆盖，全民健身总体发展水平处于全国前列。为助力体育强国和健康中国建设，促进城市高质量发展，创造市民高品质生活，根据《全民健身条例》、国务院印发的《全民健身计划（2021—2025年）》和《上海市市民体育健身条例》，制订本实施计划。

一、指导思想

以习近平新时代中国特色社会主义思想为指导,全面贯彻落实党的十九大和十九届二中、三中、四中、五中全会精神,学习贯彻习近平总书记考察上海重要讲话精神,坚持以人民为中心的发展思想和新发展理念,深入贯彻落实"人民城市人民建,人民城市为人民"重要理念,实施健康中国和全民健身国家战略,构建党委领导、政府主导、社会协同、公众参与、法治保障的全民健身工作格局,以改革创新增强全民健身发展动力,完善全民健身公共服务体系和政府、市场、社会共同参与的全民健身发展机制,提高全民健身治理体系和治理能力现代化水平,丰富全民健身公共服务供给,满足市民日益增长的多样化体育健身需求。

二、发展目标

积极营造"处处可健身、天天想健身、人人会健身"的全民健身城市环境。到 2025 年,基本建成与全球著名体育城市和"健康上海"相适应的更高水平全民健身公共服务体系,推动全民健身公共服务均等化、标准化、融合化和数字化,基本实现全民健身治理体系和治理能力现代化。推动体育健身设施举步可就、体育健身组织充满活力、体育赛事活动丰富多元、科学健身指导专业高效、公共体育服务数字转型,实现全民健身与全民健康深度融合,带动体育产业高质量发展。全市人均体育场地面积达到 2.6 平方米左右,经常参加体育锻炼的人数比例达到 46%以上,市民体质达标率保持全国前列。上海成为国际知名、全国领先、具有特色的全民健身活力城市。

三、主要任务

(一)促进全民健身公共服务均等化

为市民提供优质、均衡的全民健身公共服务,落实国家和上海基本公共体育服务标准,推进"15 分钟社区体育生活圈"高质量全覆盖;实现市级、区级、街镇级体育场地设施、体育健身组织、体育赛事活动全覆盖;推进社区体育服务配送、智慧健康驿站和体质监测服务网络街镇全覆盖。推进城乡、区域基本公共体育服务均等化发展,统筹中心城区、郊区全民健身场地设施供给,加强青少年、职工、老年人全民健身公共服务,增加残疾人、农民、军人、少数民族和外来务工人员等人群全民健身公共服务供给,基本实现市民人人享有高品质全民健身公共服务的目标。

(二)推动全民健身公共服务标准化

发挥标准对于全民健身工作的引领和规范作用,完善全民健身场地设施建设、管理、服务标准,落实全民健身设施科学配置、日常巡查、更新维护、信息化管理服务等标准。健全全民健身赛事活动举办标准,编制全民健身赛事活动指南,明确企业、体育社会组织等社会力量举办、承办全民健身赛事活动标准。探索制定健身指导标准,规范社会体育指导员开展健身指导服务、市民体质监测服务等标准。完善社区体育工作标准。积极创建全民运动健身模范市(区)、全民运动健身模范街镇。

(三)推进全民健身公共服务融合化

坚持"大体育观"和"大健康观",深入推进"体育+""+体育",以人民健康为中心,把全民健身事业融入经济社会发展大局。健全政府主导的全民健身部门联动工作机制,强化全民健身工作联席会议制度,进一步发挥多部门协同优势,加强体育与教育、养老、卫生健康、文化旅游、农业农村、绿化、科技等领域融合,整合各方资源完善全民健身公共服务体系。落实长三角一体化发展国家战略,推动长三角全民健身一体化融合发展。

(四)引领全民健身公共服务数字化

将全民健身融入城市数字化转型,推进全民健身管理方式数字化,运用物联网、云计算、大数据、5G、人工智能等技术,推进智慧体育场馆设施建设和运营管理。完善上海市民运动会、上海城市业余联赛等品牌赛事活动信息化管理平台。系统集成社区体育设施、群众体育赛事活动、体育社会组织、科学健身指导、体质监测等全民健身大数据。推进全民健身公共服务数字化,把全民健身公共服务纳入"一网通办",构建全民健身公共服务信息平台,方便市民查询信息和办理有关事项。

四、保障措施

（一）加强组织领导

市、区两级政府将全民健身公共服务体系建设纳入国民经济和社会发展规划以及基本公共服务规划，把全民健身相关重点工作纳入年度民生实事加以推进和考核。全面落实各级政府、有关部门、企事业单位对全民健身场地设施规划建设与开放等公共体育服务的法定职责和保障责任。建立部门联动、分工合理、责任明确、齐抓共管的全民健身工作机制，确保全民健身国家战略深入实施。

（二）完善政策保障

将全民健身场地设施纳入国土空间规划，统筹考虑全民健身场地设施建设用地需求。新建居住小区按照国家有关规定配建社区健身设施，并与住宅同步规划、同步建设、同步验收、同步交付，不得挪用或侵占。利用旧区改造和城市更新，增加市民健身设施。盘活城市空闲土地、用好城市公益性建设用地，鼓励在符合城市规划的前提下，以租赁方式向社会力量提供用于建设健身设施的土地。建立政府主导、社会力量广泛参与的全民健身经费投入机制，切实保障公共财政对全民健身公共服务的投入。

（三）加强队伍建设

将全民健身领域人才培养、能力提升和结构优化作为发展体育事业的一项基础性工作。加强竞技体育、体育产业与全民健身人才队伍互联互通，积极引导退役运动员、教练员、体育教师、体育产业从业人员从事全民健身志愿服务。培养社区体育工作者、社会体育指导员以及群众赛事活动组织、体育社团管理、"体医养融合"等领域的专业人才，为全民健身事业提供人才保障。

（四）加大宣传力度

倡导"天天运动，人人健康"理念，广泛宣传党和国家关于开展全民健身活动、促进人民健康的方针政策，强化全民健身在建设全球著名体育城市和"健康上海"中的基础性作用，彰显城市精神和城市品格。加强舆论引导，表彰奖励全民健身先进组织和个人，提高全社会对发展全民健身事业的认识。加大全民健身知识普及和技能宣传力度,帮助市民树立终身锻炼意识,形成全民健身良好氛围。

(五)强化监督评估

建立全民健身绩效评估制度,完善全民健身公共服务第三方评价机制,每年发布上海市全民健身发展报告。积极主动接受人大、政协对全民健身工作的监督。将全民健身重点工作情况纳入全民运动健身模范市(区)、文明城市、卫生城市、健康城市等创建指标与评估体系。2025年,组织对市、区两级全民健身实施计划执行情况进行全面评估,开展社会满意度调查,评估结果向同级政府报告并向社会公布。

附件

《上海市全民健身实施计划(2021—2025年)》重点任务措施

一、增加举步可就的体育健身设施

(一)优化体育健身设施布局

制订实施体育健身设施建设补短板五年行动计划,优化布局,完善功能,提高质量。加快推进本市体育设施专项规划,构建国际水准、上海特色的体育健身设施体系。围绕优化市域空间新格局,在嘉定、青浦、松江、奉贤、南汇"五个新城"以及城市转型等区域完善公共体育设施建设布局。充分利用"一江一河"沿岸丰富的工业遗存、闲置用地、商务楼宇、码头滩涂、水域等空间资源,优化布局漫步道、跑步道、骑行道以及各类体育场馆、多功能球场、体育公园、船艇俱乐部、户外运动场等健身设施,打造世界级滨水健身休闲"生活秀带"。合理设置环城生态公园带、郊野公园等绿色空间的体育健身设施。结合崇明世界级生态岛建设,探索"生态+体育"新路径,打造国内外知名的运动休闲岛。支持自贸试验区临港新片区、长三角生态绿色一体化示范区建设高等级体育设施,提升水上运动、户外运动等设施功能,优化布局各类社区体育设施。

(二)拓展市民体育活动空间

完善高品质的"15分钟社区体育生活圈",推进市民健身步道、市民益智健身苑点、市民多功能运动场、市民健身驿站等体育健身设施建设,形成类型丰富、功能完善的服务网络。以街镇和基本管理单元全民健身场地设施均衡布局为导向,到2025年,基本实现社区市民健身中心街镇全覆盖。推动建设各类体育公园、社区足球场。在公园、绿地、沿江、沿河、沿湖等区域建设嵌入式体育设施,支持在商场、楼宇、园区、文化和旅游场所等区域配套体育健身设施,利用屋顶和地下空间、闲置用地、旧区改造和城市更新项目,因地制宜布局各类小型多样的体育健身设施。推进美丽乡村体育设施建设,增加农村地区体育健身设施供给。促进社区养老设施与体育设施的资源共享、功能衔接。创建一批示范性职工健身驿站。加强社区青少年体育设施建设。鼓励社会力量建设经营性体育场地设施。

(三)支持建设都市运动中心

推动各区、管委会、园区利用公共体育用地、产业园区、各类商业设施、旧厂房、仓库等城市空间和场地设施资源,通过新建或改建等方式,建设全民健身和相关产业融合发展的都市运动中心新型体育服务综合体。支持采取公建公营、公建民营、民建民营等建设运营方式,创造条件鼓励社会力量参与,探索"体育＋文化＋教育＋商业＋旅游"等多元化运营方式,拓展市民身边的健身休闲空间。到2025年,实现16个区都市运动中心全覆盖。

(四)提高体育健身设施利用率

加强对公共体育场馆开放管理的评估督导,落实免费或低收费开放政策。推进公共体育场馆"所有权"和"经营权"分离改革,支持公共体育场馆专业化、社会化运营,规范委托运营方式,增强公共体育场馆发展活力。引导公共体育场馆为学校体育课和学生体育锻炼提供场地支持与服务。规划建设体育场馆应结合实际考虑和合理设置应急避难(险)功能。加强体育设施更新、维护与日常管理,确保符合应急、疏散和消防安全标准,保障使用安全。推动学校体育场馆向社会开放,探索学校体育场馆委托专业机构集中运营,提升开放服务质量。鼓励企事业单位体育场地向社会开放。通过配送体育消费券等方式,支持经营性体育场馆公益性开放。

二、提供专业高效的科学健身指导

(五)加强社会体育指导员队伍建设

优化社会体育指导员年龄结构、等级结构,引导退役运动员、教练员、体育教师、健身俱乐部教练等体育专业人士加入社会体育指导员队伍。坚持质量与数量并重,到2025年,全市社会体育指导员占常住人口比例不低于2.5‰。建立社会体育指导员认证和管理服务信息系统。搭建社会体育指导员参加社区体育服务的平台,为社区居民提供赛事活动、健身指导等服务。激发社体育指导员活力,进家庭、进园区、进企业、进学校提供服务,提高指导率和市民满意度。

(六)提高健身指导服务水平

加强对社区体育工作者、社会体育指导员、社区医生等人员的健身指导能力培训,向市民传授运动伤害防护、运动康复、运动营养、运动心理等专项化健身技能和业务知识,提高健身指导水平。适应常态化疫情防控形势和要求,开展线下与线上相结合的科学健身指导,总结推广简便易行、科学有效、方便掌握的健身方法,引导市民科学健身。

(七)推广社区体育服务配送

完善社区体育服务配送平台,建立更高质量的覆盖各个街镇的"你点我送"社区体育服务配送机制,弘扬运动促进健康理念,宣传运动促进健康基本知识、运动方法与技能,让更多市民掌握科学健身方法,提高健身科学性。推进科学健身讲座、健身技能培训、社区赛事活动等公共体育服务进社区、进园区、进校园和进楼宇,全市每年开展配送服务不少于8 000场。

(八)完善市民体质监测制度

健全市、区、街镇三级市民体质监测网络,提供标准化体质监测服务,为参与体质监测的市民建立健康档案,加强针对性的科学健身指导服务,不断提高市民特别是青少年的体质优良率。推动《国家体育锻炼标准》达标测验活动常态化,创新达标测验活动组织形式,提高市民参与达标测验活动的积极性。鼓励将国民体质测定纳入健康体检项目。

三、发展充满活力的体育健身组织

(九)构建体育健身组织网络

优化体育健身组织发展环境,形成覆盖城乡、富有活力的全民健身组织网络,基本实现社区体育健身俱乐部街镇全覆盖。支持上海市体育总会发挥枢纽型作用,加大上海市体育社会组织专项资金奖励力度,引领各级体育总会、社会体育指导员组织、单项体育协会、各类人群体育协会等积极参与全民健身公共服务。到2025年,每万人拥有体育健身组织数量不少于24个。

(十)培育基层体育健身组织

支持青少年体育俱乐部、社区体育健身俱乐部、社区体育健身团队等市民身边的体育健身组织广泛开展全民健身服务。促进基层体育健身组织和健身团队规范化、专业化、品牌化发展,提升服务能力。引导和规范网络健身组织、草根健身组织等健康发展。鼓励基层体育健身组织承接符合社区居民健身需求的赛事活动、科学健身指导等全民健身公共服务。

（十一）加强体育健身组织治理

依法履行对体育健身组织的监督和管理，建立政府监管、行业自律和社会监督相结合的监管体制。按照社会组织改革发展的总体要求，推动各类体育健身组织权责明确、依法治理。加大政府购买体育健身组织服务和扶持力度，增强体育健身组织活力。加强体育健身组织治理，完善内部组织架构，提高工作人员能力，使体育健身组织成为全民健身的重要阵地。

四、开展丰富多元的体育赛事活动

（十二）完善全民健身赛事活动体系

构建市级、区级、街镇级全民健身赛事活动体系，办好上海市第四届市民运动会、上海城市业余联赛等全民健身品牌赛事活动，支持开展"一区一品""一街（镇）一品""一居（村）一品"全民健身赛事活动，创办上海社区健康运动会等市民身边的体育赛事。举办长三角体育节等区域一体化特色的全民健身赛事活动，提高国内国际影响力。建立本市公益性全民健身赛事活动数据统计制度。

（十三）因地制宜开展全民健身活动

大力发展市民喜闻乐见、时尚休闲的路跑、游泳、足球、篮球、网球、跆拳道、自行车、水上运动等运动项目。推广普及武术、健身气功等传统体育项目，支持开展体现历史文化和地域特色的龙舟、舞龙舞狮等民间民俗体育活动以及少数民族体育项目。鼓励发展帆船、赛艇、赛车、马术、击剑、射箭、攀岩、冰雪运动、极限运动、房车露营等具有消费引领特征的运动项目。促进智力运动、科技体育等非奥运项目发展。

（十四）推广线上赛事活动新模式

提供"科技＋体育""互联网＋健身"应用场景，创新全民健身赛事活动组织方式，打破传统线下比赛的时间和地域限制，举办覆盖各类人群的线上赛事活动，开拓全民健身线上线下互动新模式。支持企业、社会组织创建、发起线上赛事活动。推进居家健身常态化，鼓励开设线上健身课程，支持体育明星、健身爱好者参加公益健身视频节目，引导市民居家运动、科学健身。

（十五）鼓励重点人群体育活动开展

支持开展青少年体育冬夏令营、周末营，举办适合中青年、老年人身心特点的体育健身活动。打造青少年和职工精品赛事、老年人运动会、残健融合运动会、驻沪部队军民健身大赛等赛事活动品牌。推动残疾人康复体育和健身体育广泛开展,使残疾人感受社会关爱、更好融入社会。支持企事业单位经常性开展职工体育活动,推行广播操、工间健身,加强职工健身服务。开展少数民族体育赛事活动,促进各民族交往交流交融。支持全民健身与乡村传统节庆和活动相结合,促进农村体育事业发展。

五、促进全民健身融合发展

(十六)全面深化"体教融合"

健全"体教融合"协同推进机制。坚持"健康第一"的指导思想,以完善青少年公共体育服务为主线,广泛开展青少年喜爱的足球、篮球、排球、田径、游泳、冰雪等运动技能培训和赛事活动,鼓励青少年每天参加一小时的中高强度身体活动。帮助青少年掌握2~3项体育运动技能,为青少年提供科学健身指导,帮助青少年在体育锻炼中享受乐趣、增强体质、健全人格、锤炼意志、全面发展。推进青少年体育"健康包"工程,开展针对青少年近视、肥胖、脊柱侧弯等突出问题的体育干预和科学普及。支持青少年体育俱乐部建设,鼓励和规范社会体育俱乐部进校园提供专业体育服务。

(十七)推进"体医养融合"发展

推动健康关口前移,探索运动促进健康新模式,实现体育健身与卫生健康、养老等融合发展。加强对不同职业人群、不同年龄段人群的运动促进健康、运动伤病防治、体质健康干预和指导。积极打造"体医融合"示范区、"体医融合"运动促进健康中心。试点推进"体医融合"职工运动健康促进项目。探索提供运动处方服务。构建覆盖全人群的慢性病运动干预体系。以智慧健康驿站为载体,整合社区卫生服务、体质监测等资源,为市民提供自助健康服务和针对性的健康指导。试点推广运动健康师项目,指导市民健康吃、科学练、治未病、防慢病,提高身心健康水平。到2025年,建设"体医养融合"的长者运动健康之家100家左右,为社区老年人提供健身、康复、养老等"一站式"运动康养服务。

(十八)推动全民健身与其他领域融合

加强全民健身与文化旅游、生态建设、乡村振兴、科技创新等领域融合,形成全民健身协调联动大格局。将全民健身纳入公共文化服务保障体系,建好市民身边的文体场所,丰富市民喜闻乐见的文体活动,发展体育旅游产业。将全民健身融入生态建设,在绿化空间、美丽乡村嵌入更多体育元素,让市民在亲近自然中健身休憩、放松身心、感受城市温度。支持全民健身领域科技创新和新技术运用,为市民提供便捷高效的体育服务。

六、创新全民健身智慧服务

（十九）加强全民健身智慧管理

建立系统完备的全民健身大数据，推进全民健身信息、数据资源开发和利用，打造以全民健身电子地图、社区体育设施管理、社区体育服务配送、体质监测、体育场馆、赛事活动、健身指导等事项为核心的综合信息化全民健身公共服务平台，推进办公协同化、管理信息化，提升全民健身智慧管理水平。

（二十）提供全民健身智慧服务

推进全民健身领域政务服务"一网通办"，以区块链、大数据、云计算、5G、人工智能等为依托，积极发展"体育＋""＋体育"新业态、新技术、新模式。完善上海市民运动会、上海城市业余联赛信息化平台，开展线上运营和服务，通过手机 APP 等发布赛事活动信息，方便市民报名参赛。优化体质监测站和智慧健康驿站构建的体质健康服务网络。围绕解决老年人运用智能技术面临的困难，加强体育领域"智慧助老"服务。

（二十一）推进智慧体育场馆建设

加强体育场馆数字化转型与信息化建设。推广共享公共运动场模式，实现运动场线上远程管理和智能化运营。逐步实施市民健身房智慧升级改造，在居村、园区、楼宇等处建设智慧型、多功能的市民健身驿站。推进公共体育场馆无线局域网全覆盖、社区体育设施"二维码"全覆盖。运用信息化手段提高体育场馆服务质量，加强体育场馆在场地利用、预订支付、客流监测、安全预警等领域的信息技术应用，提升体育场馆运营效率。

七、提高全民健身治理水平

（二十二）推进全民健身管办分离

进一步转变政府职能，深化全民健身领域"放管服"改革，加强全民健身宏观管理，履行全民健身公共服务职责，梳理和完善全民健身公共服务项目清单，抓好全民健身规划计划和政策制定。推进全民健身相关标准建设，制定完善体育场馆运营管理、健身指导等标准。强化政府部门对全民健身场地设施、赛事活动、体育社团的管理和服务。

（二十三）促进全民健身多元共治

坚持开门办体育，构建多主体共同参与全民健身的工作格局。树立全民健身协同治理意识，逐步形成政府、社会、市场多方共同参与全民健身的局面。在发挥政府作用的基础上，更好调动企业、社会组织、专家学者、市民群众等参与全民健身的积极性。畅通反映全民健身工作意见建议和诉求的渠道。支持全民健身领域国际交流合作。

(二十四)加强全民健身法治建设

贯彻实施《全民健身条例》《上海市市民体育健身条例》《上海市体育赛事管理办法》等法规规章,完善全民健身法制和政策,建立健全体育场馆设施、体育赛事活动、科学健身指导等管理制度,依法加强对单用途预付消费卡、高危险性体育健身项目、体育培训市场等领域的监管,维护市民、企业的合法权益。规范全民健身领域依法行政,完善多部门联动的执法机制,保障全民健身赛事活动安全、文明、有序开展。

上海市人民政府办公厅印发《关于本市推进全民健身工程加强体育场地设施建设的意见》的通知

沪府办〔2021〕8号

各区人民政府,市政府有关委、办、局:

经市政府同意,现将《关于本市推进全民健身工程加强体育场地设施建设的意见》印发给你们,请认真按照执行。

上海市人民政府办公厅
2021年2月4日

关于本市推进全民健身工程加强体育场地设施建设的意见

为全面实施全民健身国家战略,落实《国务院办公厅关于加强全民健身场地设施建设发展群众体育的意见》(国办发〔2020〕36号),现就本市推进全民健身工程,加强体育场地设施建设提出如下意见:

一、指导思想

以习近平新时代中国特色社会主义思想为指导,认真贯彻习近平总书记关于体育工作的重要论述,落实"人民城市人民建,人民城市为人民"重要理念,加快建设人人运动、人人健康的活力之城。创新工作机制,加强部门协同,大力推动全民健身和全民健康深度融合,增加健身设施有效供给,不断满足市民对高品质生活的需求,为全球著名体育城市和健康上海建设奠定坚实基础。

二、总体目标

围绕构建"处处可健身"的高品质运动空间、倡导"天天想健身"的现代化生活方式、培育"人人会健身"的高水平健康素养,实施全民健身工程,补齐市民身边的健身设施短板,优化完善"15分钟社区生活圈"。到2025年,实现本市社区、园区、校区、商区、农村和城市公共空间等区域的健身设施数量持续增加,布局配置更加均衡合理,资源利用更加充分高效,人均体育场地面积达到2.6平方米左右。

——持续推进市民益智健身苑点、市民健身步道等为民办实事项目建设;基本实现社区市民健身中心街镇全覆盖,都市运动中心区级全覆盖。

——完善职工体育健身设施,在产业园区、商务楼宇等场所建设一批示范性健身驿站;统筹利用文教体医养等公共服务设施资源,力争实现全市公办中小学校体育场地设施应开尽开;加强美丽乡村体育健身设施建设,利用率不断提高。

——加强土地集约利用,因地制宜、见缝插针,在外环绿带、郊野公园、休闲绿地、"一江一河"沿岸等空间和路桥附属、建筑屋顶、地下、边角地等区域建设一批嵌入式体育健身设施。

——支持社会力量以多种方式参与体育健身设施的建设和运营,体育健身设施社会化、专业化管理水平明显提升。

三、扩大设施供给

(一)制订行动计划。各区政府做好本地区健身设施现状调查,梳理可用于建设健身设施的空间资源和可复合利用设施资源,制定并向社会公布可用于建设健身设施的非体育用地、非体育建筑目录或指引;结合"十四五"相关规划,于2021年6月底前摸清健身设施建设短板,完成编制健身设施建设补短板五年行动计划,并明确各年度目标任务。市体育部门牵头制订全市新周期

全民健身实施计划。(责任单位:市体育局、各区政府)

(二)加强规划融合。市体育部门结合体育设施发展新形势、新要求,会同市规划资源部门编制体育设施相关专项规划,支持体育设施资源向新城、大型居住社区、产业园区等倾斜,打造高品质体育服务设施集群。各区政府和市规划资源部门在各层次国土空间规划编制过程中,要充分衔接体育设施相关专项规划,涉及体育设施内容的,征求同级体育部门意见。(责任单位:市体育局、市规划资源局、市发展改革委、各区政府)

(三)盘活存量资源。市体育部门会同市规划资源、住房城乡建设管理、民防等部门出台利用城市空闲区域和地下空间建设临时体育健身设施的实施细则。社会力量可申请利用尚未明确用途的城市空闲土地、储备建设用地或者已明确为文化体育用地但尚未完成供地的地块建设临时性室外健身设施,使用时间一般不超过2年,且不能影响土地供应。(责任单位:市体育局、市规划资源局、市住房城乡建设管理委、市民防办)

(四)倡导复合利用。加强健身设施和城市文化娱乐、养老、教育、商业等其他服务设施功能整合,加快出台都市运动中心、职工健身驿站、长者运动健康之家、智慧健康驿站等复合型体育场所建设标准。相关部门和区在"一江一河"、生态空间、郊野公园等建设中,因地制宜综合建设体育健身设施,建设过程中征求同级体育部门意见。支持体育公园建设,打造全民健身新载体。统筹体育和公共卫生、应急避难(险)设施建设,推广公共体育场馆平战两用改造,在公共体育场馆新建或改建过程中预留改造条件,强化其在重大疫情防控、应急避难(险)方面的功能。(责任单位:市体育局、市卫生健康委、市民政局、市绿化市容局、市生态环境局、市水务局、市应急局、市总工会、各区政府)

(五)鼓励技术创新。加强新技术、新工艺、新材料、新设备在健身设施建设管理中的应用。探索建设符合环保和安全等要求的气膜结构健身馆、装配式健身馆,支持建设多功能、多用途、可转换的室外健身设施。鼓励有条件的体育场所导入大数据、云转播、VR、AR等科技元素,构建体育健身新生态。(责任单位:市体育局、市住房城乡建设管理委、市规划资源局、市城管执法局、市科委、各区政府)

(六)落实社区配套。新建居住小区按照有关规划、建设标准配建社区健身设施,并与住宅同步规划、同步建设、同步验收、同步交付,在相应环节征求同级体育部门意见,不得挪用或侵占。社区健身设施未达到规划要求或建设标准的既有居住小区，须结合城市更新、老旧小区改造，统筹建设社区健身设施。不具备标准健身设施建设条件的，鼓励灵活建设非标准健身设施。增加青少年社区健身设施供给，更好满足全龄段、全人群需求。（责任单位：市房屋管理局、市体育局、市规划资源局、市住房城乡建设管理委、各区政府）

（七）支持社会参与。鼓励各区在符合国土空间规划的前提下，以租赁方式向社会力量提供用于建设健身设施的土地，租期不超过20年。鼓励社会力量在存量用地新建、改建过程中综合建设体育设施，可参照城市更新相关政策给予建筑面积奖励。社会力量投资建设的室外健身设施在符合相关规划要求的前提下，由各相关方协商依法确定健身设施产权归属，建成后5年内原则上不得擅自改变其产权归属和功能用途。（责任单位：市规划资源局、市发展改革委、市住房城乡建设管理委、市体育局、各区政府）

四、优化运营管理

（八）推动设施开放。严格落实体育场馆向社会开放各项要求，完善体育场馆公益性开放补助政策。各区积极为学校体育设施向社会开放创造条件，鼓励采取委托等方式，由专业机构集中运营区域内学校体育设施，促进学校体育设施开放。充分挖掘体育场所内部潜力，通过空间共享、错时利用等，创新开放模式，拓展开放受众。（责任单位：市体育局、市教委、市财政局、各区政府）

（九）推广专业运营。按照"改造功能、改革机制"的要求，推进公共体育场馆社会化、专业化运营。规范委托运营模式，制定公共体育场馆委托运营示范合同文本，通过公开资源交易平台选择运营主体，在保证公益性的前提下充分发挥公共体育场馆应有的社会效益和经济效益。支持场馆以体为主、复合经营，推行体育设施设计、建设、管理和运营一体化。（责任单位：市体育局、市发展改革委）

（十）提升智能服务。加快全民健身场地设施智能化改造升级。推进体育公共信息服务平台建设，完善全民健身电子地图，逐步覆盖全市各类公共体育场馆、学校体育设施、经营性体育设施，为市民提供查询、预订等便利服务。全面推行"随申码"在场馆预约、身份认证和安全管理等方面的应用。（责任单位：市体育局、市教委、市经济信息化委、市大数据中心）

五、保障措施

（十一）加强组织领导。各级政府将体育设施规划建设、开放利用纳入重点工作安排，进一步健全政府牵头、各相关职能部门协同合作机制，强化体育、发展改革、规划资源、住房城乡建设管理、财政等部门职责，合力推进全民健身设施建设。（责任单位：市体育局、市发展改革委、市规划资源局、市住房城乡建设管理委、市财政局、各区政府）

（十二）促进政策落地。各级政府、各部门加快制定出台文件明确的相关计划、细则、标准，完善各类引导和鼓励政策，促进社会力量建设和运营体育设施。市体育部门会同相关部门定期对公共体育场馆开放程度、使用率、服务对象满意度等情况开展评估督导。（责任单位：市体育局、市规划资源局、市住房城乡建设管理委、市发展改革委、市卫生健康委、市民政局、市财政局、市总工会、各区政府）

（十三）包容审慎监管。建立包容审慎监管制度，在符合环保和安全的前提下，各级政府为市场主体通过多种方式建设体育设施创造宽松环境。体育、规划资源、应急、住房城乡建设管理、城管执法等部门加大健身设施建设审批领域放管服改革力度，充分利用"一网通办"平台，协调优化审批程序，提高审批效率。（责任单位：市体育局、市规划资源局、市应急局、市住房城乡建设管理委、市城管执法局、各区政府）

（十四）加强宣传推广。各级政府充分发挥体育健身对形成健康文明生活方式的作用，推进健康关口前移，讲好体育健身故事，不断提升市民体育健身素养。及时总结健身设施建设管理的成功做法和有益经验，加大推广力度，营造"健身即时尚"的良好氛围。（责任单位：市体育局、各区政府）

上海市体育局、上海市卫生和计划生育委员会关于印发《关于促进全民健身和全民健康融合发展的意见》的通知

沪体法〔2017〕184号

各区体育局、卫生计生委,各有关单位:

为贯彻落实上海市卫生与健康大会精神,推进健康上海建设,提高市民健康水平,市体育局和市卫生计生委共同制定了《关于促进全民健身和全民健康融合发展的意见》,现印发给你们,请结合各自实际,认真贯彻执行。

特此通知。

附件:关于促进全民健身和全民健康融合发展的意见

上海市体育局
上海市卫生和计划生育委员会
2017年4月21日

关于促进全民健身和全民健康融合发展的意见

为贯彻落实上海市卫生与健康大会精神,推动全民健身和全民健康深度融合,促进健康上海建设,特提出如下意见。

一、充分认识全民健身和全民健康融合发展的重要意义

全民健康是促进人的全面发展的必然要求，是经济社会发展的基础条件，是上海迈向卓越的全球城市的重要标志，也是广大市民的共同愿景。全民健身是提高人的身心健康和健康治理中非医疗干预最积极、最有效的手段，具有广泛性、直接性、主动性和投入小、产出大、见效快等特点，是全体市民主动健康的重要方式，也是全体市民增强体质、幸福生活的基础保障。

当前，以身体活动不足为主要特征的不良生活方式已成为影响广大市民健康的突出问题。大力开展全民健身运动，促进市民健康水平不断提高，是推进健康上海建设的现实需要。体育不仅是一种锻炼身体的方式，还是一种教育手段、生活方式和精神依托，对促进形成健康向上的社会氛围具有综合价值和多元功能。推动全民健身和全民健康融合发展，对普及健康生活，优化健康服务，发展健康产业，全周期、全人群保障市民身心健康等都具有着十分重要的作用。

二、发展目标

按照健康中国建设和全民健身国家战略总体要求，以上海城市未来发展和市民健康需求为导向，以促进人的健康、建设健康上海为核心，切实树立大卫生、大体育、大健康的观念，坚持创新、协调、绿色、开放、共享的发展理念，推动全民健身融入全民健康，促进健康政策融入全局、健康服务贯穿全程、健康福祉惠及全民。到 2020 年，实现市民科学健身素养和健康素养显著提高，全地域覆盖、全周期服务、全社会参与、全球化合作、全人群共享的局面基本形成，市民健康水平进一步提高，为建设全球著名体育城市和亚洲一流的健康城市打好扎实基础。

三、主要任务

（一）树立新的发展理念，促进"体育生活化"和"生活健康化"

弘扬健康新理念，推进健康关口前移，引导发挥全民健身对形成健康文明

生活方式的作用。创新全民健身发展方式,把"以人民为中心"的价值取向放在首位,把满足市民健康需求作为工作的出发点和归宿点,从单一的健身功能提升为多元的社会功能和价值,确立新的工作目标,建立新的工作标准,构建新的激励和评价体系。实施"人人运动、人人健康"和"社区主动健康计划"等,广泛普及科学健身知识和健身方法,让市民掌握1~2项健身技能。分层分类引导运动项目发展,组织开展丰富多彩的全民健身赛事活动和健康教育宣传,有效提高居民体育锻炼参与率,推动体育健身融入生活,不断提高市民科学健身素养和健康素养。

(二)深化健身健康服务,完善体医结合体制机制

将全民健身纳入健康上海建设总体布局,积极探索互通互动、分工合作、资源共享、政策协调的工作机制,推动建立体育、卫生一体化的健身健康服务体系。加强体医结合和非医疗健康干预,制定体育锻炼标准和指南,建立完善针对不同人群、不同环境、不同健康状况的运动处方库,形成体医结合的健身健康服务与管理模式,促进"全民健身"和"健康中国"建设国家战略形成叠加效益。积极引导社会资本参与健身健康服务体系建设,通过特许经营、公建民营、民办公助等形式,鼓励社会力量举办健身健康机构或提供相应服务。支持企业围绕居民体育健身、运动康复、康复医疗等需求开发各类产品和服务,积极发展健身健康产业。

(三)强化统筹规划设置,提升全民健身健康服务的公平性和可及性

贯彻落实《"健康中国2030"规划纲要》和《全民健身计划(2016—2020年)》等要求,科学规划和统筹设置体育健身和医疗卫生服务设施和网络,推进"15分钟体育生活圈"和"15分钟医疗卫生服务圈"深度融合。整合和完善全民健身公共服务体系和医疗卫生服务体系,向市民尤其是儿童、青少年、职业群体和老年人等人群提供可及的、有针对性的健身健康服务,进一步促进实现人人享有基本公共体育服务和基本医疗卫生服务。探索基于社区的、全程综合的健康生活(运动)指导模式,试点建设一批融健康教育、体质监测评估与健身指导、慢性病早期筛查、健康自我管理、运动营养等生活方式干预和重点疾病康复等为一体的社区健身健康促进服务中心,为居民提供全面全程的健身健康服务。

（四）整合发挥资源优势，着力实施促进健身健康系列工程

1. 运动干预推广工程。在常见慢性病全程服务管理和非医疗健康干预过程中，将体育健身作为重要手段之一，推广糖尿病运动干预"1＋1＋2"的社区工作团队（配备1名社会体育指导员、1名社区医生和糖尿病自我管理小组正副组长各1名）模式。制订并实施运动促进健康科技行动计划，提高全民健身方法和手段的科技含量。促进科学健身指导服务机构发展，围绕人的生命全周期和健康全过程，探索形成满足不同人群健康需求的健身健康科学指导方案体系。

2. 健身健康人才培养工程。加大对管理人员、社会体育指导员和社区家庭医生岗位培训力度，重点开展疾病防控、科学健身等相关知识的交叉培训，提高基层的运动指导工作人员和健康服务管理工作人员的综合服务能力。发挥本市体育、医学专业高校优势，探索具有体医结合特色专业课程和实践教学体系，培养具备医学和体育学知识的跨专业复合型人才。发挥本市体育、医学专业优势，共同建设一批体育和卫生深度融合、集运动保健指导、运动损伤救治和运动医学研究等功能的专业机构，联合打造科研协作平台，充分挖掘体育在健康维护、健康促进中的作用，重点开展常见多发慢性疾病的科学运动干预研究。

3. 数字信息共享工程。加快推进体育和卫生信息共享，推动形成体医结合的健身健康信息化服务模式。推进市民体质监测数据与居民健康档案数据的互联互通，开展基于数据的循证研究，科学制定健身健康指导方案。构建预防、健身和健康管理的云平台，整合居民健康管理、体质监测与健身指导数据，集成体育锻炼、体质监测和慢性病监测、医疗服务等相关信息，全面科学评估全民健康素养与健身计划实施效果。鼓励企业参与健身健康科技、信息和服务平台建设，创新研发相关软硬件，形成具有知识产权的系列高科技产品，促进健身健康产业发展。

4. 运动损伤康复工程。大力发展运动医学和康复医学，积极研发运动伤病防治和运动康复技术。建设具有国际一流水准的运动康复中心。逐步建立市（区）级运动康复专业机构，提供基于国人特点的各项运动指南，为广大市民开展运动风险评估、运动训练指导和伤病康复服务。以传统中医药科研成果和竞技体育科研成果为广大市民运动康复治疗提供服务，积累提升"运动健康门诊"经验和水平，在有条件的医疗机构和康复机构内进行推广。

5. 赛事医疗保障工程。围绕上海建设国际体育赛事之都的目标任务，建立重大赛事医疗卫生市级协调工作机制和一般赛事医疗服务规范化行业指导工作机制，积极打造符合上海城市特点的体育赛事医疗服务保障体系。成立市级运动医疗康复专家委员会，制定赛事医疗风险评估和医疗服务工作规范等，进一步规范体育赛事保障服务机制。根据赛事承办地、运动项目风险度、医疗技术能力等因素合理选择赛事定点医疗卫生机构，加强能力建设，提升专业保障能力和水平，形成优质赛事环境。

四、保障措施

（一）加强组织领导

在各级全民健身和公共卫生联席会议的基础上建立体育与卫生协商机制，定期沟通、制定政策。各级体育、卫生计生等部门要将体医结合工作内容纳入年度工作计划予以推进落实，每年度共同召开工作会议，总结部署相关工作。

（二）完善制度体系

深入开展全民健身和全民健康融合发展的前瞻性、科学性研究，将运动促进健康融入所有健康上海的服务体系。在社区健身健康促进服务中心、"15分钟体育生活圈"与"15分钟医疗卫生服务圈"建设、人人享有基本公共体育服务和基本医疗卫生服务等方面，共同研究相关标准，共同推进健康示范社区、研究基地、运动健康门诊等评估建设，联手规范并促进健身健康产业发展，加强对游泳、重大赛事等安全救护的协调和监督。

（三）营造良好环境

加大宣传力度，充分利用各类传统和新兴媒体，讲好健身健康故事，宣传健身健康效果，激发市民科学健身热情。各级体育、卫生计生等部门要加大对全民健身健康科学研究和健康健身指导方面的投入，在部门预算中安排工作经费，鼓励和引导社会力量参与全民健身和全民健康工作，对作出贡献的单位和个人给予表彰奖励。

关于印发《上海市第三届市民运动会竞赛规程总则》的通知

沪市民运组〔2020〕1号

各区、市级机关、集团公司、高校、驻沪部队,各体育协会,各有关单位:

现将《上海市第三届市民运动会竞赛规程总则》印发给你们,请遵照执行。特此通知。

上海市第三届市民运动会组织委员会
2020 年 1 月 6 日

上海市第三届市民运动会竞赛规程总则

上海市第三届市民运动会将以习近平新时代中国特色社会主义思想为指导,全面贯彻党的十九大和十九届二中、三中、四中全会精神,坚持以人民为中心的发展思想,根据《体育强国建设纲要》《关于促进全民健身和体育消费推动体育产业高质量发展的意见》《全民健身计划(2016—2020 年)》《健康上海行动(2019—2030 年)》等文件精神,贯彻落实全民健身国家战略,大力推动全民健身与全民健康深度融合,切实提高市民身体素质、提高体育健身人口、提高社会参与程度,实现全民健身活动更亲民、更便利、更普及,逐步形成政府主导有力、社会规范有序、市场充满活力、人民积极参与、社会组织健康发展、公共服务完善的体育发展新格局,助力健康上海建设,打造全球著名体育城市,办好市民身边的奥运会。

一、主办单位

上海市第三届市民运动会组委会

二、办会主题

健康上海,人人来赛

三、举办日期

2020年4月至11月

四、项目设置

市民运动会由竞赛达标板块、品牌活动板块、展示服务板块3个板块组成。

（一）竞赛达标板块

选取了市民喜闻乐见的项目、重点开展的项目、市场发展前景好的项目,以及部分冰雪项目,分联赛项目、竞赛项目和达标项目3个类别。

1. 联赛项目(5项)：篮球、乒乓球、网球、跆拳道、围棋。

2. 竞赛项目(68+X项)：足球、排球(气排球)、羽毛球、台球、门球、壁球、旱地冰球、高尔夫球、橄榄球、柔力球、保龄球、手球、粽子球、高智尔球、板球、毽球、棒垒球、路跑、城市定向、自行车、游泳、龙舟、皮划艇、帆船、跳水、游泳救生、桨板、铁人三项、中国象棋、国际象棋、国际跳棋、桥牌、五子棋、三打一、轮滑(滑板)、击剑、射箭、舞龙舞狮、体育舞蹈(街舞)、航空航海模型、健身健美、武术、拳击、广播操、滑冰、滑雪、攀岩、风筝、花样跳绳、飞镖、汽车、电子竞技、真人CS、极限运动、拔河、剑道、钓鱼、社区九子、空手道、太极拳、健身气功、广场舞、木兰拳、练功十八法、健身排舞、健身操、健身秧歌、健身瑜伽。

X：指68个项目以外的群体项目。

3. 达标项目(2项)：

(1) 国家体育锻炼标准达标赛：30秒跳绳、1 000米跑、800米跑、3 000米快走、引体向上、1分钟仰卧起坐、俯卧撑、1分钟仰卧举腿、掷实心球、绕杆跑、曲线托球跑、坐位体前屈。

(2) 人人运动学会游泳达标赛：自由泳、蛙泳、仰泳、蝶泳。

（二）品牌活动板块

分为市级和区级品牌特色赛事活动，市级拟举办30＋X个品牌特色赛事活动，区级培养"一区一品"全民健身综合性品牌活动。

1. 市级品牌(30＋X个)：上海市学生运动会、上海市老年人运动会、上海残健融合运动会、上海智力运动会、上海市开发区运动会、上海市驻沪部队军民健身大赛、上海市少数民族运动项目大赛、中国农民丰收节健身大赛、世界著名在华企业健身大赛、全国全民体能大赛、上海市外国友人健身大赛、长三角全民健身系列赛、中国上海国际大众体育节、上海市民足球节、上海市民篮球节、上海市民排球节、上海市民网球节、上海市民羽毛球节、上海市民武术节、上海自行车嘉年华、上海社区健康跑嘉年华、上海市民室内健身嘉年华、上海市民体育舞蹈嘉年华、五星运动汇、上海科技体育嘉年华、上海市家庭亲子运动会、MAGIC3上海市青少年三对三超级篮球赛、上海市青少年体育俱乐部联赛、上海市学生阳光体育大联赛、上海市少儿体育联赛。

X指其他委办局或社会组织创办愿意纳入的品牌特色赛事活动。

2. 区级品牌(16个)："活力浦东"全民健身系列赛、"黄浦·我来赛"黄浦区全民健身系列赛、国际静安城区精英挑战赛、徐汇区篮球系列赛、"长宁国际联赛"长宁区境外友人运动会、"约战普陀"系列挑战赛、"虹口·谁是联赛王"全民健身系列赛、杨浦足球超级联赛、"四季路跑"宝山区系列活动、上海马桥网球公开赛、嘉定区第二届市民运动会、金山区城市业余联赛铁人三项赛、松江区端午龙舟赛、"绿色青浦"全民健身系列赛、奉贤区第十二届国际友人风筝会、崇明区休闲体育大会。

（三）展示服务板块

1. 健身团队集中展示。各街镇的基层健身团队进行一次集中展示活动，各区组织一次区级集中展示活动，最后选出优秀的健身团队参加市级集中展示活动。收集全市健身团队相关信息,建立健身团队档案。组织评选百优健身团队。

2. 健身技能公益培训。选取 20 个重点项目,在全市各行业进行推广培训。

3. 健身知识科学辅导。组织科学健身知识宣讲团,普及全民健身法规、科学健身知识等。每社区举办不少于 2 次科学健身讲座。

4. 健身技能配送服务。组织项目带头人进社区、进企业和进学校活动,主动上门配送体育健身技能。各区根据实际,积极做好体育健身技能配送工作。

5. 健身活动主题沙龙。为进一步提升办赛质量和服务能级,市体育局将围绕不同的服务对象,举办不同的主题沙龙。

五、竞赛体系

(一)联赛项目

单独成竞赛体系,各代表团选派队伍参加各级选拔。

(二)竞赛项目

整体赛事分为三个层级:

1. 第一层级为总决赛,68 个单项都将举办总决赛

(1) 10 月中旬至 11 月下旬集中举办总决赛。

(2) 16 个区组队参加不少于 40 个竞赛项目;其他代表团组队参加不少于 20 个竞赛项目;个人参赛由市级系列赛等赛事中产生。

2. 第二层级为选拔赛

(1) 16 个区举办区级选拔赛。同年有区运会的将区运会作为选拔赛,其他区则选择不少于 20 个竞赛项目进行区级选拔赛。

(2) 市级机关工委动员不少于 30% 的市级机关举办运动会或选拔赛,市总工会动员不少于 30% 的集团公司举办企业运动会或选拔赛,选择不少于 10 个竞赛项目。

(3) 68 个大项选取 320 个入围的市级系列赛,X 项目选取 30 个入围的市级系列赛。

3. 第三层级为基层赛事

(1) 各区动员 50% 以上街道(乡镇)、部分区相关委办局、区属企事业单位

举办运动会,选择不少于10个竞赛项目。

(2) 市教委动员不少于50%的学校举办校运会。

(3) 市农委牵头在各涉农区动员100个村举办村运会。

(三) 达标项目

1. 国家体育锻炼标准达标赛根据《国家体育锻炼标准》执行,各区动员50%以上街道(乡镇)举办,各区须举办一次区级选拔赛。

2. 人人运动学会游泳达标赛在符合安全标准的指定游泳场所开展,具体规则由游泳场所自行制定。

六、参赛条件

1. 身份:凡是人在上海,热爱运动的人员均可报名参赛。

2. 年龄及健康状况:参赛选手必须具备参与项目的身体健康条件,详见各单项规程。

3. 其他:凡属本市运动队在编的运动员、教练员不得参加本人从事的项目比赛(包括职业俱乐部运动员、教练员)。

七、参赛办法

1. 各区、市级机关、集团公司、高校、驻沪部队等单位均可组团报名参赛。申请组团的单位于2020年3月31日前上报组委会竞赛活动部。

2. 市民可根据个人的兴趣和爱好,直接报名参加个人项目或自行组队参与集体项目的比赛,详见各单项规程。

3. 单项总决赛名额分配:70%的名额由选拔赛产生的优胜队参赛;20%的名额由市级系列赛产生的优胜队参赛;10%的名额由爱好者团队或个人直接报名参赛。

八、报名方式

1.《上海市第三届市民运动会竞赛规程总则》于2020年3月31日起,在上海市第三届市民运动会官方网站(smydh.shsports.cn)和"上海体育"微信公众号公布,各单位或个人可根据需要查阅或下载使用。各单项竞赛规程将于 2020 年 4 月 15 日起,陆续在上海市第三届市民运动会官方信息平台(包括网站、小程序等)发布,各单位或个人可根据具体要求进行报名,报名单位与个人在报名时需签订单项规程的知晓承诺书。

2. 所有赛事必须通过上海市第三届市民运动会官方信息平台(包括网站、小程序等)建立报名渠道;自有报名系统的赛事应与上海市第三届市民运动会官方信息平台进行技术对接,确保信息数据导入。

3. 各类赛事从 2020 年 4 月 15 日开始报名,在比赛前 15 天截止报名。

九、竞赛组织

1. 采用国家体育总局最新审定出版的各项目竞赛规则和本届运动会的相关规定。各项目的具体竞赛办法按各单项竞赛规程执行。

2. 部分项目由于特殊原因可安排在运动会开幕之前进行比赛。

3. 本届市民运动会的市级各类赛事活动将采用社会公开招标的方式选取赛事活动承办单位。

4. 各区应成立上海市第三届市民运动会工作领导小组,负责本区的动员、报名、参赛以及项目承办等组织工作。

5. 本届市民运动会各项目裁判委员会和仲裁委员会名单由组委会最终确定。

6. 本届市民运动会组委会成立仲裁委员会,协调赛事和活动、处理赛纪、赛风等事件,仲裁委员会裁决为最终裁决。

十、奖励办法

1. 联赛项目参照各项目积分制排名执行。

2. 竞赛项目录取前八名,获得各项目比赛前三名的,颁发金、银、铜牌和获奖证书;获得其他名次的颁发获奖证书。

3. 达标项目按标准颁发奖章和证书。

4. 对达到业余等级或段位标准的还将获得相应的业余运动员等级或段位证书。

5. 设"体育道德风尚奖",有关办法另定。

十一、其他

1. 各代表团、参赛队和个人自行办理人身意外伤害保险。
2. 各赛区应办理赛事或活动赛区意外保险。
3. 各代表团、参赛队和个人参赛经费自理。

十二、解释、修改权

本竞赛规程总则和各有关单项竞赛规程的解释、修改权属本届运动会组委会。

关于印发《上海市居民住宅区室外公共体育设施建设与管理的指导意见(试行)》的通知

沪体群〔2020〕40号

各区体育局、建设行政管理部门、住房保障房屋管理局:

为进一步完善城市住宅小区服务功能,规范居民住宅区体育设施配置,落实居民住宅区体育设施建设与管理要求,根据相关法规、规范性文件,我局会同市住房城乡建设管理委、市房屋管理局研究制定了《上海市居民住宅区室外公共体育设施建设与管理的指导意见(试行)》。现将文件印发,请遵照执行。

特此通知。

上海市体育局
上海市住房和城乡建设管理委员会
上海市房屋管理局
2020年3月2日

上海市居民住宅区室外公共体育设施建设与管理的指导意见(试行)

一、指导思想

为加强和规范本市居民住宅区室外公共体育设施的建设与日常管理,提升社区公共体育服务水平,为市民提供身边的体育健身场所,促进本市市民体质健康,根据《全民健身条例》《上海市市民体育健身条例》《上海市体育设施管理办法》《"健康上海2030"规划纲要》等有关法规文件,特制定《上海市居民住宅区室外公共体育设施建设与管理的指导意见》(以下简称《指导意见》)。

二、适用范围

《指导意见》适用于本市居民住宅区的物业管理区域范围内,由各级政府投资建设或由居民住宅区建设单位建设的市民健身步道、市民球场(智慧运动场)、市民益智健身苑点等室外公共体育设施。

三、具体要求

(一) 建设要求

新建、改建、扩建居民住宅区的建设单位,应严格落实规划设计要求,确保居民住宅区室外公共体育设施的配套建设。

居民住宅区室外公共体育设施的建设应当符合以下要求:

1. 符合 GB 19272—2011《室外健身器材的安全通用要求》以及其他关于器材配建工作的国家标准;国家标准更新的,应执行最新标准;
2. 通过经国家认可的器材质量认证机构的产品质量认证;
3. 鼓励投保产品质量险和包含第三者责任险、意外伤害险的险种。

居民住宅区室外公共体育设施建成后,应按有关规定进行竣工验收,并移交给管理方。居民住宅区室外公共体育设施需改建、扩建、拆除的,应当按照国家和本市的规定办理报批手续。改建、扩建、重建时,不得改变其使用性质,一般不得小于原有规模。

(二) 管理要求

由建设单位开发建设的属于全体业主所有的室外公共体育设施,在国家标准规定的安全使用年限内,其维护保养责任由全体业主承担,维修保养经费按照国家和本市有关规定在住宅专项维修资金中列支或者通过其他途径予以保障;确有困难的,由所在街道、乡镇给予适当补贴。全体业主也可以通过《物业服务合同》的约定,委托物业服务企业或第三方机构提供体育设施的日常维护保养服务。超过最新国家标准规定的安全使用年限,体育设施由所在街道、乡镇负责更新以及后续的日常维护保养责任。

由各级政府投资建设的住宅物业管理区域内的室外公共体育设施,维护保养责任由所在街道、乡镇承担。超过最新国家标准规定的安全使用年限的,由所在街道、乡镇负责更新以及后续的日常维护保养责任。

街道、乡镇应提供必要的人员和经费保障,通过购买第三方服务或组织社会体育指导员巡查队伍等方式,对居民住宅区的室外公共体育设施进行定期巡查。

四、部门职责

(一)市体育局负责提供居民住宅区室外公共体育设施的建设标准,并指导区体育管理部门加强对街道、乡镇的相关业务指导。

(二)市住房城乡建设管理委根据职责对居民住宅区建设活动实施监督指导。建设单位应当自工程竣工验收合格之日起 15 日内,向工程所在地的县级以上地方人民政府建设主管部门备案,确保配套建设的室外公共体育设施建设到位。

(三)市房屋管理局负责指导监督住宅小区业主大会委托的物业服务企业做好日常管理及维修保养。

(四)街道、乡镇负责落实政府出资建设或者配置的居民住宅区室外公共体育设施的维修保养和更新,同时负责对超过规定安全使用年限的居民住宅区室外公共体育设施进行更新,并落实后续日常管理和维修保养。

上海市体育局、上海市绿化和市容管理局关于印发《上海市公园绿地市民健身体育设施管理办法》的通知

沪体群〔2020〕113号

各区体育管理部门、绿化管理部门：

为充分发挥公园绿地社会服务功能，落实公园绿地市民健身体育设施的日常管理、维护保养及更新调整等相关要求，根据相关法规、规章规定，市体育局会同市绿化市容局制定了《上海市公园绿地市民健身体育设施管理办法》。现印发给你们，请遵照执行。

特此通知。

附件：上海市公园绿地市民健身体育设施管理办法

上海市体育局
上海市绿化和市容管理局
2020年7月7日

上海市公园绿地市民健身体育设施管理办法

第一条（目的与依据）

为建立健全"体绿结合"工作机制，加强公园绿地内市民健身体育设施的

日常管理、维护保养及更新调整,充分发挥公园绿地内市民健身体育设施的功能,满足市民、游客在公园绿地内的体育健身需求,根据《上海市绿化条例》《上海市公园管理条例》《上海市市民体育健身条例》《上海市体育设施管理办法》等法规、规章规定,结合本市实际情况,制定本办法。

第二条(适用范围)

本办法适用于本市公园绿地内设置的市民健身体育设施的日常管理、维护保养与更新调整。

公园绿地内市民健身体育设施的设置,应当按照《上海市公园绿地市民健身体育设施设置导则(试行)》的规定执行。

第三条(管理原则)

在公园绿地内增设、更新和调整市民健身体育设施应当充分论证、科学布局,符合公园绿地规划要求。公园绿地内的市民健身体育设施应当坚持行业管理与属地管理相结合,遵循"管理职责明确、使用管理规范、保养更新及时、确保设施安全"的原则。

第四条(管理职责)

市体育部门是本市体育设施的主管部门,主要职责是负责指导、协调、监督和检查区体育部门具体落实市民健身体育设施相关管理工作;市绿化部门是本市公园绿地的主管部门,主要职责是负责指导、协调、监督和检查区绿化部门具体落实公园绿地市民健身体育设施相关管理工作。

区体育部门负责本辖区体育设施管理工作,主要职责是负责本辖区公园绿地市民健身体育设施的日常巡查、维护保养、更新调整和信息化管理服务,并指导、督促街道(乡、镇)落实体育设施相关工作要求;区绿化部门负责本辖区公园绿地管理工作,主要职责是负责督促本辖区公园绿地管理机构对市民健身体育设施使用的日常指导、检查与服务。

第五条(经费保障)

设置单位应当落实公园绿地市民健身体育设施的日常管理、维护保养、更新调整等相关经费,并列入本级人民政府或者本部门的基本建设投资计划和财政预算。

公园绿地管理机构应当落实公园绿地市民健身体育设施必要的配套管理经费。

第六条(安全责任)

设置单位作为公园绿地市民健身体育设施的安全责任主体,应当明确落实有关设施的安全管理责任及要求、维修保养及更新、安全责任保险等事宜，会同公园绿地管理机构做好有关设施的管理工作。

第七条（设施标准）

设置在公园绿地内的市民健身体育设施，其产品、设置、安装、验收和管理应当符合相关国家、行业、地方标准和规定。

第八条（日常管理）

区体育部门应当会同本辖区内公园绿地管理机构建立公园绿地市民健身体育设施的协作管理机制，完善日常管理巡查制度，组织专业人员对场地、器材等进行日常巡查。

设置单位应当通过所在区体育部门将设施的信息资料录入上海市社区体育设施信息化管理服务平台，建立设施维护和更新调整制度，制订并落实相关作业计划。

设置单位应当加强公园绿地市民健身体育设施的日常维护；应当提醒市民、游客按使用说明正确使用公园绿地市民健身体育设施，并严格遵守使用告知中的安全注意事项；设施存在问题或安全隐患时，应当设置暂停使用告示，采取停用措施，并及时维修。

第九条（使用告知）

设置单位应当为公园绿地市民健身体育设施设立醒目的标识标牌，包括器械功能使用牌、健身须知牌、科学健身宣传牌（栏）、智能管理二维码标贴等，对可能危及人身安全的设施和行为作出明确警示说明；应当建立报修、投诉和监督服务（应急和投诉）渠道。

第十条（应急处置）

设置单位应当建立公园绿地市民健身体育设施应急处置和事故处理制度，制定专项预案，发生紧急情况及时应对，并做好善后工作。公园绿地管理机构应当配合设置单位做好事故发生后的安全稳定工作。

第十一条（更新调整）

公园绿地市民健身体育设施使用过程中出现以下情况之一的，设置单位应当予以更新或者调整。

（一）达到使用年限，需要更新的。

（二）由于公园绿地规划调整或者改造，市民健身体育设施虽未达到报废年限，但是需要调整的。

（三）由于安装位置不合理，影响市民生活和游客正常活动，需要调整的。

第十二条(退出机制)

公园绿地市民健身体育设施存在下列情形之一的,设置单位应当予以拆除。

(一)不符合公园绿地规划调整或改造需要的。

(二)长期无人管理,设备损坏失修 3 个月以上,且存在严重安全隐患的。

(三)不符合国家安全通用标准和要求,且不具备维修和更新改造条件的。

第十三条(监督检查)

区体育部门应当会同区绿化部门对公园绿地市民健身体育设施的使用管理、维护保养与更新调整等情况进行监督检查。

第十四条(有关术语)

本办法所称的公园绿地市民健身体育设施是指在公园绿地内供市民、游客健身的公共服务设施,主要包括各类室外健身器材、市民益智健身苑点、市民球场、市民健身步道(绿道)。

本办法所称的设置单位是指在公园绿地内设置市民健身体育设施的单位,主要包括各级体育部门、街道(乡、镇)、公园绿地管理机构。社会捐赠的公园绿地市民健身体育设施由接受捐赠单位作为设置单位。

本办法所称的公园绿地管理机构是指公园绿地的具体管理单位。

第十五条(解释机关)

本办法由市体育部门、市绿化部门按照各自职责进行解释。

第十六条(施行日期)

本办法自印发之日起施行。

上海市体育局关于进一步推进本市农村体育健身设施建设的指导意见

沪体群〔2021〕7号

各区体育局、农业农村委,有关单位:

推进农村体育健身设施建设,对于全面贯彻落实乡村振兴战略、提供城乡公共体育均等化服务、优化农村人居环境、促进社会和谐稳定、提高农民群众的生活品质具有重要意义。为贯彻落实国务院《关于加强全民健身场地设施建设发展群众体育的意见》(国办发〔2020〕36号)等文件精神,补齐农村体育健身公共服务体系短板,提升农村体育健身设施的服务功能,制定本意见。

一、总体要求

以习近平新时代中国特色社会主义思想为指导,全面贯彻党的十九大精神,贯彻落实乡村振兴战略,根据《上海市体育设施管理办法》《上海市乡村振兴战略规划(2018—2022年)》等文件要求,积极推进农民身边的体育健身设施建设,丰富体育健身设施内容,完善体育健身功能,增进科学健身手段,提高体质健康水平。以村庄布局规划、郊野单元村庄规划为引领,通过新建改建农村体育健身设施,到2022年底,80%以上的村达到"一道、一场、多点"的要求,涉农区人均体育健身场地面积达到3.2平方米。

二、实施要求

各涉农区应坚持以村民需求为导向,从功能性、实用性、便利性等角度出发,因地制宜落实各行政村体育健身场地全覆盖任务,不断优化农村体育建设设施布局,按照郊野单元村庄规划,结合乡村居住特点,综合利用村内现有房屋、闲置零星土地资源,在村域范围内多点建设相应的体育健身设施,并同步建设使用须知牌、安全警示牌等各类配套设施,满足村民健身需求。农民相对集中居住项目在规划配套建设农村公共体育健身设施时,要严格落实室外体育用地人均不低于 0.3 平方米,室内体育活动用房建筑面积人均不得少于 0.1 平方米的基本指标,具体设置可参照当地环境、实际需求、服务人口和范围等进行测算。建设规范参照各类运动场地的建设标准,应符合最新国标要求(GB 19272—2011、GB/T 34419—2017、GB/T 34281—2017 等)。鼓励将有条件的乡村道路改造为可供村民进行健身锻炼的市民健身步道或自行车绿道。

（一）示范村升级改造要求

乡村振兴示范村或美丽乡村示范村应结合实际和规划情况新建或改建 1 条 500 米以上的市民健身步道或 3 公里以上的自行车绿道,1 个可开展篮球、羽毛球、网球、广场舞等项目的多功能运动场,一般不少于 3 个市民益智健身苑点。在村综合文化活动室、村民教室等场所可以因地制宜配置农民健身房、乒乓房等室内健身设施。

（二）一般行政村升级改造要求

一般行政村至少应新建或改建 1 条 300 米以上的市民健身步道或 2 公里以上的自行车绿道,1 个可供多个运动项目使用的多功能运动场,一般不少于 2 个市民益智健身苑点。

三、经费渠道

行政村已超过规定安全使用年限的农村体育健身设施列入乡镇的更新计划,相关建设经费由乡镇承担。健身设施未超过规定安全使用年限,有升级改造意向的行政村可通过乡镇向区体育局申请列入本区社区体育设施的年度建设计划,相关建设经费由区财政部门列入年度预算,原则上优先安排乡村振兴示范村、美丽乡村示范村和保留村。

四、保障措施

（一）加强组织领导

各区体育局、农业农村委要高度重视推进农村体育健身设施建设的相关工作，把这项工作作为贯彻实施乡村振兴战略的重要工作内容来抓。各乡镇在推进郊野单元村庄规划实施时，要充分考虑农民的体育健身需求，合理设置体育健身设施建设布局。各涉农区体育局、乡镇要制订工作推进计划，落实相关建设经费，推动农村体育健身设施升级改造工作有序开展。

（二）加强日常管理

区体育局要指导农村体育健身设施建设，参与竣工验收，落实管理、维修、保险等工作职责，并及时将新建改建的相关设施信息录入社区体育健身设施管理系统平台。乡镇对辖区内市民体育健身设施实行属地化管理，负责落实维修保养及更新。各行政村要落实专人对各类体育健身设施进行定期巡视，如有损坏要及时通过二维码管理系统反馈报修。

（三）纳入考核评估

农村体育设施建设工作应纳入乡村振兴示范村、美丽乡村示范村建设内容，加强考核。市体育局委托市体育场馆设施管理中心定期对有关设施进行检查和评估，评估结果作为区体育工作考核的依据。工作成效显著的村或个人可作为本市全民健身先进集体和先进个人的评选依据。

上海市体育局
上海市农业农村委员会
2021 年 1 月 12 日

上海市体育局关于推进都市运动中心新型体育服务综合体建设的意见

沪体群〔2021〕79号

各区体育局：

根据《国务院办公厅关于促进全民健身和体育消费推动体育产业高质量发展的意见》《国务院办公厅关于加强全民健身场地设施建设发展群众体育的意见》和《上海全球著名体育城市建设纲要》《上海市政府办公厅关于本市推进全民健身工程加强体育场地设施建设的意见》等文件精神，现就本市推进都市运动中心新型体育服务综合体建设，提出如下意见。

一、项目定位

都市运动中心利用公共体育用地、产业园区、各类商业设施、厂房、仓库等城市空间和场地设施资源，通过新建改建等方式建设，为市民提供体育健身和休闲娱乐等多元服务，是健身的新去处、消费的新载体、城市更新的新空间、健康上海的新地标。

都市运动中心紧扣市民健身需求，坚持社会效益与市场运作并重，与各类公共体育场馆、社区市民健身中心、市民健身步道、市民球场、市民益智健身苑点等场地设施，共同构建类型多样、运营高效、服务优质、便民利民的体育场地设施服务体系，增加体育场地设施供给，提升市民体育健身的获得感和满意度。

二、总体要求

（一）指导思想

以习近平新时代中国特色社会主义思想为指导，深入贯彻党的十九大和十九届二中、三中、四中、五中全会精神，坚持以人民为中心的发展思想，着眼于满足市民日益增长的美好生活需要和健身需求，围绕建设全球著名体育城市的总体目标，完善规划布局、创新体制机制、提升运营效能，推动体教文旅商等产业深度融合，面向未来培育体育新需求、新业态和新模式，赋能城市高质量发展、市民高品质生活，打造硬件设施优、运营模式新、服务能力强、社会评价好的新型体育服务综合体，为建设全球著名体育城市提供有力支持。

（二）发展目标

"十四五"时期，支持各区、管委会、园区、企业等利用各类城市空间和场地设施资源，通过盘活存量、扩大增量、复合利用等方式，建设一批高品质的都市运动中心。到2025年，实现全市16个区都市运动中心全覆盖，为市民提供多样化的体育场地设施服务。

（三）基本原则

建设都市运动中心坚持运动空间集约性、参与主体多样性、业态发展融合性、运营模式创新性、服务内容便民性等基本原则。

1. 运动空间集约性。因地制宜，挖掘潜力，鼓励充分利用公共体育用地、产业园区、各类商业办公设施、旧厂房、仓储、公园绿地、闲置地等资源以及其他具备条件的场地建设都市运动中心。

2. 参与主体多样性。可采取公建公营、公建民营、民建民营等多种建设运营方式，创造条件积极鼓励社会力量参与都市运动中心建设和运营，更好地发挥体育服务功能，促进社会消费，实现政府、企业、市民共赢。

3. 业态发展融合性。以体育健身服务为主题，积极拓展体育与健康、文化、教育、商业、旅游等融合发展的新兴业态，推动资本、信息、人才集聚，打造业态融合、功能聚合的体育产业新载体。

4. 运营模式创新性。创新运营管理体制机制，支持都市运动中心社会化运营，建立可持续运营模式，提升专业化、标准化、品牌化运营水平，促进体育新模式、新技术、新业态发展，增强都市运动中心发展活力。

5. 服务内容便民性。适应市民健身休闲和消费新需求，突出体育服务主体内容，积极拓宽相关服务领域，丰富服务内容，创新服务方式，优化服务环境，提高都市运动中心便民服务水平。

三、规划选址

（一）总体要求

按照《国务院办公厅关于加强全民健身场地设施建设发展群众体育的意见》《上海市政府办公厅关于本市推进全民健身工程加强体育场地设施建设的意见》等文件，推动都市运动中心科学选址、合理布局、完善功能，支持建设一批特色突出、集聚效应强、辐射范围广的都市运动中心。

（二）选址原则

1. 坚持科学规划选址。引导都市运动中心科学选址、加强规划论证。以市民需求为导向，支持都市运动中心向人流密集、交通便利、配套设施完善的园区、商区、户外运动休闲场所等区域布局。推动在嘉定、青浦、松江、奉贤、南汇"五个新城"以及城市转型区、特色产业园区等区域建设都市运动中心。

2. 倡导复合用地模式。支持对都市运动中心和其他公共服务设施进行功能整合。在不改变、不影响建设用地主要用途的前提下，鼓励复合利用土地建设健身设施，通过与具有相容性用途土地产权人达成使用协议的方式促进都市运动中心项目落地。

3. 加强土地集约利用。结合健身设施补短板工作，系统梳理可用于建设都市运动中心的城市空闲地、边角地、公园绿地、城市路桥附属用地、厂房、建筑屋顶等空间资源，以及可复合利用的城市商业等其他设施资源。

4. 盘活城市空闲土地。各区在不影响相关规划实施及交通、市容、安全等前提下，可应社会主体申请，提供城市空闲土地建设都市运动中心，并可依法按照兼容用途、依据地方关于临时建设的办法进行管理。

四、建设标准

(一) 都市运动中心的基本类型

支持规划建设园区型、商区型、户外型三种功能类型的都市运动中心。针对不同功能类型的都市运动中心,进行差异化的功能引导。

1. 园区型都市运动中心。一般位于产业园区等区域,通过对废旧厂房、仓储等产业用地进行改造,合理利用闲置空间,盘活存量资源,以服务职工和周边居民体育健身为主要目的,同时具备商业配套等功能的体育服务综合体。

2. 商区型都市运动中心。一般位于商业区或公共活动区,依托城市商业综合体或通过改造老旧商业设施,以体育运动为商业空间的主题元素,具备显著的体育特色,并兼有休闲、娱乐、文化、餐饮、健康等元素。

3. 户外型都市运动中心。一般位于户外休闲活动场所或绿地,以户外运动和都市文旅开放空间为主题,配套服务功能完善,以市民健身休闲为主要业态,兼具体育赛事举办、休闲旅游观光、户外亲子活动等功能。

(二) 都市运动中心的参考标准

针对园区型、商区型、户外型三种不同功能类型的都市运动中心,设置不同的建设参考标准。

1. 园区型参考标准。经常开展体育项目种类原则上不少于 10 种,总建筑面积一般应 $\geqslant 15\,000\,m^2$,其中的运动空间占比一般应 $\geqslant 60\%$,室内大空间运动用房总面积一般应 $\geqslant 5\,000\,m^2$,室内小空间运动用房累计一般应 $\geqslant 4\,000\,m^2$,并为新型运动项目、新型业态预留条件。

2. 商区型参考标准。经常开展体育项目种类原则上不少于 8 种,总建筑面积一般应 $\geqslant 10\,000\,m^2$,其中的运动空间占比一般应 $\geqslant 30\%$(或者总面积 $\geqslant 3\,000\,m^2$),且运动项目富有特色,室内大空间运动用房总面积一般应 $\geqslant 1\,000\,m^2$,室内小空间运动用房累计一般应 $\geqslant 2\,000\,m^2$,并为新型运动项目、新型业态预留条件。

3. 户外型参考标准。经常开展体育项目种类原则上不少于 12 种,总占地面积一般应 $\geqslant 20\,000\,m^2$,以户外运动和都市文旅开放空间为特色,户外运动空间一般应 $\geqslant 8\,000\,m^2$,户外运动相关配套设施和服务完善,并为新型运动项目、新型业态预留条件。

（三）都市运动中心的等级划分

都市运动中心按照综合影响力、场地规模、体育服务及相关配套等情况，从低到高划分为三星级都市运动中心、四星级都市运动中心、五星级都市运动中心。

三星级都市运动中心：一般要求区域知名，具有区级影响力，具备举办小型体育赛事活动的条件。园区型都市运动中心建筑面积一般应≥15 000 m²，经常开展体育项目种类≥10 种；商区型都市运动中心建筑面积一般应≥10 000 m²，经常开展体育项目种类≥8 种；户外型都市运动中心占地面积≥20 000 m²，经常开展体育项目种类≥12 种。

四星级都市运动中心：一般要求全市知名，具有市级影响力，每年至少举办一项市级以上有影响力的体育赛事活动。在等级评定中，场地规模、体育项目种类、综合接待能力等作为重要的加分项。

五星级都市运动中心：一般要求国内国际知名，具有国内国际影响力，每年至少举办一项全国级以上有影响力的体育赛事活动。在等级评定中，场地规模、体育项目种类、综合接待能力等作为重要的加分项。

五、运营管理

（一）创新运营方式

加强政府与社会力量合作。创新都市运动中心运营管理体制机制，引入和运用现代企业制度，完善激励约束和绩效考核机制。支持管理规范、效益良好的都市运动中心通过品牌输出、管理输出、资本输出等形式，提升专业化、规模化运营能力。支持都市运动中心打造体育"双创"基地和体育社会组织"孵化器"。鼓励应用现代科技和信息技术，提高数字化、智能化水平，依托互联网、区块链、大数据、云计算、人工智能等技术，建设智慧型都市运动中心。

（二）提供优质服务

突出都市运动中心体育服务功能，整合与体育健身兼容的其他服务。对于承接政府购买服务的都市运动中心所属公益性健身空间，应对学生、老年人、残疾人、军人等群体实行价格优惠。积极拓展竞赛表演、体育培训、体质监测、健身指导、康体养生、健康管理等服务。引进和开发科技性、趣味性、体验性强的时尚健身项目,拓展与体育健身、竞赛、培训等功能相适应的健康、文化、教育、商业、旅游等服务。

六、组织保障

(一)加强组织领导

将都市运动中心纳入市、区体育工作规划和计划,加强组织领导、协调推进和督促落实。区体育部门要积极协调发展改革、规划与自然资源、住房与城乡建设、市场监管、文化旅游等部门以及产业园区、管委会、企业等共同推动都市运动中心建设。各区要建立工作机制,制订都市运动中心发展计划,统筹规划建设,推进项目落地。要强化都市运动中心建设跟踪监测与分析研判,结合"十四五"规划和年度计划进行评估。

(二)强化指导服务

加强都市运动中心分类指导和典型培育,支持各区结合实际设置不同功能类型的都市运动中心,在"十四五"期间加快实现都市运动中心各区全覆盖,逐步扩大在园区、商区、户外等区域的覆盖率。区体育部门要会同有关部门指导做好都市运动中心规划建设工作,加强评估指导和经验总结,加大宣传力度。都市运动中心符合城市更新政策的,可以享受城市更新有关奖励政策。

(三)开展等级评定

市体育局会同区体育部门对都市运动中心开展等级评定。市体育局统筹全市都市运动中心等级评定工作,组织都市运动中心项目申报、评定、授牌等工作,指导区体育行政部门推荐都市运动中心参与等级评定。市、区体育部门依据都市运动中心等级评定结果,制定落实相关奖励和扶持政策。

(四)完善扶持政策

市、区体育部门对都市运动中心给予政策支持,优先推荐和参选国家和上海市体育产业示范基地、示范单位以及群众体育先进表彰等项目,优先纳入上海体育消费券定点场馆,享受体育消费券扶持。通过政府购买服务等方式对都市运动中心向市民优惠开放等公益性项目予以扶持。深化体育部门与金融机构合作,提供普惠与专属金融服务。会同有关部门完善与都市运动中心建设相关土地、规划、审批等政策。

附件：1. 都市运动中心基本类型与参考标准
　　　2. 都市运动中心等级划分与配置指引

上海市体育局
2021年5月11日

（此件主动公开）

附件1

都市运动中心基本类型与参考标准

针对园区型、商区型、户外型三种功能类型都市运动中心,设置不同的参考标准。

<table>
<tr><th colspan="6">都市运动中心基本类型与参考标准</th></tr>
<tr><th colspan="2">基本类型</th><th>园区型</th><th>商区型</th><th>户外型</th></tr>
<tr><td rowspan="2">选址要求</td><td>优先布局区域</td><td>产业园区/城市更新闲置地</td><td>公共活动区/商业区</td><td>公园绿地/绿化带/郊野公园/滨水空间</td></tr>
<tr><td>推荐用地类型</td><td>工业用地（M）/仓储物流用地（W）/闲置空间</td><td>体育用地（C4）/商业服务业用地（C2）</td><td>绿地（G）</td></tr>
<tr><td rowspan="5">场地设施</td><td>都市运动中心总规模</td><td>总建筑面积一般应≥15 000 m²</td><td>总建筑面积一般应≥10 000 m²</td><td>总占地面积一般应≥20 000 m²</td></tr>
<tr><td>运动空间在总规模中的占比</td><td>一般应≥60%</td><td>一般应≥30%（或者总面积≥3 000 m²）,突出商业＋运动休闲场景</td><td>以户外运动＋都市文旅开放空间为特色</td></tr>
<tr><td>室内大空间运动用房</td><td>一般累计≥5 000 m²</td><td>一般累计≥1 000 m²</td><td>—</td></tr>
<tr><td>室内小空间运动用房</td><td>一般累计≥4 000 m²</td><td>一般累计≥2 000 m²</td><td>户外运动相关配套设施和服务完善</td></tr>
<tr><td>室外运动空间</td><td>—</td><td>—</td><td>一般累计≥8 000 m²</td></tr>
</table>

续 表

都市运动中心基本类型与参考标准

基本类型		园区型	商区型	户外型
运动项目	基础项目	健身房、健身工作室、游泳、羽毛球、乒乓球、台球、壁球、拳击、跆拳道、剑道、击剑、蹦床等	健身房、健身工作室、游泳、瑜伽、剑道、拳击、篮球、羽毛球、乒乓球、跆拳道、蹦床、室内高尔夫等	跑步、骑行、篮球、足球、网球、赛车、滑板、高尔夫、极限运动、攀岩、定向、房车露营等
	可拓展项目（不限于）	网球、足球（含室内足球）、篮球、排球、轮滑、保龄球、游泳、室内高尔夫、射击、射箭、体育舞蹈、冰雪运动、攀岩、棒垒球、电子竞技等	网球、足球（含室内足球）、排球、轮滑、保龄球、台球、射击、射箭、体育舞蹈、冰雪运动、攀岩、棒垒球、电子竞技等	棒垒球、橄榄球、曲棍球、游泳、轮滑、射击、射箭、科技体育、水上运动、冰雪运动、马术等
	经常开展体育项目种类	≥10 种	≥8 种	≥12 种
体育服务	体育培训	√	√	√
	基础体能训练	√	√	√
	科学健身指导	√	√	√
	运动健身空间每周累计开放时长	≥56 小时 鼓励节假日延长开放	≥56 小时 鼓励节假日延长开放	≥56 小时 鼓励全天候开放
配套功能	基础功能	附属设施、公共服务、商业（包括购物、餐饮、休闲、娱乐等）	附属设施、商业（包括购物、餐饮、休闲、娱乐等）	附属设施、公共服务、商业（包括购物、餐饮、休闲等）、户外活动场地等
	可拓展功能（不限于）	创意市集、体质测试、康体养生、健康管理、剧场、会场、办公、运动康复、儿童游乐、休闲游戏中心等	创意市集、体质测试、康体养生、健康管理、剧场、会场、办公、运动康复、儿童游乐、休闲游戏中心、主题酒店等	体育赛事举办、运动员培训、运动康复医疗、体质测试、康体养生、健康管理、主题度假酒店等

注：
1. "√"为需要开展的服务；"—"为不做要求的内容。
2. 室内体育场地面积为使用面积，室内体育场地不包括屋顶球场等户外体育设施。
3. 大空间运动健身用房通常指体育场地净空高度不小于 7 m，体育场地活动面积不小于 800 m^2 的体育活动场所。小空间运动健身用房通常指体育场地净空高度不小于 3 m，体育场地活动面积不小于 40 m^2 的体育活动场所。室外运动空间通常指场地活动面积不小于 800 m^2 的室外健身活动场所。

附件 2

都市运动中心等级划分与配置指引

都市运动中心按照综合影响力、场地规模、体育服务及配套服务等情况，从低到高划分为三星级都市运动中心、四星级都市运动中心、五星级都市运动中心，具体划分标准与配置指引见下表。

都市运动中心等级划分与配置要求一览表

等级划分		三星级	四星级	五星级
综合影响力		区域知名，具有区级影响力	全市知名，具有市级影响力	国内国际知名，具有国内国际影响力
基本类型	园区型	建筑面积≥15 000 m²	场地规模作为重要的加分项	
	商区型	建筑面积≥10 000 m²		
	户外型	占地面积≥20 000 m²		
体育服务	经常开展体育项目种类	园区型≥10 种 商区型≥8 种 户外型≥12 种	体育项目种类作为重要的加分项	
	体育赛事活动	具备举办小型体育赛事活动的条件	每年至少举办一项市级以上有影响力的体育赛事活动	每年至少举办一项全国级以上有影响力的体育赛事活动
	年综合接待人次	—	接待人次作为重要的加分项	
	体育培训	√	√	√
	科学健身指导	√	√	√
	全年开放天数	≥330 天	≥340 天	≥350 天
	人员要求	服务人员应参加专业知识和技能的岗前培训，上岗人员培训合格率达 100%	服务人员应参加专业知识和技能的岗前培训，上岗人员培训合格率达 100%	服务人员应参加专业知识和技能的岗前培训，上岗人员培训合格率达 100%
基础配套服务	停车设施	应有满足需求的停车场	应有满足需求的停车场	应有满足需求的停车场，具备一定的大巴车停车位
	公共交通设施	周边 1 000 米内宜有公共交通站点	周边 1 000 米内宜有公共交通站点	周边 1 000 米内应有公共交通站点或接驳车服务站点

续 表

都市运动中心等级划分与配置要求一览表

等级划分		三星级	四星级	五星级
基础配套服务	数字化设施	配备一定的互联网等现代化信息服务设施	配备较好的互联网等现代化信息服务设施	配备良好的互联网等现代化信息服务设施
	无障碍设施	具备无障碍设施	无障碍设施完整,应提供特殊人群(老年人、残疾人、儿童)服务项目	无障碍设施完整,应提供特殊人群(老年人、残疾人、儿童)服务项目
	医疗设施	宜有医疗点或周边有联动的医疗点	宜有医疗点或周边有联动的医疗点	应有医疗点,配备专职或兼职医护人员
其他配套服务	基础服务功能	附属设施、商业(包括购物、餐饮等)	附属设施、商业(包括购物、餐饮、休闲、娱乐等)	附属设施、公共服务设施、商业(包括购物、餐饮、休闲、娱乐等)
	拓展服务功能	体质测试、康体养生、健康管理、亲子活动空间等	体质测试、康体养生、健康管理、剧院、影院、会场、办公、亲子活动空间等	体质测试、康体养生、健康管理、剧院、影院、会场、办公、运动康复、亲子活动空间等

注:
"√"为需要开展的服务;"—"为选择开展的服务

上海市体育局、上海市民政局关于印发《长者运动健康之家建设导则》的通知

沪体群〔2021〕95号

各区体育局、民政局：

现将《长者运动健康之家建设导则》印发给你们，请结合实际贯彻执行。特此通知。

上海市体育局
上海市民政局
2021年6月2日

长者运动健康之家建设导则

长者运动健康之家是面向老年人的社区多功能健身场所，整合体育、养老、卫生健康等公共服务资源，为老年人提供体质测试、基础健康检测、科学健身指导、慢性病运动干预、运动康复训练、健康知识普及和休闲社交等"一站式"运动康养服务，倡导健康生活方式，助力健康老龄化。

一、基本思路

坚持以人民为中心的发展思想，贯彻落实全民健身和积极应对人口老龄

化"两大国家战略",践行"人民城市人民建,人民城市为人民"重要理念,按照建设健康上海、全球著名体育城市和国际老年友好城市工作要求,围绕更好满足老年人的运动健康需求,构建更高水平的全民健身和养老服务体系,推动全民健身与全民健康深度融合,建立适合上海国际大都市特点、多部门协同、社会共同参与的运动促进老年人健康新模式。

二、总体目标

按照上海体育及老龄事业发展"十四五"规划,到2025年全市建成长者运动健康之家不少于100家。2021年每个区至少新建1家,全市累计建成不少于30家,逐步示范推广,扩大覆盖面。将长者运动健康之家作为构建便民利民的"15分钟社区生活圈",加强社区体育健身和养老服务的重要载体。积极融入城市数字化转型,依托"互联网＋健身"提供专业智慧服务,打造"体医养"融合的示范站点和老年人欢迎的民生工程。

三、选址要求

长者运动健康之家选址时应综合考虑区域内老年人口总量、密度、分布等因素科学合理设置,适当兼顾失能、失智、高龄老年人的健康促进需求。

1. 鼓励在社区市民健身中心、综合为老服务中心、老年人日间照料场所和助餐点等体育、养老和卫生健康等公共空间建设嵌入式长者运动健康之家。

2. 鼓励结合市民健身房Ⅱ级改造和市民健身驿站建设,兼顾老年人等不同年龄段人群健身需求,支持建设嵌入式长者运动健康之家。

四、场地与建设规范

（一）场地要求

1. 一般应优先考虑布局在老年人相对集中的生活社区。
2. 场地面积一般不低于50平方米,有条件的可以达到150平方米以上。
3. 一般应选址一楼;选址二楼以上应该配备电梯,方便老年人前来锻炼。

（二）建设要求

1. 应按照国家和本市有关规定和标准进行场地设施建设，符合安全、消防、卫生、环保等要求。

2. 室内环境应宽敞明亮，采光良好，地面应采用防滑材料，设置必要的无障碍设施。

3. 应配置视频监控设备，重点公共区域视频监控应全覆盖。

4. 应配套满足智慧管理的设备设施，突出智能技术和信息化手段的运用，提高场地使用率和服务质量。

5. 区体育部门、区民政部门要共同指导和参与长者运动健康之家规划建设和竣工验收，指导街镇落实管理、维护、保险等工作职责。

（三）器材配置标准

器材配置应符合《老年人室内健身场所要求》(T/CSGF 009—2020)、《健身器材的安全 通用要求》(GB 17498—1998)、《固定式健身器材通用安全要求和试验方法》(GB 17498.1—2008)、《国民体质测试器材 通用要求》(TY/T 2001—2015)、《家用和类似用途电器的安全按摩器具的特殊要求》(GB 4706.10—2008)等相关标准的要求。

表1　功能区域及器材主要功能配置表

功能区域	功能训练	设备说明	配置要求
健康检测区	健康检测	设备可采用简易器械或测试方法测试身高、体重、握力、选择反应时、肺活量、坐位体前屈、闭眼单脚站立、体成分分析、血压测量等。	集约一体式测量，能测多个项目，占地面积小。设备检测过程中语音和视频动画全程同步指引，采用红外感应摄像头光学识别技术，能自动识别用户动作并记数、判定动作的规范与否，通过全自动采集体测数据，实时显示测量结果，并支持测量数据实时上传及报告查询。 应符合 TY/T 2001—2015《国民体质测试器材 通用要求》。

续 表

功能区域	功能训练	设 备 说 明	配 置 要 求
器材锻炼区	有氧训练	跑步机考虑适老化使用安全,开机速度建议从 0.1 km/h 时速启动,需有心率测试功能,避免或减少运动者心率负荷高于安全心率范围值。 健身车锻炼需充分考虑到老年人上下机台步骤,建议配有靠背,座位两侧带有测心率的扶手,座位靠背角度、前后距离可调节。为考虑使用者不能很好控制速度,建议器材配有智能配速功能,有效减缓运动过量引起的损伤。 四肢联动锻炼器材应充分考虑到长者或特殊人群的上下机台步骤,建议配有靠背,座位两侧带有测心率的扶手,座位前后距离可调节。	跑步机配有前扶手、侧扶手,侧扶手应加长,宜完全覆盖整个跑步区域;拉绳式安全开关、紧急安全旋钮,多重安全保障;最高速度不超过 10 km/h,起步最低速度不得超过 0.5 km/h,速度升/降每次 0.1 km/h;承载人体质量不低于 100 kg。 卧式健身车座椅位置可调节,适合身高 150 cm～185 cm 人群使用;不低于 12 段阻力调节;单向运动模式;最大载重不低于 100 kg。 四肢联动训练器上肢和下肢同步运动,具备情景训练模式;座椅位置可调整,大型脚踏板设计,并有可调式固定带;承载人体质量不低于 100 kg。 应符合 GB 17498—2008《固定式健身器材 通用安全要求》。
	肌力训练	全身各肌群全方位功能训练,可以是综合训练器材或单功能训练器材;力量控制为使用者本身主动控制,器材阻力可依据使用者施力自动调整,阻力范围大于 0.1 kg,不高于 85 kg;可随时停止运动,无冲击,不反弹,不会造成运动伤害。	双向电控等速肌力提升设备,不可配置插片配重式力量训练,不可有肌肉拉伤等安全隐患。 应符合 GB 17498.1—2008《固定式健身器材通用安全要求和试验方法》。
	核心稳定及拉伸训练	设备包含上肢、下肢、核心控制、腰背、髋功能训练、动态平衡的拉伸训练。	适合全身关节全方位功能训练,可以是综合训练器材或单功能训练器材;交替式运动,可做到最大功能性角度、多种训练模式;量化动作数据分析,即时回馈系统;承载人体质量不低于 100 kg。 应符合 GB 17498.1—2008《固定式健身器材通用安全要求和试验方法》。

续　表

功能区域	功能训练	设 备 说 明	配 置 要 求
器材锻炼区	微循环促进	器材可单一方向振动,振动幅度为 2 mm～6 mm;振动频率可调节,最高不超过 15 Hz。 器材承载人体质量不低于 100 kg。	站立式振动要配有扶手,防摔倒,无障碍设计。 设备可为类似沙发形状,或满足躺姿训练。 应符合 GB 4706.10—2008《家用和类似用途电器的安全按摩器具的特殊要求》。
慢病运动干预区	功能康复训练	配置结合手法治疗,同时满足被动训练的振动床。 振动幅度为 2 mm～6 mm,振动频率可调节,最高不超过 15 Hz。 器材承载人体重量不低于 150 kg。	适合肢体障碍老年人做功能康复训练。 协助强化肌肉强度,缩短功能康复时间。 应符合 GB 4706.10—2008《家用和类似用途电器的安全按摩器具的特殊要求》。
	睡眠障碍改善	水平方向振动。 振动幅度为 15 mm～20 mm,振动频率可调节,最高不超过 2 Hz。 器材承载人体重量不低于 150 kg。	设备可为类似床形状,能满足躺姿训练。 可满足水平和垂直双向振动。 应符合 GB 4706.10—2008《家用和类似用途电器的安全按摩器具的特殊要求》。
	改善认知功能训练	包含上肢运动、下肢运动、全身协调运动方式,将认知训练与有氧运动结合。 对于手足协调和失智改善,需具有双向、上下肢半联动,可以单独进行上肢或下肢的锻炼。 座位应配有可旋转、可调节、可拆卸功能,考虑到行动不便及轮椅人士,低步距进出。	应符合 GB 17498—2008《固定式健身器材 通用安全要求》。
	协调性、动态平衡训练	进行动态步态训练、平衡训练、协调训练、力量训练缩短康复时间,增加康复信心,促进功能障碍老年人的功能恢复。	动态步态训练器需配置扶手和上下台阶。 应符合 GB 17498.1—2008《固定式健身器材通用安全要求和试验方法》。

续　表

功能区域	功能训练	设备说明	配置要求
心率监测	运动心率监测	运动心率监测设备应实时检测健身者的心率,并将实时心率上传至心率监测系统,确保场所内老年人锻炼的科学性、安全性。	运动心率监测系统宜配有不小于121.76 cm×68.49 cm(55英寸)显示屏。 运动心率监测系统可设置安全心率范围,超过安全心率时自动报警。

（四）器材配置要求

1. 器材配置时应根据老年人锻炼部位不同,综合考虑心肺功能、肌肉力量、平衡协调、柔韧拉伸、微循环促进等多种需求,主动运动训练器材和被动运动训练器材结合,进行合理配置。

2. 器材配置应考虑不同慢性病老年人的健康促进需求,完善器材服务功能。

3. 根据场地面积大小和器材功能不同,对器材配置进行分区域合理布置。

（五）科学健身指导

1. 器材使用方法须在显著位置进行告知,宜用大号字体,建议图文结合,方便阅读知晓,鼓励使用智能化设施设备。

2. 鼓励社会体育指导员、全科医生、运动健康专家等专业人士定期为老年人提供健康咨询、健身指导等服务。

3. 应提供适合老年人的慢性病运动干预服务。

五、交付使用

（一）应完成长者运动健康之家建设相关施工内容,包括健康检测器材、健身器材、场地配套设施、标识标牌等。

（二）应完成相关施工内容的验收工作,并通过安全、消防等相关部门的合格竣工验收程序。

六、运行管理

（一）加大政府购买服务和支持力度，纳入上海体育消费券定点场馆专项扶持范围，支持长者运动健康之家提供公益性服务，对老年人免费或低收费开放，每周开放时间不少于56小时。

（二）坚持多部门协同，区体育部门、区民政部门要主动作为，发挥牵头和指导作用，加强与区卫生健康、街镇等相关部门和单位协作，依托长者运动健康之家持续深化体养康养融合。

（三）落实日常管理机制，明确长者运动健康之家运营和管理的责任主体。鼓励引导社会力量参与运营管理，提供专业服务。

（四）鼓励采取政企合作模式，支持由政府提供长者运动健康之家建设场地，相关运营管理经费由街镇与运营单位协商解决。

（五）建立"一人一档"的老年人运动健康数字档案，加强长者运动健康之家促进老年人健康有关样本数据的跟踪积累和研究利用；2021年，全市长者运动健康之家研究的老年人样本逐步增加到2 000人以上。

（六）应在接待前台等显著位置，展示全市统一的长者运动健康之家标志标牌和形象Logo，加强服务人员培训管理，规范服务流程，落实防疫措施，开展社会宣传，展现良好的为老助老服务形象。

上海市体育局、上海市总工会关于印发《市民健身驿站建设导则》的通知

沪体群〔2021〕173号

各区体育局、各区局(产业)工会：

为满足社区居民和职工等市民群众的健身需求,促进市民身边的健身设施扩大供给和提档升级,市体育局、市总工会制定了《市民健身驿站建设导则》。现印发给你们,请结合实际贯彻执行。

特此通知。

上海市体育局
上海市总工会
2021年11月1日

市民健身驿站建设导则

一、总则

第一条 为更好满足市民群众不断增长的多样化、高品质体育健身需求,推动全民健身场地设施扩大供给和提档升级,引导和规范市民健身驿站的建设与运营,制定本导则。

第二条 市民健身驿站是指由政府、工会、园区、机关企事业单位、社会组

织、居村等利用自有场地或承租的物业场地、以及其他可利用的场地空间建设的嵌入式、多功能、公益性的室内健身场所。

市民健身驿站与社区市民健身中心、市民益智健身苑点、市民多功能运动场、市民健身步道、长者运动健康之家等各类社区公共体育设施,共同构建市民身边高质量的"15分钟社区体育生活圈"。

第三条 支持在符合国家和本市有关政策的前提下,合理利用楼宇等建筑空间、城市空闲地、边角地、城市路桥附属用地、厂房、仓库、建筑屋顶等空间资源,以及可复合利用的城市文化旅游、休闲娱乐、养老、教育、商业等场地资源建设市民健身驿站。

鼓励各区、街镇通过改造升级现有市民健身房等方式建设市民健身驿站;重点支持依托"互联网+"建设智能化的市民健身驿站,鼓励配置体质测试、体能与健康检测、实时运动状态监测、科学健身指导等功能,推进体育服务数字化转型,满足各类人群的健身需求。

第四条 市民健身驿站包括职工健身驿站。本市体育部门支持工会、园区、机关企事业单位等建设职工健身驿站。职工健身驿站建设单位可以根据职工需求,因地制宜做好职工健身驿站规划建设工作,加强职工体育服务,促进职工体质健康。

二、项目建设

第五条 项目选址

建设市民健身驿站的场地一般应具备以下条件:

1. 自有场地应当产权清晰,属于租赁物业的场地应当有租赁合同等使用权证明文件。利用楼宇等建筑空间、城市空闲地、边角地、城市路桥附属用地、厂房、仓库、建筑屋顶等空间资源,以及可复合利用的城市文化娱乐、养老、教育、商业等可利用的场地空间建设市民健身驿站,应当保证该场地空间能够合法合规使用。

2. 鼓励政府、工会、园区、机关企事业单位、社会组织、居村等为市民健身驿站免费或公益性提供建设场地。

3. 市民健身驿站原则上应当设置在独立完整、安全舒适、便于运动的空间,应当合理划分场地与使用面积,科学配置相应的健身器材和必要的设施设备,器材设备之间应保持足够的安全距离。

4. 应当满足通风、防水、防潮以及消防、应急疏散等安全和环保要求。

5. 场地应平整,地面应防滑,具备一定的无障碍服务功能,并且满足相应健身器材的合理设置和使用要求。

第六条　项目类型

市民健身驿站根据场地面积、器材配置和服务功能,主要划分为以下三种类型：

1. 简易型市民健身驿站：因地制宜配备相对简易的健身器材,属于功能和服务相对简单的室内健身场所。

2. 常规型市民健身驿站：以有氧训练、力量训练等健身器材为主要服务内容的室内健身场所。

3. 综合型市民健身驿站：齐全配备有氧训练、力量训练等健身器材,以及操舞、球类、瑜伽等多种项目的综合性室内健身场所。

第七条　设施配置标准

1. 场地规模和项目设置

（1）简易型市民健身驿站：场地面积一般不小于50平方米,可以配备功能相对简单的器械类健身器材若干件或者球类等运动设备若干个。如：跑步机、划船器、健身车,或者乒乓球桌、台球桌等。

（2）常规型市民健身驿站：场地面积一般不小于150平方米,原则上应配备有氧、力量等不同训练方式的健身器材,健身器材数量一般不少于10件。如：跑步机、椭圆机、健身车、划船机、史密斯训练器、飞鸟训练器、坐姿推胸训练器、杠铃、哑铃等。

（3）综合型市民健身驿站：场地面积一般不小于200平方米,应配置比较丰富的有氧训练、力量训练等健身器材,以及操舞、球类、瑜伽等项目的健身区及器材,有条件的可以兼顾儿童、青少年、老年人、妇女、残疾人等不同人群的健身需求。鼓励配备体质测试、健康检测、科学健身服务等器材。

2. 设施设备智能化

（1）鼓励市民健身驿站配备智慧化、数字化的运营管理系统,包括在线预约、会员管理、智慧门禁、客流监测、安全监控、大数据分析等信息系统;支持提供智慧助老服务。

（2）鼓励市民健身驿站拓展体质测试、实时运动数据采集、运动状态监测、在线远程管理、安全预警以及运动数据存储和信息查询、运动数据分析等服务功能。

（3）鼓励市民健身驿站在确保个人信息安全和隐私的前提下，为健身爱好者建立体质健康电子档案，提供科学性、针对性的运动处方或运动建议，倡导科学健身，增强锻炼效果。

（4）市民健身驿站应当对接和纳入"一网通办"、全民健身电子地图、上海市社区体育设施信息化管理服务等平台，方便查询、预订，实现信息、数据共享。

（5）可结合科学健身和社会体育指导员现场指导，打造"互联网＋科学健身"应用场景，配置智能化的视频教学、多媒体与人机互动、展示服务等功能，演示健身器材使用方法，传授健身知识和技能。

3. 设施和器材标准

市民健身驿站器材应当符合《健身器材的安全 通用要求》（GB 17498—1998）、《固定式健身器材通用安全要求和试验方法》（GB 17498.1—2008）以及相关运动项目器材和设施设备等最新标准，保证质量安全。

第八条　经费保障

1. 市民健身驿站项目建设采取政府引导、多方共同参与的方式，项目经费可由政府、工会、园区、机关企事业单位、社会组织、居村、个人等多主体、多渠道、多元化投入。

2. 市民健身驿站建设单位与运营单位应当建立完善的经费保障机制，确保健身器材和设施设备得到及时更新、维护和保养，保证服务质量和安全有序运营。

三、运营管理

第九条　市民健身驿站应当坚持社会化、专业化运营，建立健全运营管理和日常服务的考核评估机制，建立激励约束与退出机制。

第十条　市民健身驿站应当坚持公益性开放。收费项目和标准应当在醒目位置进行公示，明码标价、规范管理、完善服务、体现公益，对学生、老年人、残疾人、军人等实行价格优惠。

第十一条　市民健身驿站每周累计开放时间不少于 56 个小时，有条件的应当适当延长夜间、双休日的开放时间；鼓励在法定节假日和寒暑假期间适当延长开放时间；因特殊情况临时不能开放的应当提前公示。

机关企事业单位内部的职工健身驿站开放时间自行设置，满足职工健身需求。鼓励有条件的职工健身驿站分时段与周边机关企事业单位共享场地资源。

第十二条　市民健身驿站应有工作人员履行日常管理职责,至少配备1~2名社会体育指导员或教练,提供科学健身指导等服务,落实日常保洁、卫生防疫等要求,加强人员培训,采用全市统一的市民健身驿站标志标牌和视觉形象,展现良好服务形象,提高市民满意度。

第十三条　市、区体育部门会同有关方面对市民健身驿站的运营管理进行指导、监督和评估,纳入全民健身工作评估等内容。各级工会组织广大职工积极参与,不断提高职工健身的参与率。

四、安全保障

第十四条　运营单位是市民健身驿站运营管理的安全责任主体,承担日常安全管理责任。

第十五条　市民健身驿站建设单位和运营单位应当建立完善的安全管理制度及应急预案,为市民健身驿站购买公共责任险。

第十六条　运营单位应当制定市民健身驿站健身须知,明确提示开放时间、项目、科学健身等有关注意事项,并在显著位置予以公示,引导市民文明、安全、有序健身。

上海市体育局、上海市卫生健康委员会、上海市民政局、上海市总工会关于印发《上海市运动促进健康三年行动计划（2021—2023年）》的通知

沪体群〔2021〕122号

各区体育局、卫生健康委、民政局、总工会，有关单位：

为贯彻落实习近平总书记"推动健康关口前移，建立体育和卫生健康等部门协同、全社会共同参与的运动促进健康新模式"重要讲话精神，建立上海特色的运动促进健康新模式，市体育局、市卫生健康委、市民政局、市总工会制定了《上海市运动促进健康三年行动计划（2021—2023年）》。现印发给你们，请结合实际贯彻执行。

特此通知。

上海市体育局
上海市卫生健康委员会
上海市民政局
上海市总工会
2021年8月12日

上海市运动促进健康三年行动计划(2021—2023 年)

世界卫生组织定义,健康是身体、心理和社会适应的完好状态。习近平总书记指出,健康是幸福生活最重要的指标。党中央、国务院高度重视人民健康,将全民健身上升为国家战略,提出了建设健康中国和体育强国的目标。为贯彻落实国家和本市有关工作部署,制定本行动计划。

一、总体要求

(一)指导思想

以习近平新时代中国特色社会主义思想为指导,深入贯彻落实党的十九大和十九届二中、三中、四中、五中全会精神,积极践行"人民城市人民建,人民城市为人民"重要理念,树立大健康意识,把健康作为满足人民群众美好生活需要和完善全民健身公共服务体系最重要的目标,树立健康至上理念,倡导健康生活方式,推动健康关口前移,加快建立多部门协同、全社会共同参与、适合上海城市发展需要和市民健康需求的运动促进健康新模式。

(二)基本原则

1. 体现上海特色。充分发挥体育运动的健康促进功能,将全民健身作为建设全球著名体育城市和全球健康城市的重要支撑,在落实国家战略中体现责任担当,率先探索更高水平的运动促进健康新模式。

2. 加强惠民服务。围绕上海市民日益增长的高品质、多样化健康需求,推进实施运动促进健康行动计划,做好运动促进健康系列民生项目,采取项目化落地的方式，让市民有实实在在的获得感。

3. 融入数字转型。运用"互联网＋健身""科技＋健康"等新技术和新手段，提供运动促进健康信息化服务，引领全民健身公共服务数字化，融入城市数字化转型，为市民提供便捷高效的服务。

4. 深化融合发展。整合体育、卫生健康、养老、工会等公共服务资源，在持续加强"体医养"等融合的基础上，提供受益面更广、针对性更强、更加科学有效的运动促进健康服务。

（三）发展目标

到2023年，上海人均体育场地面积达到2.5平方米左右，经常参加体育锻炼的人数比例达到46％左右，市民体质达标率稳居全国前列，市民人均期望寿命保持世界发达国家和地区领先水平。上海全民健身与全民健康融合发展取得新成效，初步建立能够满足青少年、职工、老年人等各类人群需求的运动促进健康新模式，更好适应建设全球著名体育城市和全球健康城市的新形势和新要求。

二、重点任务

（一）市民体育健身设施升级计划

制定实施健身设施建设补短板五年行动计划，优化设施布局，完善服务功能，加快破解市民"健身去哪儿"的难题。在嘉定、青浦、松江、奉贤、南汇"五个新城"以及城市更新与转型等区域完善体育设施布局。利用"一江一河"沿岸优化布局各类健身设施，打造宜居宜游的"生活秀带"。推进徐家汇体育公园、上海市民体育公园（二期、三期）等重大项目。完善"15分钟社区体育生活圈"，增加市民健身步道、市民益智健身苑点、市民球场等社区体育设施。合理布局公园、绿地等区域的体育设施。持续推进社区市民健身中心街镇覆盖、都市运动中心区级覆盖。支持建设社区足球场、社会足球场、冰雪运动场地。完善社区体育设施管理服务平台，到2023年基本实现所有类型的社区体育设施信息化管理服务全覆盖。

制定市民健身驿站建设导则，推进市民健身房改造和智慧升级，在社区、园区、楼宇等处建设市民健身驿站（包括职工健身驿站），为市民提供多功能、

多样化的运动健康服务。2021年先行试点建设职工健身驿站20个。(牵头单位：市体育局，协作单位：市总工会等)

（二）长者运动健康之家建设计划

长者运动健康之家是面向老年人的社区多功能健身场所，整合体育、养老、卫生健康等公共服务资源，为老年人提供体质测试、基础健康检测、科学健身指导、慢性病运动干预、运动康复训练、健康知识普及和休闲社交等"一站式"运动康养服务，体现智慧助老特色，助力健康老龄化。

到2023年，全市建成长者运动健康之家不少于70家。2021年全市累计建成不少于30家，逐步示范推广，扩大覆盖面。市民政局、市体育局共同制定《长者运动健康之家建设导则》《关于开展本市长者运动健康之家建设试点工作的通知》等文件，将长者运动健康之家作为加强社区体育健身和养老服务的重要载体。建立"一人一档"的老年人运动健康电子档案，融入城市数字化转型，依托"互联网＋健身"提供适老化的专业智慧服务，加强运动促进老年人健康的样本跟踪研究，打造"体医养"融合的示范站点和老年人欢迎的民生工程。(牵头单位：市民政局、市体育局)

（三）运动健康促进中心创建计划

支持上海体育学院建立全市首家运动健康促进中心，整合体质与运动能力评估、科学运动指导、亚健康与慢性病运动处方、运动健康数据、体医融合孵化等功能，打造运动促进健康综合体，为市民提供科学健身、评估诊疗、运动干预与慢性病运动处方等服务；支持复旦大学附属华山医院建立运动促进健康理论与实践高水平研究基地，鼓励医疗机构和医生开展"体医融合"研究与实践应用。到2023年，在试点基础上支持各区、有关单位、医院、企业等创建一批运动健康促进中心或运动促进健康研究基地。

鼓励在具备条件的运动健康促进中心或运动促进健康研究基地开设运动医学全科诊所，以运动健康服务和诊疗为特色，开展慢性病运动干预、脑卒中术后、慢性疼痛、残疾人康复以及青少年脊柱侧弯、肥胖、近视等运动干预。

支持运动健康促进中心或运动促进健康研究基地成立运动处方实验室等机构，聚集体育科学、运动医学、流行病学、预防医学和临床医学等专家，开展常见慢性病运动干预研究，研究构建全人群运动处方库，推动运动处方研究成

果的转化和应用。(牵头单位:市体育局、市卫生健康委,协作单位:上海体育学院、复旦大学附属华山医院等)

(四)智慧健康驿站服务提升计划

在实现本市每个街镇至少有1家标准化智慧健康驿站的基础上,鼓励各区根据不同场所、不同群体的健康需求特点,建设多种形态、灵活多样的智慧健康驿站,到2023年形成更加贴近市民、方便可及、功能完善的智慧健康驿站服务网络。

围绕智慧健康驿站作为社区健康服务平台的功能定位,落实街镇的运行管理责任,保障运行经费和人员配备,支持社区医生、社会体育指导员、运动健康师等专业人士到智慧健康驿站提供服务。明确落实智慧健康驿站日常运营主体,探索政府、企业、社会组织等共同参与的多元化运营模式,支持第三方专业运营。加强智慧健康驿站运行质控,构建"市—区—智慧健康驿站"三级运行质控网络,完善服务标准,优化服务流程,在保障规范化、标准化运行管理的基础上,提升服务能级,增强市民的体验感与感受度。完善智慧健康驿站便民服务功能,提供人工辅助挂号、家庭医生签约、疫苗接种预约、健康档案查询等服务,帮助老年人跨越数字鸿沟。充分利用街镇、村居、楼组等社区资源以及各类媒体,开展智慧健康驿站便民服务宣传。(牵头单位:市卫生健康委、市体育局,协作单位:市总工会)

(五)市民运动健身公益补贴计划

全面推进"你运动,我补贴"上海体育消费券配送,为市民提供公益性体育健身服务,促进全民健身和体育消费。建立和完善上海体育消费券配送信息化平台,纳入上海体育公共信息服务平台整体运营体系,支持上海体育消费券配送平台与体育健身地图、"健申码"等信息系统共建共享,在满足数据和信息安全要求的前提下,实现用户、数据、信息等资源整合、互联互通,方便市民参与。

新一轮的上海体育消费券配送着力打造"升级版"。2021年安排财政资金约4 000多万元,配送时间从5月一直到12月,惠民福利每天不断。在5至80元六种面值的通用体育消费券基础上,陆续推出助老、游泳、足球、冰雪等专项体育消费券,满足市民多样化健身需求。不仅发券总额更高,补贴力度更大,持续时间更长;而且体育场馆更多,运动项目更丰富,市民参与更便捷,提升上

海市民运动健身的获得感。(牵头单位:市体育局)

(六)全民健身电子地图赋能计划

全民健身电子地图是上海体育数字化转型的重要场景,为市民提供便捷高效的公共体育服务,整合体育场馆、游泳场所、学校场馆、社区公共体育设施等各类体育场馆设施近2万处。市民可以享受场馆查询、地图导航、在线预约、体育消费券领用、线上支付等多种便民服务功能;同时实现"健申码"与"随申码"互联互通,可以一次认证完成绿码核验、健康承诺和行踪登记,助力做好体育场馆疫情防控。

要进一步丰富全民健身电子地图一站服务和"健申码"一码通行应用场景。聚合更多优质的公共体育服务资源,接入更多市民身边的体育场馆设施,提升全民健身公共服务能级;完善体育消费券配送平台,提升用户体验,鼓励市民运动健身,促进体育消费;加强与互联网企业合作,积极应用体育服务新技术、新手段,打造体育服务数字化转型新样板。(牵头单位:市体育局)

(七)社区体育服务配送全覆盖计划

落实上海市基本公共服务项目有关社区体育服务配送具体要求,全市每年完成社区体育服务配送不少于8 000场。建立完善市、区、街镇三级公共体育服务体系,创新配送形式,构建"互联网+科学健身"的数字化服务网络,统筹和整合能够提供科学健身服务的高校、体育协会、医疗机构、企业等社会资源,推进科学健身讲座、健身技能培训等公共体育服务进社区、进园区、进楼宇、进机关、进企业,打通全民健身公共服务"最后一公里",指导社区居民、职工、青少年等人群科学健身。

结合举办上海市民体育科学大讲堂,推出运动促进健康系列讲座,普及健康知识,传播健身理念。开设社区体育服务配送线上云课程,邀请体育明星、体育教练、运动医学专家参加在线健身节目,指导市民居家健身、科学健身。(牵头单位:市体育局,协作单位:市总工会)

(八)社区健康运动会推广计划

贯彻落实《国务院办公厅关于加强全民健身场地设施建设发展群众体育的意见》(国办发〔2020〕36号)有关"举办全国社区运动会,充分发挥社区体育赛事在激发拼搏精神、促进邻里交往、增强社区认同感等方面的积极作用"工作要求,围绕上海市民运动健身与健康需求,创办全国首个以健康为主题的社区运动会——上海社区健康运动会,纳入上海市市民运动会、上海城市业余联赛总体安排,打造上海全民健身新品牌。

上海社区健康运动会突出"全民健身助力社区健康"的主题,把全民健身赛事活动办到社区,把健康服务送到市民家门口。市、区体育部门要会同卫生健康等部门,积极推广太极拳、健身气功等中华传统养生体育项目,结合社区赛事组织开展线上线下的健康知识竞赛、科学健身普及和健康宣传教育等活动,着力打造面向社区、体系完备、方便市民参与的运动促进健康服务体系,推动全民健身与全民健康更亲民、更便利、更普及,促进健康社区建设。2021年首届上海社区健康运动会计划覆盖全市16个区和半数以上的街镇。(牵头单位:市体育局,协作单位:市卫生健康委)

(九)青少年课外体育活动促进计划

青少年课外体育活动促进计划是面向上海市18岁以下青少年,利用双休双假时间开展,以体育技能培训、体育赛事活动、科学健身普及为主要内容的青少年体育公共服务项目,目的是促进青少年身心健康,提升身体综合素质,养成终身锻炼习惯。

市体育局每年开展青少年体育冬夏令营、周末营、小学生爱心暑托班体育课程配送、青少年体育社区配送等体育技能培训,帮助青少年掌握2~3项运动技能。动员社会力量广泛开展各级各类青少年体育赛事活动,持续办好"MAGIC 3上海市青少年三对三超级篮球赛"、青少年体育俱乐部联赛、少儿体育联赛等青少年品牌赛事,推动幼儿体育、亲子运动、户外体育发展,构建家庭、社区、学校联动的青少年体育活动网络,开展适合不同年龄段、贯穿全年的青少年体育健身活动。切实加强青少年健康知识和科学健身指导,推进儿童青少年近视、肥胖、脊柱侧弯、心理亚健康等防控知识技能普及。广泛引导青少年参与体育锻炼,促进青少年每天校外活动1小时,培养终身体育意识和习惯。(牵头单位:市体育局)

(十)运动健康师试点培育计划

在上海体育学院与杨浦区社区健康师试点探索的基础上,推出覆盖面更广、专业性更强的运动健康师项目,提供运动营养、科学健身、伤病防护、心理调适等多样化服务。深化运动健康领域产教融合,推进教学科研与社会实践结合,培养科学健身、健康生活、康复休养等咨询指导的专门人员,实现体育与医疗、康养相融合,促进人民群众健康。

到2023年,计划为各区、社区、园区、体育场馆、体育协会、学校、医院等培训运动健康师不少于500名。支持体育教练、退役运动员、社会体育指导员、医生等加入运动健康师,壮大科学健身人才队伍。推动运动健康师逐步覆盖全市各区,逐步成为一种新职业。支持上海体育学院发挥学科专业优势,与上海市社区体育协会、上海市康复医学会等共同制定运动健康师行业标准、培训体系和管理办法,建立与社会体育指导员等国职证书的融通机制。依托市民健身驿站、智慧健康驿站、长者运动健康之家等场地设施,为运动健康师提供丰富的实践应用场景,让更多市民体验专业的运动健康服务。(牵头单位:市体育局、市卫生健康委,协作单位:市总工会、上海体育学院等)

(十一)社会体育指导员创优计划

组织实施社会体育指导员创优计划,指导各区推进社会体育指导员改革,建立社会体育指导员信息化认证和管理服务平台,探索将社会体育指导员划分为设施管理维护、赛事活动服务、健身技能培训、运动健康指导等方向,组建服务全民健身的"精兵强将",吸纳更多有体育专业技能和志愿服务精神的人士加入社会体育指导员队伍。

优化社会体育指导员年龄结构、技术等级结构,大幅提高国家级、一级社会体育指导员数量和占比,推进社会体育指导员队伍专业化、年轻化。到2023年,全市社会体育指导员占常住人口比例不低于2.5‰。完善社会体育指导员日常管理和激励机制,开展"上海市最美社会体育指导员"评选活动,对优秀社会体育指导员进行表彰奖励。(牵头单位:市体育局)

(十二)新周期全民健身发展指数评估计划

坚持每年向社会发布全民健身发展报告,公布全民健身发展指数。构建科学完整的评估体系,制定评估办法,与第三方专业机构合作,依托翔实的资料和数据资源,对年度全民健身发展状况进行全方位的评估。

2016年至2020年,上海全民健身发展指数("300指数")总分从226.8分上升到254.4分,健身环境、运动参与、体质健康三方面综合情况良好。

下一步,要创新全民健身发展状况和发展指数评估的方式方法,围绕"十四五"全民健身实施计划确定的主要目标和重点任务,制定新周期全民健身发展指数评估的办法,进一步明确和完善评估范围、指标体系、信息和数据采集等内容,为全民健身事业发展提供更加科学有力的支持。(牵头单位:市体育局)

三、组织保障

(一)加强组织领导

本市各级体育、卫生健康、民政、工会等部门要把运动促进健康工作纳入全民健身、卫生健康、养老、工会等发展规划和年度计划。健全相关部门之间的协同机制、日常联络机制和重要议题会商机制,支持高校、医院、企业、体育场馆、社会组织等共同参与,构建覆盖全人群、全地域、全生命周期的运动促进健康服务体系。

(二)增加经费投入

完善政府部门、有关单位、企业等共同参与的运动促进健康经费投入机制。增加全民健身场地设施、体育消费券配送、科学健身服务、体医养融合、健康促进等领域的经费投入,兼顾青少年、职工、老年人等各类人群的健康促进需求,优先保障运动促进健康重点项目。将长者运动健康之家、运动健康促进中心等场所纳入上海体育消费券定点场馆扶持范围。

(三)壮大人才队伍

成立由运动健康领域专家组成的上海市运动促进健康决策咨询专家委员会,发挥高水平智库作用。鼓励高校、医院、科研机构、企业等成立科研团队,加强运动伤病防治、运动康复、慢性病非医疗健康干预、运动处方等研究,支持相关学科建设和人才培养。本市体育、卫生健康部门每年共同开展以"体医融合"为特色的"体医交叉培训"。培养运动健康师、运动处方师、社会体育指导员等运动健康专业人才。

(四)做好社会宣传

广泛宣传运动促进健康理念、知识与技能,讲好市民身边的运动促进健康故事,支持在报纸、广播、电视、网站、新媒体平台等开设运动促进健康专栏,邀请运动医学专家、体育明星、运动员、教练员等举办科学健身、健康促进、线上运动指导等讲座,引导市民想健身、爱健身、会健身,养成终身受益的健康生活方式。

编　后　语

2020年9月22日，习近平总书记在教育文化卫生体育领域专家代表座谈会上指出，要紧紧围绕满足人民群众需求，统筹建设全民健身场地设施，构建更高水平的全民健身公共服务体系。上海全民健身工作深入贯彻落实习近平总书记关于体育工作的重要论述，认真践行"人民城市人民建，人民城市为人民"重要理念，积极打造"天天运动，人人健康"的全民健身活力城市，探索建立运动促进健康新模式，努力满足市民群众对体育健身的美好生活需要。

本书回顾了"十三五"以来的上海全民健身工作情况，对"十四五"上海全民健身发展蓝图进行了展望，对上海全民健身总体情况、主要成效、工作机制、经验做法等方面进行了归纳和总结，进一步推动构建更高水平的全民健身公共服务体系，有效助力上海建设全球著名体育城市和全球健康城市。